OS
SETE PECADOS
CAPITAIS
À LUZ DA
PSICANÁLISE

Dados Internacionais de Catalogação na Publicação (CIP)
(Câmara Brasileira do Livro, SP, Brasil)

Pereira, William Cesar Castilho
  Os sete pecados capitais à luz da psicanálise / William Cesar Castilho Pereira. – Petrópolis, RJ : Vozes, 2021.

  Bibliografia.

  2ª reimpressão, 2021.

  ISBN 978-65-5713-018-6

  1. Doenças mentais 2. Pecados capitais 3. Psicanálise 4. Sofrimento psíquico I. Título.

20-51815   CDD-150.195

Índices para catálogo sistemático:

1. Pecados capitais : Sofrimento psíquico : Psicanálise   150.195

Cibele Maria Dias – Bibliotecária – CRB-8/9427

WILLIAM CESAR CASTILHO PEREIRA

OS SETE PECADOS CAPITAIS À LUZ DA PSICANÁLISE

EDITORA VOZES

Petrópolis

© 2021, Editora Vozes Ltda.
Rua Frei Luís, 100
25689-900 Petrópolis, RJ
www.vozes.com.br
Brasil

Todos os direitos reservados. Nenhuma parte desta obra poderá ser reproduzida ou transmitida por qualquer forma e/ou quaisquer meios (eletrônico ou mecânico, incluindo fotocópia e gravação) ou arquivada em qualquer sistema ou banco de dados sem permissão escrita da editora.

CONSELHO EDITORIAL

Diretor
Gilberto Gonçalves Garcia

Editores
Aline dos Santos Carneiro
Edrian Josué Pasini
Marilac Loraine Oleniki
Welder Lancieri Marchini

Conselheiros
Francisco Morás
Ludovico Garmus
Teobaldo Heidemann
Volney J. Berkenbrock

Secretário executivo
Leonardo A.R.T. dos Santos

Editoração: Maria da Conceição B. de Sousa
Diagramação: Sheilandre Desenv. Gráfico
Revisão gráfica: Alessandra Karl
Capa: Renan Rivero

ISBN 978-65-5713-018-6

Editado conforme o novo acordo ortográfico.

Este livro foi composto e impresso pela Editora Vozes Ltda.

Para meus netos Otto, Elis e Caio, ardentes pecados e que transformaram a minha estreita angústia em larga fecundidade.

Homenagem a Dom Pedro Casaldáliga: grão de mostarda que ressurgirá em milhões de micropolíticas de fé em todo o mundo.

Agradecimentos

O presente trabalho assemelha-se muito à forma de vida do povo que, quando deseja construir algo, organiza-se em empreitadas à base de mutirão.

Para suprirmos a falta de recursos financeiros adequados à realização deste projeto, lançamos mão do trabalho gratuito, coletivo e participativo de várias pessoas.

Este livro contou com a colaboração inestimável de amigos e de amigas do coração, testemunhando que a utopia da solidariedade ainda é possível neste momento contemporâneo. A todos, minha profunda gratidão pela amizade, pelas críticas e, especialmente, pelos diálogos pertinentes.

Dirigimos, por isso, nossos agradecimentos àqueles cuja contribuição foi decisiva neste trabalho.

Não posso me esquecer de agradecer às amigas Adriane de Freitas Barroso, Adriana Maria Brandão Penzim, Maria Antonieta Pereira, interlocutoras principais deste texto, que me acolheram desde a primeira hora até as últimas letras, com sensibilidade, competência, dialogando comigo e corrigindo cada parágrafo.

O afeto e, em muitos momentos, o encorajamento e a dedicação da Maninha, filhos e noras durante toda a produção desta obra.

Devo particular agradecimento e gratidão aos amigos(as): Sandra Krindges, Domingos Barroso, Wagner Siqueira Bernardes, Gustavo Jardim, Zulmar Wernke, Ir. Carmem Rodrigues, Giovanni Cucci,

Márcio Fabri dos Anjos, Maikel Dalbem, João Bosco Castro Teixeira, Jaldemir Vitório, Amauri Carlos Ferreira, Carlos Dominguez Morano, Eliana de Andrade, Francys Silvestrini Adão, Jeferson Machado Pinto, Júlio Cesar Gonçalves Amaral, Magno Marciete do Nascimento Oliveira, Mauro Passos, Ir. Maruzânia Soares Dias, Iná Nascimento Gomes Silva, Suzana Márcia Dumont Braga, pelas críticas, correções, observações e elaborações do texto.

Afeto especial a minha nora, Dra. *Luciana Andrade Rodrigues*, pelo significativo texto sobre o conceito de doença mental, inserido no primeiro capítulo.

Sumário

Prefácio – Psicanálise e pecado, 11

Introdução, 15

1 Pecado e sofrimento psíquico, 21

2 Vaidade, 67

3 Luxúria, 98

4 Avareza, 133

5 Ira, 157

6 Inveja, 178

7 Gula, 196

8 Preguiça, 215

9 Confessionário e consultório, 236

Referências, 285

Índice, 297

Prefácio

Psicanálise e pecado

Maria Rita Kehl[*]

O título já indica ao leitor, antes de abrir o livro, que aqui se encontra um projeto original: buscar as possíveis relações entre os sintomas investigados pela psicanálise e a série cristã dos pecados capitais. Sou insuspeita para escrever esta apresentação, pois sempre me incluí entre os que criticam a pretensão de alguns psicanalistas de que todos os fenômenos sociais e, sobretudo, todas as expressões da cultura, estariam sujeitos a interpretações freudianas. Além do abuso de poder praticado (ou pelo menos tentado) pela onipotência de alguns psicanalistas, existe na base dessas tentativas um simples erro epistemológico. Ninguém pensaria em utilizar noções de engenharia no diagnóstico médico de uma tuberculose. Ocorre que, como a psicanálise aborda as manifestações do inconsciente através dos sintomas, das passagens ao ato e também, desde Freud, das expressões artísticas em geral, alguns novatos – certamente encantados com a descoberta do dispositivo – tentam aplicá-la a torto e a direito, fora do *setting* onde, a partir da demanda de quem nos procura, somos autorizados a isso. Outro erro epistemológico frequente ocorre quando, para facilitar o argumento, abusamos do que Mallarmé chamou de "demônio da analogia". A analogia pode conquistar o leitor pela facilidade com que conecta conceitos e eventos – só que não. Apontar questões conexas não é analisá-las.

---

[*] Psicanalista, jornalista, ensaísta, poetisa e crítica literária brasileira.

Por outro lado, sabemos que Freud escreveu textos extraordinários sobre as premissas que estão na base de regras e fenômenos da cultura. Para isso, teve que ousar além daquilo que descobriu com a escuta de seus analisandos. *Totem e tabu* (1913-1914) investiga a interdição do incesto presente em todas as culturas. *Psicologia das massas e análise do eu* (1921) é um texto premonitório que busca entender o fascínio das massas pelo líder carismático. *O mal-estar na civilização* (1930) trata dos efeitos que a moral sexual repressiva produziu na sociedade. Freud, que nunca se engajou em nenhuma "causa" a não ser a da própria psicanálise, não teria como prever seu papel (mesmo quando não nomeado) em todo o movimento de liberação sexual que suas ideias ajudaram a espalhar pelo Ocidente a partir dos anos de 1960. *Por que a guerra?* é um texto luminoso e sombrio de 1933. O último dessa série, *Comentários sobre o antissemitismo*, foi escrito um ano antes da morte de Freud, em 1938.

O autor deste livro, portanto, se inscreve na tradição freudiana, sem medo de provocar o que o poeta Stephane Mallarmé (1842-1898) chamou de "o demônio da analogia". Sua proposta é original e seu texto é fluente. A facilidade da leitura não barateia em nada o desenvolvimento de seu raciocínio. Em primeiro lugar, William não escreve como se a psicanálise, sozinha, fosse capaz de dar conta de todos os fenômenos da cultura. Aliás, a psicanálise não se vale da ideia de pecado. É uma ciência laica. A liberdade, nesse caso, é do autor. Para isso se vale, evidentemente, de fontes bíblicas, além de referências históricas e filosóficas.

A lista dos sete pecados é conhecida; para os que não se lembram, não preciso citá-los. Estão no índice. Ao abordar cada um, o autor leva em conta o contexto histórico e social de sua origem. E toma a liberdade de se valer, além da necessária bagagem conceitual, de elementos da cultura como o já clássico *Macunaíma*, de Mário de Andrade, ou de exemplos retirados do repertório da música pop.

A psicanálise também é convocada, no terceiro capítulo, para abordar o pecado da luxúria. O exame do pecado da vaidade inclui considerações sobre o que Freud chama de *narcisismo das pequenas diferenças*: não é em relação a quem vem de culturas diferentes da minha que preciso me afirmar. Não é na comparação com o estranho/estrangeiro que quero me dizer superior para me envaidecer. É o "semelhante na diferença" que nos desafia. Com ele, rivalizamos.

E passamos da vaidade à ira. E chegamos ao extremo de, como os nazistas em relação aos judeus, ou os Tutsi contra os Hutus, tentar exterminá-lo. É o semelhante, e não o exótico/indiferente, que aciona o pecado da ira. A piada das duas mulheres que se pegam a tapa numa festa porque as duas compraram o mesmo vestido fica sem graça se pensarmos em etnias semelhantes que tentam se exterminar.

Do lado dos representantes da Igreja Católica, o autor cita a fala de Pe. Jaldemir Vitório, que prefere se referir a atos de "desumanização" do que a pecado. Minha admiração de seu pensamento não me impede de discordar dele. Somente o homem é capaz de impor sofrimento ao outro por maldade, de matar outro homem por ódio e não por fome, de torturar seus semelhantes e, também, animais inocentes. Se fôssemos como os animais, a crueldade não existira. Nem a luxúria, aliás – mas aí seria uma perda. O sexo se limitaria a sua função procriadora, mas o mal estaria restrito a necessidades impostas pela fome ou pela autodefesa. Só o homem é capaz de crueldades, injustiças, humilhações. Só o homem come além da fome, bebe além da sede, zomba dos tímidos, abusa dos fracos. Só o homem escraviza outro homem.

Pecar e gozar

Os sete pecados parecem ter inspirado a brincadeira popular de que "tudo o que é gostoso", ou faz mal ou é pecado. Mas não se trata só disso.

Daí que nos que importa destacar, nesse breve prefácio, a relação entre cada um dos sete pecados e o que Lacan nomeou de gozo – evidentemente com base no canônico *Além do princípio do prazer*, de Freud. O gozo é aquilo que se obtém ao atravessar a barra que limita nossa liberdade, em face da dignidade do outro, dos outros. O autor deixa para incluir essa consideração no último capítulo. Embora "gozo" seja o termo popularmente usado para designar o orgasmo, em Lacan o gozo é aquilo que ultrapassa tanto os prazeres permitidos quanto aqueles os que algumas religiões e diferentes códigos culturais proíbem. Gozo é o que atravessa a barra da castração simbólica que limita nossos excessos. Claro que a menção à teoria lacaniana para abordar o cânone bíblico é extemporânea, mas ajuda a revelar o que sempre esteve ali – ou "aqui". As perversões flertam com o gozo – e às vezes, chegam lá. O perverso se coloca em posição de exceção diante da barra que nos limita diante da dignidade e da liberdade do outro. A violência e os ódios, motivadores de outros pecados, também.

Para encerrar, faço menção às liberdades extra-acadêmicas a que William Castilho recorre como a de tomar depoimentos de amigos, correndo o risco de ser acusado de falta de *rigor*. Ora, estamos aqui no campo da moral, das práticas de linguagem e, também, da ideologia. É preciso arriscar. A forma de rigor mais absoluta que conhecemos, como todos sabem, é o *rigor mortis*. O texto que aqui se apresenta é muito vivo.

Introdução

Estudam-se, neste livro, algumas questões sobre três temas: o pecado, a doença mental e os modos de sofrimento psíquico. O objetivo é de criar discussões que, há tempo, repousam silenciosas ao redor do pecado, da loucura e da dor subjetiva que impacta a relação do sujeito com o cotidiano familiar, religioso, no trabalho, na educação, nas redes sociais e nas inúmeras organizações do Estado.

Se mérito este livro tiver, não se atribua propriamente à escrita do autor aqui apresentado, insignificante se comparada aos amplos levantamentos já realizados sobre a temática abordada, ou seja, aos estudos sócio-históricos, religiosos e psicanalíticos sobre os sete pecados capitais relacionados a doenças mentais e os modos de sofrimento psíquico.

O texto convida os leitores a colocarem os temas do pecado, da doença mental e do sofrimento psíquico em análise. Que consiste cada um deles e qual a relação deles na construção da subjetividade do sujeito pós-moderno? O pecado é uma forma de usufruto, ou seja, de gozar, visando satisfação frente ao vazio da existência? O que os tratamentos e os diagnósticos psiquiátricos contribuem com a dor psíquica dos humanos? Quais as formas de cuidado do sofrimento psíquico observadas na sociedade atual?

Esta é a proposta original deste livro: mais que uma simples leitura sobre a vaidade, a luxúria, a avareza, a ira, a inveja, a gula e a preguiça, um convite à participação reflexiva do leitor no processo de análise do sofrimento psíquico de homens e mulheres que buscam no pecado a aventura da felicidade impossível. O pecado enquanto um passo em falso ou tropeço esbarra com a ausência da palavra para compreendê-lo. Não é possível o que é dito nessa busca, é indizível. Os psicanalistas diriam que é o Real. Os teólogos nomeiam-no como Mistério. O confessionário e o consultório psicanalítico constituem-se, portanto, como "lugar" para a escuta do que é impossível dizer: os pecados capitais ou o sofrimento psíquico.

Toda a narrativa aqui desdobrada teve seu início na minha infância. Sou de uma família católica. Por isso, escolhi a Igreja Católica enquanto objeto de estudo. Não sou teólogo e nem biblista. Meu interesse é estudar o patrimônio das ideias religiosas da Igreja Católica, tal como a cultura o transmite ao psiquismo do sujeito. Há cinquenta anos exerço a escuta psicológica no consultório privado. Há sete anos, dedico-me ao exercício de pesquisador e conferencista sobre o tema: os sete pecados capitais à luz da psicanálise. Se, por um lado, a existência de laços afetivos tão antigos na família e na Igreja Católica, com a população presbiteral, de religiosos e religiosas, possibilitou-me conhecer de perto, e sob várias facetas, a realidade teológica sobre o pecado, por outro, desempenhar a função clínica de psicólogo e o papel de pesquisador possibilitou-me conhecer mais ainda os sofrimentos psíquicos das pessoas ouvidas – a alma humana.

Por esses motivos, redigi este texto. Este livro é, pois, símbolo de um dever cumprido. Paradoxalmente, coloquei aqui sob suspeita o que entendo sobre pecado e sofrimento psíquico.

No capítulo 1, "Pecado e sofrimento psíquico", condensa-se boa parte do resultado da pesquisa histórica quanto à origem da definição dos sete pecados capitais e sua correlação com a doença mental e os modos de sofrimento psíquico. A segunda parte deste capítulo é fruto de uma escrita dividida com a psiquiatra Dra. Luciana Andrade de Rodrigues, que, lá, enfatizou a passagem do saber religioso (pecado) para o saber científico (doença mental), além de tratar da história da loucura e dos processos de diagnóstico e tratamento das doenças mentais.

Ainda no capítulo 1, na 3ª parte, distancio-me dos temas pecado e doença mental, propondo o conceito de sofrimento psíquico enquanto dor subjetiva do ser humano. As ideias de pecado e de loucura apontam para um sintoma centrado apenas no indivíduo. Trata-se de paradigmas escolásticos e da ciência positivista centrados em base moral, individual e organicista. O terceiro conceito, base de nossa proposição, por sua vez, tem como premissa a clínica transdisciplinar. Através dos sintomas, trabalham os sujeitos e suas implicações institucionais, levando em consideração vários saberes.

O capítulo 2 é dedicado a discutir questões pertinentes ao primeiro pecado, a vaidade. Concentra-se, nesse capítulo, boa parte do trabalho teórico deste livro. A existência da vaidade é correspondente à experiência do narcisismo. Privilegiamos as análises dos primeiros papas e teólogos da Igreja sobre a vaidade e relacionamos as reflexões com os estudos freudianos sobre o narcisismo. Cada período (medieval, moderno e contemporâneo) produziu subjetividades peculiarmente afetadas por distúrbios narcisistas, que marcam os conflitos, enfrentamentos e estratégias de relacionamento dos seres humanos.

No capítulo 3, apresenta-se o estudo da luxúria e dos impactos da dimensão do prazer na vida dos seres humanos. Também ali se condensa boa medida do trabalho teórico deste livro. Sobre as antigas e atuais matrizes societárias, abrimos a interrogação: como as concepções filosóficas clássicas greco-romanas, o catolicismo dos primeiros séculos, a ciência moderna e o momento atual veem a dimensão do prazer e a relação deste com a luxúria? Nesse espaço discute-se o cotidiano das pessoas no que tange aos temas afetividade e sexualidade; o problema da pedofilia e efebofilia; o masculino e o feminino; a relação entre arte, pornografia e o modelo neoliberal.

O capítulo 4 é dedicado ao pecado da avareza. Em parte do texto, estudo e analiso a dimensão sócio-histórica da civilização e a construção de modos de subjetivação a partir do significante dinheiro. O dinheiro como símbolo do afeto tem muito a dizer sobre as relações entre as pessoas e as diferentes patologias institucionais.

No capítulo 5, delineia-se o estudo da ira e dos impactos desse sentimento nas relações entre os humanos. Para tanto, retomamos o pensamento de Tomás de Aquino sobre a questão da cólera e da ira. Na sequência, vamos à origem da agressividade para questionar: por que nos iramos? Já ao final, dedicamo-nos ao estudo da agressividade enquanto indignação das minorias.

O capítulo 6 abre-se ao estudo da inveja enquanto doença do olhar. A inveja é considerada um dos empecilhos das relações mais próximas entre os humanos: casais, companheiros de trabalho, vizinhos e amigos. Concluímos com a diferença entre a percepção de injustiça e o pecado da inveja.

O capítulo 7 propõe o estudo da gula enquanto o pecado mais aceito no convívio social. Os Monges do Deserto consideraram a gula como a primeira tentação, sendo a luxúria a segunda. Assim, ao passo que essas eram vistas como impulsos da carne e da vaidade, a cólera, inveja, avareza e acídia eram consideradas perturbações do espírito.

Nessa parte, analiso fragmentos da história da comida no mundo ocidental e os aspectos psicossociais da gula. Concluo a reflexão analisando os traços de identificações entre as formas de alimentação e o modelo neoliberal, sobretudo através dos sintomas da obesidade.

No capítulo 8, dedico-me ao estudo do sétimo pecado capital, a preguiça. A abordagem parte de uma perspectiva histórica, analisando como os primeiros papas e teólogos percebiam a acídia, enquanto vazio da alma ou tédio profundo em face do bem espiritual. A preguiça, com o tempo, é perpassada por várias classificações: indolência, desânimo, síndrome de *burnout*, depressão e, por último, discriminações psíquicas, sociais, raciais e econômicas. Concluímos com as seguintes indagações: a preguiça é pecado? Depressão? Ou se trata apenas de uma forma preconceituosa de estigmatizar todos os "condenados na terra"?

No último capítulo, analiso os espaços do confessionário e do consultório psicanalítico tomados como práticas de cuidado de si[1]. Pergunto, então: o que os diferencia? Que demandas têm os sujeitos que se direcionam a esses espaços? Há aspectos comuns? Ao analisar as práticas do confessionário e do consultório, retomo nas obras de Freud, as referências e os enfoques que ele traz ao campo da origem da civilização, o drama entre a lei, o desejo e a função da religião. Termino o livro com um riquíssimo diálogo entre os entrevistados: teólogos, religiosa psicanalista e psicanalistas sobre o tema pecado, espaço do confessionário e do consultório psicanalítico. As lições apreendidas a partir deste estudo são infinitas, e esperamos que contribuam para novas reflexões sobre o sofrimento psíquico entre os humanos.

Inverno de 2020.

William César Castilho Pereira

---

1 Foucault, 1984.

1
Pecado e sofrimento psíquico

1ª parte

1 Introdução

A discussão que aqui se apresenta gira em torno de três temas: o pecado, a doença mental e os modos de sofrimento psíquico. Experiências de pecado, loucura e sofrimento psíquico têm um caráter histórico, sempre tangenciaram a condição humana. Episódios de dor subjetiva, na forma de sintoma, estão presentes no cotidiano familiar, religioso, no trabalho, na educação, nas redes sociais, e nas inúmeras organizações do Estado.

Em uma sociedade neoliberal, contudo, dissemina-se a ideia de que tais sintomas, tomados como pecado ou sofrimento psíquico, são produzidos unicamente pelo sujeito, prevalecendo a concepção de hiperindividualização do sofrer, e a eliminação de sua leitura como resultado da relação entre o sujeito e o outro, entre pessoas e instituições. Em uma época como esta em que vivemos, de profundas mudanças e transformações na subjetividade, corre-se o risco da recusa, tanto por recalque quanto por má-fé, das implicações institucionais que atravessam tais sofrimentos.

Os conceitos de pecado, doença mental e modos de sofrimento psíquico, além de estarem intimamente relacionados, não se configuram como meras abstrações ou ideias necessariamente distintas. Não são conceitos incontestáveis, mas auxiliam na percepção das tensões sofridas pelo ser humano. A proposta que aqui se faz de se compreender o pecado associado à dor dos sujeitos, como modo de sofrimento psíquico, não é uma tentativa de se estabelecer uma tipologia, mas de empreender uma reflexão sócio-histórica sobre essa temática.

Este capítulo inicial tem, pois, o propósito de ampliar o debate acerca do conceito de pecado, doença mental e de sofrimento psíquico, o que, por sua vez, impacta a relação do sujeito com as instituições. Como pano de fundo, analisaremos os sete pecados capitais e os conceitos de psicopatologia à luz da psicanálise. Cabe interrogar: poderiam nossas referências teóricas auxiliar na aproximação entre os conceitos de pecado e os modos de sofrimento psíquico do sujeito? Existiria uma relação entre pecados capitais e patologias psíquicas? Qual é o lugar das classificações psiquiátricas na leitura dos sete pecados capitais em um regime neoliberal[2] que evidencia diversos tipos de sintomas? Nessa encruzilhada, qual a responsabilidade do sujeito enquanto cidadão e das instituições enquanto guardiões dos direitos humanos?

---

2 Neoliberalismo é um conjunto de doutrinas políticas e econômicas, implementadas a partir do final dos anos de 1970 pautadas na concepção de que o Estado deve intervir minimamente na economia do país. Encoraja a competitividade internacional e a inserção ao mercado globalizado. O Estado deve se restringir à normatização da regulação dos agentes econômicos e ao corte das despesas fiscais. Seus ideólogos defendem a privatização das empresas estatais, a diminuição das políticas sociais e a livre-concorrência de empresas em todos os setores econômicos, inclusive no âmbito das políticas sociais, como, por exemplo, nas áreas de educação, saúde, transporte público e habitação. Neste livro discutiremos o lado imanente do neoliberalismo na produção de modos de sofrimentos psíquico ou nas fascinantes necessidades de gozar.

Em uma perspectiva hermenêutica[3], cabe questionar, ainda, o que a ética do desejo tem a dizer sobre os pecados capitais, os sintomas contemporâneos e os modos de vida atuais? Ou ainda, o que significam os pecados capitais com relação à ética do desejo. Por exemplo, o que dizer da luxúria, na atualidade, do ponto de vista psíquico? Seria uma adição, uma consequência da hipersexualização trazida pelo mercado, um efeito da perversão do sistema sociopolítico? E o termo avareza, que sentido tem? Um traço de personalidade, uma consequência do sistema de acumulação de bens? Também sob essa perspectiva, seria o orgulho, na cultura narcisista vigente e diante dos excessos que a compõem, o equivalente à estima de si do sujeito contemporâneo?

É pertinente a interrogação de Maria Rita Kehl[4] ao comparar os tempos medievais com os tempos atuais:

> Tão longe, tão perto. O que sabemos nós sobre a acedia medieval, em pleno século XXI? Existe alguma afinidade entre os sacrifícios autoimpostos pelos antigos monges e a liberdade com que os filhos do terceiro milênio predispõem-se ao desfrute de todos os prazeres? Existe alguma semelhança entre a antiga condenação cristã contra o gozo e a convocação permanente que apela a que o sujeito contemporâneo se entregue sem reservas a todas as tentações? Bem: nem todas. As tentações da gula, por exemplo, são hoje ainda mais malditas do que na idade das trevas. As da preguiça e da indolência, nem se fala. O prazer, em nossa era, está intimamente vinculado ao movimento e à atividade. Os corpos pós-modernos têm que dar provas contínuas de que estão vivos, saudáveis, gozantes. Ao trabalho, moçada! A quietude não tem nenhum prestígio na era da publicidade, das raves embaladas a ecstasy, dos filmes de ação. Estamos

---

3 Compreendemos hermenêutica como a arte de interpretação e explicação de um texto em diversas áreas, tais como: a literatura, a religião e o direito.
4 Kehl, 2011, p. 1.

liberados para usufruir todas as sensações corporais, mas para isso o corpo deve trabalhar como um escravo, como um remador fenício, como um condenado a trabalhos forçados. Anorexias, bulimias, sequelas causadas pelo abuso de anabolizantes e de moderadores de apetite sinalizam a permanente briga contra as tendências do corpo a que se entregam, sobretudo, os jovens, numa sanha disciplinar de fazer inveja ao pobre Santo Antônio.

2 Os sete pecados capitais: breve histórico

O vocábulo pecado origina-se no latim *peccare*, que conduz à ideia de dar um passo em falso, tropeçar, capengar, enganar-se ou errar. Já a palavra capital vem de *caput*, cabeça ou líder. Dentre os idiomas neolatinos, no italiano, curiosamente, a derivação do vocábulo *capo*, capo-máfia, se aproxima dos sete poderosos chefões que comandam outros vícios subordinados à quadrilha.

Evágrio Pôntico (345-399 d.C.) foi um monge nascido em Ibora, na atual Turquia. Ele viveu os últimos 14 anos de vida em Celas (Kéllia), no deserto do Egito. A este monge ascético é atribuída a primeira divulgação das perturbações espirituais que o afligiam durante suas meditações. Eram, então, oito as paixões da alma que se refletiam naqueles que buscavam Deus na solidão orante, no silêncio contemplativo e no trabalho manual: gula, luxúria/fornicação, avareza, ira, tristeza, acedia, vanglória/vaidade e orgulho.

Muitas delas produziam verdadeiras prostrações, perda da vontade no religioso dedicado a abdicar dos prazeres para encontrar Deus. Diversos monges viveram assolados por tentações consideradas demoníacas, às quais deveriam resistir à exaustão, o que produzia em muitos o sintoma da acedia, perda total do *élan* vital e recolhimento absoluto em celas, visando à retração da alma frente aos objetos de desejo.

A associação entre os demônios e os oito vícios mostra que a demonologia de Evágrio não tratava tanto de fenômenos extraordinários como possessão, mas do elemento tenebroso, o mal que cada um experimenta em si, a luta contra as enganosas atitudes interiores que procuram criar obstáculos à abertura para Deus.

Segundo Teresa Messias[5],

> "O tratado prático", escrito por ele expõe a doutrina ascética de Evágrio. Descreve o conjunto de paixões (ou vícios) que ele entende serem originadas a partir do desejo proveniente da sensibilidade corporal e para aí orientadas. Tais paixões são também objeto de estímulo e confusão provocados pelos diversos demônios que têm, no seu entender, ódio dos homens e tudo fazem para os desanimar e relaxar no caminho da oração. De forma a libertar-se de tais paixões o monge deve buscar desenvolver a virtude e alcançar um primeiro grau na ascensão espiritual fundamental que vai da matéria até Deus: *a apátheia ou impossibilidade*.

Na tradição religiosa, as concepções das manifestações espirituais devem-se ao pensamento de Evágrio, sobretudo na formação do exercício ascético, da oração, da meditação, do ritual, da veste litúrgica monástica e da concepção dos oito pecados.

Com o passar do tempo, a meditação sobre as paixões da alma começou a ganhar corpo nos monastérios e tornou-se uma das características da vida religiosa no monaquismo, chamada *collatio*. Uma vez por semana, o *abbas* (pai espiritual) fazia uma palestra à comunidade com temas pertinentes às paixões humanas, comunicando aos coirmãos o caminho espiritual e as tradições da vida monacal. Muitas dessas *collationes* foram conservadas e, nelas, a tradição e a espiritualidade animam os relacionamentos afetivos entre os monges, tendo como pano de fundo a reflexão das oito paixões que dificultam o encontro com Deus.

---

5 Messias, 2013, p. 297.

Em pleno século VI, entre os anos 590 e 604 d.C., Gregório Magno assumiu o pontificado da Igreja Católica, tendo sido o primeiro papa que fora monge. Foi em seu governo que, oficialmente, a Igreja Católica aderiu à referência dos sete pecados capitais. Para essa instituição, o número sete é simbólico[6]: há os sete sacramentos, os sete vícios (em contraposição às quatro virtudes) e os sete dons do Espírito Santo. O número é uma tentativa de centralizar experiências do humano, assim como os sete sacramentos são tentativas de ressaltar pontos significativos da vida cristã como experiência profunda de Deus.

Historicamente, os sete pecados capitais são produto de múltiplos contextos sociopolíticos, diferentes civilizações e fortes tradições da vida religiosa monástica. Entretanto, dois fatores são relevantes no pontificado de Gregório para compreendermos esses princípios. O primeiro é o fato de tais reflexões terem surgido em ambiente monástico, do qual ele era originário. O segundo foi a crise do Império Romano e a consequente imigração, em seu território, de povos germanos pagãos, o que trouxe novas visões religiosas, morais, de costumes e valores para a vida da população.

Nesse novo contexto societário, início da Idade Média, o Papa Gregório interessou-se por construir anotações cristãs que facilitassem o ensino da catequese sobre o tema dos pecados. No que tange aos escritos de Evágrio, agregou vários pecados que considerou referirem-se a uma mesma condição, reduzindo-os a sete: vaidade, luxúria, gula, ira, inveja, avareza e preguiça.

No século XIII, Tomás de Aquino tratou dos pecados capitais, retomando a longa tradição que remonta a João Cassiano (360-435) e Gregório Magno (540-604). De ambos, Aquino retém a concretude da reflexão, buscando vasculhar a experiência humana em seus desdobramentos viciosos de forma empírica. Os aspectos pastorais de seus predecessores tiveram forte ascendência sobre Tomás, e será sob

---

6 Delumeau, 2003, p. 366.

o ângulo da observação da vida cotidiana que o mestre construirá sua reflexão. Ao catalogar os pecados, denominou-os: vaidade, avareza, inveja, ira, luxúria, gula e acídia. Note-se, aqui, que, posteriormente, *vaidade* e *acídia* cederam lugar a *soberba* e *preguiça*, como se verá na lista do Catecismo da Igreja Católica[7].

Em sua maneira de elaborar conceitualmente os Pecados Capitais, indo da arquitetura da razão apreendida em Aristóteles à mística de São Dionísio que dá forma à estrutura do pensamento, Aquino entende a Moral como caminho racional da criatura até Deus. A razão, iluminada pela revelação, é a trilha que permite ao ser humano situar-se, pela graça, virtuosamente diante de Deus, enquanto os vícios são desvios que podem se opor a essa reta, unindo ação humana e exterioridade da Lei e da Graça para confluir em uma vida virtuosa.

A originalidade de Tomás está em mostrar que os pecados são tanto contrários ao plano de Deus, em chave religiosa, quanto à razão humana, em chave antropológica, podendo ser tomados, sob essa leitura, como um insucesso[8]. Razão e revelação aparecem como dimensões não contraditórias, mas harmônicas na compreensão da vida divina. Tal visão de totalidade, unitária, abre espaço para a contribuição do campo científico aos problemas teológicos e estabelece mais do que uma ponte entre saberes, pois outorga à razão lugar normativo, autônomo, na reflexão moral e em outros setores. Portanto, nada em contradição com a fé[9].

3 Pecado e hermenêutica do mal

A concepção de pecado tem sido revista ao longo do tempo e, até hoje, muito se discute sobre o tema. Gradativamente, os espaços

---

7 *Catecismo da Igreja Católica*, 1993, n. 1866, p. 435.
8 Cf. St. I-II q. 71 ar 2 ad 4.
9 Para analisar a conexão entre razão e fé, cf. *Suma Teológica*. Cf. St. I-II q. 84 quanto ao tratamento dos pecados capitais.

dos confessionários foram reproduzidos em gabinetes de tribunais jurídicos, em salas de aulas com diálogos éticos entre professores e alunos, consultórios de psiquiatras e psicólogos, e boa parte das temáticas morais passaram a ser propagadas pela imprensa, pelas redes sociais, absorvidas como novos costumes e regras nas organizações sociais.

Teólogos cristãos, integrantes de Igrejas protestantes clássicas ou do catolicismo, passaram a propor, além das conexões antigas entre pecado e códigos morais, maior aproximação da teologia a temas atuais – tais como imigração, racismo, infância, adolescência, idosos, ecologia integral, feminismo – e a questões sociais e econômicas. Tal revisão associa-se a perspectivas antropológicas, cristológicas e eclesiológicas, a partir da compreensão sobre o amor a Deus e ao próximo (Mc 12,30-31)[10]. Cristo chama para si tudo aquilo que é feito aos irmãos: "Em verdade vos digo: cada vez que o fizestes a um desses meus irmãos mais pequeninos, a mim o fizestes" (Mt 25,40). E 1Jo 4,19-21 afirma: "quando alguém diz que ama a Deus, mas odeia o seu irmão, é mentiroso". Os valores que antes consideravam o pecado unicamente como falta de correspondência à lei de Deus consideram-no, hoje, como qualidade inerente à ofensa ao próximo, especialmente "os pobres e os que sofrem" porque constituem imagem e semelhança de Deus. Dá-se um novo sentido à concepção de pecado, que agrega o olhar do sujeito e do outro no contexto social. As conquistas dos direitos civis, políticos e sociais deram nova compreensão ao sentido de pecado para o cristão.

Contraditoriamente, nos setores das Igrejas neopentecostais e alguns setores da Igreja Católica, ganha força a concepção tradicional de pecado vinculada a falhas morais, à ideia de demônio, aos sentimentos de medo e culpa do sujeito, desvinculado de seu contexto.

---

10 Bíblia Sagrada.

Paradoxalmente, tais adeptos dessa ideia de pecado experimentam uma espiritualidade mais intimista em uma versão *"light"*, com forte carga emocional, distanciada do modelo cristocêntrico. A busca por ídolos e a identificação a ícones midiáticos ou a modelos idealizados rígidos e pedantescos levam a escolhas distorcidas, a identificações do tipo prótese, tão comuns entre adolescentes, com caráter externo rígido e interior altamente fragilizado, no que podemos associar ao famoso *slogan* da antiga propaganda de shampoo Denorex: "parece, mas não é". Ora, é impossível eliminar o fato de que há relação direta entre os aspectos psíquicos e as escolhas espirituais do sujeito. A imaturidade afetiva coincide com a espiritualidade imatura.

Teólogos contemporâneos resgatam ensinamentos dos primeiros papas, agregando-os à visão de Tomás de Aquino e propondo-se a analisar o conceito de pecado sob a perspectiva transdisciplinar, com diversas interpretações. Uma delas, muito usual, é a de reduzir o preceito à desobediência a uma regra, especialmente à lei religiosa. Assim, o pecado passa a ser substituído com sentimento de culpa, criando uma visão deturpada e esvaziada de seu verdadeiro sentido[11].

É oportuno diferenciar "sentimento de culpa" de "consciência de culpa". Para Freud[12], o sentimento de culpa:

> [...] Podemos enxergá-lo no desamparo ou dependência dos outros, e a melhor designação para ele seria medo da perda do amor. Se perde o amor do outro, do qual é dependente, deixa também de ser protegido contra perigos diversos, sobretudo expõe-se ao perigo de que esse alguém tão poderoso lhe demostre a superioridade em forma de castigo.

O medo de perder o amor do outro produz mal-estar difuso no sujeito semelhante ao que se denomina **sentimento de culpa** – estado de regressão infantil. Essa emoção pode se confundir com várias perturbações psíquicas como: escrúpulo, autopunição mental ou física,

---

11 *Culpa, neurose e pecado*, 1982.
12 Freud, 2010, p. 93-94.

racionalização enquanto justificativa exagerada de atos e, finalmente, prejuízos de perdas de objetos de valor, funções, cargos e promoções. O sentimento de culpa quase sempre é uma questão psíquica, raramente, é uma questão de pecado ou ética. O sentimento de culpa deve ser terapeuticamente cuidado como um recurso visando a melhoria da qualidade psíquica do sujeito das malhas do autoritarismo familiar, religioso e do Estado.

A **consciência de culpa** está relacionada à experiência humana e à responsabilidade do sujeito frente a seus atos. A dimensão da consciência pressupõe a relação do sujeito com o outro (alteridade), a liberdade, a ética e as leis que regem os indivíduos na civilização. A consciência de culpa tem duas vertentes: a experiência da limitação e da alteridade. A consciência de culpa é uma questão de pecado, da ética e do bem comum. Enfim, enquanto o sentimento de culpa mobiliza e é mobilizado por fantasias subjetivas, a consciência de culpa se estabelece em uma dimensão de cidadania, do viver entre outros, do saber-se, ao agir, em conformidade ou desconformidade com as normas que visam assegurar a coexistência das liberdades que constituem a comunidade. A consciência de culpa não só é necessária para a vida ética, mas, a ideia de responsabilidade pode e deve ser preservada na reflexão do convívio social.

Delumeau[13], relembra Agostinho e Aquino quando eles relacionam o pecado de omissão e a dimensão ética e social:

> porque "é sempre para juntar dinheiro que o avarento saqueia os outros e não paga suas dívidas. Do mesmo modo, é para satisfazer sua gulodice que o guloso come demais e não jejua quando é obrigatório".

A reflexão atual da moral cristã relê a Bíblia e a tradição da Igreja ressignificando ensinamentos teológicos em uma perspectiva sócio-histórica, o que leva a concluir que o pecado deve ser, então, interpretado como hermenêutica do mal.

---

13 Delumeau, 2003, p. 362.

E como interpretar o mal, sendo que tal exercício de interpretação não é consolidado apenas pelas regras e leis? Qual a concepção, em linhas gerais, tem-se sobre a vida e o "bem viver"?

O pecado, historicamente, vincula-se ao campo religioso, mas sua realidade encontra-se também na interpretação humana sobre o sentido do mal. A chave para entendê-lo, por sua vez, é a responsabilidade do sujeito frente a ele. A escolha de determinada direção convoca à responsabilidade. No ato responsável, desenvolve-se a consciência e a liberdade. Do ponto de vista da ética, o prisma religioso aproxima o termo pecado da ideia de mal. Segundo o Catecismo da Igreja Católica[14], o pecado "é uma desobediência, uma revolta contra Deus, por vontade de tornar-se 'como deuses', conhecendo e determinando o bem e o mal" (Gn 3,5). E, segundo as normas da Igreja, para que um pecado seja grave, requerem-se três condições ao mesmo tempo: *matéria grave, pleno conhecimento e pleno consentimento.*

A concepção de pecado da Igreja tem como acento a vaidade suprema de si mesmo, uma espécie de apagamento da consciência e da liberdade. A postura ética é análoga a tal concepção, pois conduz à interpretação prospectiva de vida e, consequentemente, à sabedoria de pensar o que é desejável para si e para o outro (alteridade). A elaboração da consciência pela liberdade produz, no sujeito, múltiplas maneiras de se comportar. A diversidade do pensamento descongestiona a fixidez. A cada vez que o sujeito produz formas de vida conscientes e livres, aproxima-se da autonomia (governar a si mesmo com critério e liberdade). Quase sempre, a adesão ao mal é fruto de uma experiência equivocada, carente de discernimento e de liberdade. Nesta perspectiva, não é com o ato que se caracteriza o pecado. O ato expressa-o ou não e, muitas vezes, revela o limite do sujeito que não usa a consciência. Pode constituir-se em equívoco, mas não expressa a adesão ao mal. O pecado nasce de uma interpre-

---

14 *Catecismo da Igreja Católica*, 1993, p. 432.

tação inadequada e de uma adesão equivocada, dependendo do lado em que o sujeito se coloca, sendo fruto da ambiguidade sobre a qual o sujeito se posiciona. Geralmente, o preço é pago pela pessoa na construção de si com o outro. Consciência e liberdade são produções da ética do desejo.

Nesse sentido, fica evidente que a questão do pecado é complexa, que o discernimento sobre o viver, em sua pluralidade, exige uma interpretação que simultaneamente considera diferentes chaves analíticas. E ainda, que se entenda ser a vida em sociedade repleta de contradições e obscuridades. O pecado não pode, pois, ser categorizado, teoricamente, apenas em uma dimensão religiosa, pois requer a consciência do que é o bem e o mal. Do que resulta a atitude do sujeito frente ao bem e ao mal e à própria vida.

Pecado é, portanto, uma interpretação do mal que se torna ato. O sujeito assume uma interpretação e escolhe a direção, com certo grau de liberdade e consciência. Entretanto, esse enunciado ocorre de forma difusa. Um sujeito pode dizer que seu pecado é um ato concreto – "Cometi um grave erro" –, mas não se trata de algo tão simples. O pecado é ato difuso e existe diferença entre ser pecador e pecar. O pecador tem um caminho de vida que o torna minimamente responsável pela direção de seus atos e de sua autonomia. O pecado torna-se, assim, uma escolha, uma ação básica e fundamental. Porém, onde podemos encontrar os atrativos do mal que se apresentam como bem aos nossos olhos? Daí a importância da hermenêutica. O atrativo das riquezas, o atrativo do prazer, da imagem de si são muito sedutores.

4 Os sete pecados capitais: fascinante necessidade de gozar

O pecado é um tema fascinante, já que as escolhas na vida não se encontram em cardápios absolutos. Que criaturas aborrecidas seríamos sem uma marca de nossos equívocos! Daí o dito popular: "todas as coisas boas ou são pecado ou engordam". A literatura e a arte medieval apresentam os pecados como vícios, que os grandes pintores nos mostram em cores primárias e exuberantes – a riqueza iconográfica. Os sete vícios capitais continuam a ter peso nas instituições, basta ver a rica tradição das regras de condutas ou princípios morais para descobrir que, sem eles, religiosos, psicólogos, psiquiatras, juízes, escritores e artistas estariam obsoletos como profissionais.

Os sete pecados capitais são um fascínio para os sentidos. Eles prometem uma experiência do absoluto, afugentando a angústia frente à incompletude do ser humano. Seu alcance é rápido, fácil e por um caminho desviante. Quando almeja o absoluto, o sujeito recorre às dimensões do poder (vaidade/soberba), do dinheiro (avareza) e do prazer (luxúria). Essas experiências nem sempre são patológicas e podem trazer sociabilidade, apaziguamento da solidão e da angústia. Entretanto, quando se busca o absoluto como fetiche, este torna-se vício, desvio, perversão, aspecto alienante diante de uma experiência de prazer. Por exemplo, o poder pode estar associado à autoestima e à capacidade de amar a si mesmo e ao outro, como também à força da organização política ou administrativa das instituições sociais; mas pode vir como vaidade, encerrando uma distorção sobre o que efetivamente é o bem para todos.

Chama a atenção o relato do Livro do Gênesis, cap. 3. No mito do paraíso[15], o trabalho da serpente surge como astúcia e sedução, atuando em dois aspectos fundamentais do ser humano – a imaginação e o afeto.

> A serpente era o mais astuto de todos os animais selvagens que o Senhor Deus tinha feito. Ela disse à

---

15 Boa parte desse texto foi recolhida de entrevista que realizei com o Dr. Márcio Fabri dos Anjos. Posteriormente, em Roma, abril de 2019, com o Prof.-Dr. Giovanni Cucci, na biblioteca da revista *La Civiltà Cattolica*, juntamente, com o Dr. Maikel Dalbem C.Ss.R., da Accademia Afonsiana.

mulher: "É verdade que Deus vos disse: Não comereis de nenhuma árvore do jardim?" A mulher respondeu à serpente: Podemos comer do fruto das árvores do jardim, mas do fruto da árvore que está no meio do jardim, Deus disse: "Dele não comereis, nele não tocareis, senão morrereis". A serpente, porém, respondeu à mulher: "De modo algum morrereis. Pelo contrário, Deus sabe que, no dia em que dele comerdes, **vossos olhos se abrirão, e sereis como Deus, conhecedores do bem e do mal**". A mulher viu que **a árvore era <u>boa</u> para dela comer, <u>agradável</u> aos olhos e <u>desejável</u> por dar entendimento.** Colheu o fruto, comeu dele e o deu ao seu marido, que estava com ela, e ele também comeu. Então os olhos de ambos se abriram, e reconheceram que estavam nus. Entrelaçaram folhas de figueira e fizeram tangas para si (grifo nosso)[16].

Ao falar com a serpente, a mulher modifica seu olhar com relação ao que ela vê na árvore: o fruto é bonito, parece bom para ser comido, é agradável e surge como espelho de totalidade. Há inversão de sentido passageiro com relação ao olhar: o que é mal torna-se atraente e belo. A imaginação molda a realidade, dado filosófico muito forte que recria o fato sobre a perspectiva afetiva. Modifica-se a realidade apenas pelo campo imaginário, virtual. Por esse motivo, o mito do pecado original é constituído pelo olhar sedutor a objetos que estão no mundo; então, podemos entender como a escolha é fundamental e pode ser equivocada. O primeiro impulso é colocar-se no centro de tudo, no cerne de decisão. Ao fazer isso, morremos, diz o mito do Paraíso, como também o de Narciso. Ambos são equívocos, escolhas fatais. O mito do Paraíso coloca o pecado original em uma origem lógica, uma postura interpretativa de vida. Frente às percepções de desejo, há atrativos sedutores que sinalizam a realização da vida. Se realizarmos o bem através deste ou daquele gesto, alcançaremos os frutos? Quais as possibilidades e capacidades de alcançá-los?

---

16 Bíblia Sagrada.

No mito é igualmente interessante que a sabedoria possa tornar-se esperteza. Quando isso acontece, torna-se também tóxica e mortífera, centrando o sujeito em si. Então, a raiz do mal, interpretada na perspectiva judaico-cristã, sugere que a centralidade excessiva do eu é mortífera. Existem outras culturas e outros critérios, todavia, que apostam em outras análises.

Em uma economia de mercado neoliberal que visa à posse, ao lucro máximo, muda-se o critério de interpretação do bem e do mal. Quem não aproveita uma oportunidade é tolo, não tem sabedoria, estaria fazendo uma escolha equivocada.

Contraditoriamente, como em Gn 3, não poder ser igual a Deus coloca o sujeito em face a sua nudez. Ao se ver no espelho, envergonha-se do olhar do outro sobre sua fragilidade. O olhar do outro surge como olhar de si mesmo: da experiência do absoluto à experiência de finitude. O sujeito constitui-se através desse olhar.

5 Pecado em tempo neoliberal

Em tempos neoliberais, propagam-se os vícios do capital, que se constituem, cada vez mais, como atalho, desvio em direção ao absoluto, sem que se possa alcançá-lo. Incapacidade esta que é, geralmente, associada a autopunição. O ambicioso é aquele que pune a si mesmo frente ao inalcançável. Busca, inicialmente, a fascinante necessidade de gozar, como na luxúria, mas a experiência de mais-prazer é inatingível e, quanto mais investe no objeto, mais dele se distancia e mergulha em desgosto, frustração, aborrecimento, vergonha e fuga de si. O que se pode observar com clareza na dependência sexista da internet. Capturado, o sujeito isola-se, detesta-se, pune-se, em um círculo vicioso, ao buscar apenas uma parte erótica do corpo do outro, jamais seu olhar. Se não elabora simbolicamente esse percurso, o sujeito continua a se punir. Há um mecanismo de gozo que se realiza por meio do castigo que é, antes de tudo, psíquico, encontrado na experiência do mal como frustração e decepção. A busca do mal é uma busca do absoluto, algo que não foi simbolizado daquilo que se pensa receber como "felicidade" e que, por circunstância humana, não tem predicado para sustentação. Os psicólogos denominam essa situação de **dissociação cognitiva**, enquanto os psicanalistas compreendem como uma ausência de **castração simbólica**. A ideia que se tem de felicidade e plenitude não corresponde ao que se vive. Os teólogos veem como **pecado** a maneira diversa de ver e avaliar pessoas e coisas, de abandonar a Deus e ao próximo em busca da promessa fascinante do gozo.

6 A sociedade dos isolados

Como buscar o absoluto de maneira diferente? Como afastar-se da escolha viciosa? Por que o vício se apresenta como algo atraente? Como essa coisa tão fascinante pode ser experimentada de outra forma? Essa alternativa é paradoxal, pois mostra que a saída é não se ocupar de forma absoluta de si, mas olhar também para o outro. Trata-se de mera ilusão narcísica. Santo Tomás diz que o prazer é o reflexo subjetivo de um bem objetivo. Quando alcanço um bem importante, por mim vinculado ao outro, adquiro um *plus*, um algo mais a que chamamos prazer. Em italiano, diz-se *mancia*, no sentido de gratuidade. Um mais que não se planeja nem se controla, mas que é acrescentado graciosamente.

Esse caráter gratuito é o aspecto mais peculiar do prazer, que se liga a outra coisa: ao enigma, à beleza, ao afeto, à confiança, à finitude, à ética da alteridade, ao desejo de sempre desejar. Tudo isso chama-se amor. A experiência do limite, da fragilidade, da ternura são a morada do encontro com o outro.

Contemporaneamente, presenciamos um declínio do tema do amor e de tudo aquilo que dele deriva. Por exemplo, a proposição da confiança (da aliança) é um assunto difícil, sobretudo em uma cultura pragmática, onde tudo e qualquer coisa pode ser substituído por produtos, por artefatos de consumo. Em alguns setores midiáticos americanos e japoneses, importa menos a união conjugal que o "matrimônio" com um robô. Se você está sozinho, é tímido, frustrado, abandonado nos afetos, os engenheiros dizem: "Nós construímos para você um robô, você pode escolher um robô com os cabelos loiros, pretos, vermelhos, e ele cuidará sempre de você, consolando-o. Não irá envelhecer nunca. Será sempre agradável e fascinante e, quando você quiser, poderá desligá-lo e substituí-lo por outro".

Falamos aqui da sociedade dos isolados, dos que se debruçam sobre si mesmos. Da sociedade do fascínio, do mito do Paraíso ou de Narciso. Sociedade dos solitários. Há uma mensagem imperativa e recorrente no mundo contemporâneo: "nunca me conteste, nenhuma relação afetiva com o outro, desconheço a alteridade; sou um robô virtual".

A mística fala da relação com Deus na trilogia Eros, Filia e Ágape. Não é possível dissipar qualquer deles: o prazer, o afeto e o ritual da festa. Na Bíblia, as melhores imagens para se falar de Deus são a imagem da conjugalidade entre os seres humanos e do relacionamento de Israel com Deus. A Jerusalém celeste será o final, quando os enamorados unir-se-ão apaixonados. É preciso ressaltar que os símbolos mais altos podem se tornar, ao mesmo tempo, os mais degradados. A concepção da ética da alteridade é de recuperar aquilo de que nos queremos desfazer, nos dias de hoje, tempo em que tudo se torna descartável: o amor, a velhice, a fragilidade da doença, a confiança, o cuidado, os limites, a morte. Tudo isso que, evidentemente, nos angustia, mas que, paradoxalmente, permite que encontremos o que em vão buscamos nos fascinantes objetos de gozo.

Trata-se de um dilema pós-moderno, é verdade. Mas as interrogações acerca das interfaces entre o pecado e a doença mental e sobre as formas como impactam as relações do Ser com o outro e consigo mesmo têm sido temas de estudos e reflexões ao longo de boa parte da história humana. Na obra *História da loucura* (1978), Michel Foucault[17] identifica ainda no início da Modernidade a correlação entre as duas dimensões.

> Esse parentesco entre as penas da loucura e a punição da devassidão não é um vestígio de arcaísmo na consciência europeia. Pelo contrário, ele se definiu no limiar do mundo moderno, dado que foi o século XVII que praticamente o descobriu. Ao inventar, na geometria imaginária de sua moral, o espaço do internamento, a época clássica acabava de encontrar ao mesmo tempo uma pátria e um lugar de redenção comuns aos pecados contra a carne e às faltas contra a razão. A loucura começa a avizinhar-se do pecado, e é talvez aí que se estabelecerá, por séculos, esse parentesco entre o desatino e a culpabilidade que o alienado experimenta hoje, como sendo um destino, e que o médico descobre como verdade da natureza.

Ressalte-se que nem sempre a doença mental fez parte do rol de "objetos" de estudo e de atuação da medicina e, talvez, possam ser encontradas aí as raízes de sua vinculação ao pecado e à culpa. Como relata a psiquiatra Luciana Andrade Rodrigues no artigo que segue, em épocas passadas, os transtornos mentais eram associados ao ocultismo e às manifestações demoníacas – assim como a própria medicina era identificada com a feitiçaria.

Recuperar a trajetória da construção do conceito de doença mental, dentro de uma linha histórica traçada pela própria medicina, e também pela psiquiatria, faz-se fundamental para a reflexão a que nos propomos. Discussão esta que, conforme demonstra Rodrigues, na segunda parte desse capítulo, não pode abdicar da

---

17 Foucault, 1978, p. 87.

perspectiva das inter-relações da doença mental com os contextos sociais, religiosos, morais, institucionais e do campo do conhecimento, em diferentes tempos.

2ª parte
Uma breve introdução ao conceito de doença mental

Ms. Luciana Andrade Rodrigues*

A psiquiatria é o ramo da medicina que se dedica ao diagnóstico e tratamento das doenças mentais. Assim sendo, seus objetivos primários como disciplina da medicina são: definir e reconhecer as doenças mentais, identificar meios para tratá-las e desenvolver métodos para descobrir suas causas, buscando instituir medidas preventivas, quando possível.

No entanto, nem sempre as doenças ou transtornos mentais foram assim identificados. Houve um tempo em que as enfermidades psíquicas eram associadas a toda sorte de possessões, bruxarias, forças demoníacas e todo tipo de comportamentos desviantes do que era estabelecido pelo senso comum.

Assim, como veremos adiante, antes de se estabelecer como disciplina da medicina, a psiquiatria surgiu de uma necessidade social de lidar com o problema da loucura; com os limites sempre inconstantes entre loucura e delinquência. Seu objeto de estudo, portanto, a precede e se situa na interface do sujeito com a sociedade; o que determinará seu caráter médico, social e institucional.

---

* Médica pela UFMG. Residência psiquiátrica pelo Hospital Raul Soares. Mestre em Psicanálise pela Universidade Paris VIII. Preceptora do Internato em Saúde Mental da Universidade Faminas. Foi preceptora do Hospital de Ville-Evrad, em Paris.

Para compreendermos esse processo, é necessário fazer um breve recuo às origens da psicopatologia e, ainda anteriormente, ao nascimento da medicina, sua introdução no método científico e ao nascimento da clínica psiquiátrica. Obviamente, este texto não tem a pretensão de expor minuciosamente o tema, não possuindo o rigor descritivo e metodológico que o assunto merece, mas visa tão somente trazer à luz alguns pontos importantes da história da psiquiatria e do surgimento do conceito de doença mental.

1 Partiremos, então, dos primórdios da medicina...

Entre os povos primitivos, antes da cultura grega, a medicina se assentava em concepções de natureza mágica-mística-religiosa, constituindo, assim, uma atividade de sacerdotes e feiticeiros. As doenças, de um modo geral, apresentavam-se como fenômenos inexplicáveis, sendo frequentemente atribuídas, segundo uma lógica empírica, a causas exteriores (um envenenamento ou intoxicação alimentar, por exemplo), ou a influências malévolas de ordem sobrenatural. O espírito estaria possuído, enfeitiçado, sujeito às influências de deuses ou demônios sobre o corpo e/ou o espírito.

Para enfrentar as forças misteriosas desse mundo animista, os homens recorriam a rituais ou práticas de magia executados por aqueles a quem eram atribuídos poderes superiores; aqueles dotados da capacidade de se relacionarem com os espíritos: os feiticeiros, curandeiros e sacerdotes. Embora haja diferenças entre animismo e religião, é possível compreendermos o primeiro como uma versão primitiva da religião, um estágio da evolução religiosa da humanidade, no qual o homem possuía uma visão cósmica do mundo, atribuindo a todas as formas identificáveis da natureza (animais, plantas, rochas etc.) uma essência espiritual. Tais práticas e crenças existem ainda nos dias de hoje, porém, com o nascimento da medicina, as sociedades modernas conheceram mudanças importantes na maneira de compreender as doenças, dentre elas, a doença mental.

No mundo ocidental, ou mais especificamente na visão europeia, considera-se Hipócrates o pai da Medicina. Hipócrates (460-370 a.c.) era dotado de grande inteligência e poder criativo, além de uma extraordinária capacidade de raciocínio indutivo e dedutivo. Embora não fosse ateu, ele introduziu um corte, uma distinção radical, entre religião e medicina.

Foi a partir dele que se estabeleceu tal separação e a superação do discurso animista – no qual as doenças são causadas por espíritos ou forças sobrenaturais atuando no sujeito – para um discurso em que as doenças são entendidas como disfunções orgânicas, cujas causas, de ordem natural, necessitam ser identificadas e tratadas. Hipócrates entendia, por exemplo, que a epilepsia, antes chamada de *Mal Sagrado,* era na verdade, uma enfermidade natural com origem no cérebro, e não uma influência dos deuses ou espíritos maléficos.

Assim como na visão das escolas filosóficas da época a natureza seria constituída pela mistura dos quatro elementos – ar, terra, fogo e água –, Hipócrates postulava que a maioria das doenças teria como causa um *transtorno dos quatro humores* presentes no organismo: *sangue, fleuma, bile amarela e bile negra.* Fleuma referia-se a uma espécie de muco nasal, produzido pelo cérebro; a bile amarela, a uma secreção do fígado e a bile negra, a uma secreção produzida pelo baço e sinalizadora de mau-prognóstico das doenças. Hipócrates classificou, ainda, os temperamentos humanos em quatro tipos: sanguíneos, fleumáticos, coléricos e melancólicos – termos ainda existentes na clínica.

Apesar do grande avanço instituído pela medicina de Hipócrates, milênios, ainda a separariam da medicina fundamentada no método científico. Com efeito, até a primeira metade do século XVIII, a medicina assentava-se em sistemas filosóficos. Além de Hipócrates, outros personagens importantes foram Celso (25 a.C. a 50 d.C.), Galeno (129-217), Avicena (980-1037), Vesalius (1514-1564), todos estes considerados médicos e filósofos. A medicina era então compreendida como um aspecto dos conhecimentos, concebido numa visão de conjunto do mundo. O médico era aquele capaz de entender os fenômenos relacionados à morte a partir de sua observação sistemática do organismo e da relação deste com o meio, em uma visão cósmica. A doença seria, assim, o resultado de uma ruptura do equilíbrio interno do organismo e de sua relação com o meio que o cerca.

As teorias hipocráticas e pós-hipocráticas introduziram, portanto, uma ordem racional na patologia, que poderia ser explicada de acordo com as leis físicas, baseando-se na observação sistemática do todo. Entretanto, sua base teórica permanecia ainda bastante precária e inconsistente, prestando-se, frequentemente, a interpretações sobrenaturais das leis físicas.

2 Idade Média

Na Idade Média, assistimos ao recrudescimento do misticismo e do fanatismo religioso e, consequentemente, da medicina primitiva mágico-místico-religiosa. Nesse contexto, temos uma sociedade rigidamente hierarquizada (dividida entre nobreza, clero e o restante da população), com uma estrutura econômica estática e com valores pouco mutáveis. Sujeitas ao regime monárquico absolutista, as pessoas desempenhavam papéis sociais fixos e pré-definidos, de acordo com a vontade divina. Os direitos de um nobre eram desigualmente superiores aos de um camponês e, raramente, alguém se deslocava de um estrato social para outro. O teocentrismo[18] vigente

---

18 Segundo o site Significados, teocentrismo é a "doutrina que considera Deus o centro do universo e responsável pela criação de tudo o que há nele. [...] Filosofia amplamente defendida na Idade Média e baseada nos preceitos da Bíblia" [Disponível em significados.com.br – Acesso em 30/06/2020].

e o pensamento cristão da escolástica[19] subordinavam a razão à fé, e incumbiam o clero da preservação do saber, considerando-o detentor da "verdade revelada", sendo os idiomas grego e latim reservados para tal finalidade. A "demonologia" elevava a figura do demônio ao *status* de inimigo supremo a ser combatido, não somente por seu poder de influência sobre a alma humana, mas por oferecer perigo real à Igreja. Em nome desse combate, grandes excessos foram praticados na forma de "sacramentos satânicos" e nos processos inquisitórios. A famosa "caça às bruxas" ganhou dimensões assombrosas e grandes resistências precisaram ser vencidas para que se aceitasse a ideia de que "feiticeiras" e "possuídos" pudessem estar sofrendo de uma doença natural.

3 Período renascentista

O advento da sociedade burguesa veio modificar radicalmente o quadro. Os indivíduos deveriam ser iguais perante a lei, detentores dos mesmos direitos e deveres, e responsáveis por seus atos. No dinamismo da nova estrutura econômica, cada um deveria ser dono do seu destino e se incorporar à ordem contratual que definia o liberalismo, privilegiando a lógica do trabalho, da produção, do regime de trocas e a ascensão da burguesia. As leis se tornaram universais e seu regime devia ser respeitado por cada um. Com o período do Renascimento inicia-se na história uma nova época, de grande fecundidade, com a ascensão da cultura, das condições político-sociais, o ressurgimento da revolução científica e da arte. O saber torna-se profano e, frequentemente, ateu. A fé e a revelação são suplantadas pela razão e pela

_____

19 Segundo o site Significados, escolástica é a "ideologia cristã que, durante a Idade Média, buscava associar a razão aristotélica e platônica com a fé, buscando experienciar o contato direto com a verdade" [Disponível em significados.com. br – Acesso em 30/06/2020].

experiência. No que tange, entretanto, à loucura, associada ao ócio e à desrazão, só lhe restará a exclusão.

Nesse contexto, cabe-nos lembrar do "Grande enclausuramento" ordenado por Luís XIV da França, em 1656, quando, através de uma medida de polícia, eram internados à força todos os homens e mulheres que apresentavam transtornos persistentes do comportamento social, quaisquer que fossem suas naturezas. Indivíduos considerados libertinos, criminosos, prostitutas, charlatães, leprosos, dementes, alienados, loucos, mendigos, deveriam ser eliminados (anteriormente, condenados à fogueira, passaram a ser presos, reclusos nas instituições asilares). Nascia, nesse contexto, nos dois grandes hospitais parisienses criados à ocasião, Salpetrière e Bicêtre, a psiquiatria francesa, assentada, portanto, em critérios socioculturais bastante imprecisos, submetida, sobretudo, a uma demanda social – a necessidade de controle da ociosidade e da imoralidade.

4 Período iluminista

Em meados do século XVIII, com o movimento iluminista, e às vésperas da Revolução Francesa, a ciência queria mostrar-se mais eficiente do que a religião. Seu objetivo era recuperar os insanos para o terreno da razão, tornando-os aptos a participarem do novo mundo que se descortinava: o mundo da Revolução Burguesa. Paralelamente, a medicina iniciava sua introdução no método científico, através dos progressos da fisiologia e da anatomia. Surge a figura de Xavier Bichat (1771-1802), anatomista e fisiologista francês, um dos fundadores da anatomia patológica e da corrente organicista, que enraizava a epistemologia[20] da clínica na anatomia patológi-

---

20 Segundo o site Significados, epistemologia "é o estudo científico que trata dos problemas relacionados com a crença e o conhecimento, sua natureza e limitações. [...] estuda a origem, a estrutura e os métodos do saber" [Disponível em significados.com.br – Acesso em 30/06/2020].

ca. As doenças agora provinham de um funcionamento orgânico anormal, representando o resultado de diferentes distúrbios funcionais de órgãos diversos. A orientação de Bichat e de seu *método anatomoclínico*, embasado na observação e na análise dos órgãos e tecidos dos cadáveres, viria a ser amplamente hegemônica na medicina científica e representaria o primeiro discurso científico sobre o indivíduo. Tinha-se, enfim, um fundamento objetivo e real para a compreensão das doenças.

No entanto, nem todos compartilhavam do *método anatomoclínico* de Bichat. Philippe Pinel (1745-1826), outro médico francês, era um deles. Figura igualmente importante no nascimento da clínica, Pinel, contrariamente a Bichat, foi representante de uma concepção dita *nominalista* da medicina.

Pinel herdou do filósofo Condillac (1715-1780) o método da *análise*, que busca relacionar o ato perceptivo com o elemento da linguagem. Para Condillac, o conhecimento é um processo constituído a partir da observação empírica dos fenômenos da realidade – utilizando-se das percepções dos sentidos – e traduzido, de maneira aproximativa, na estrutura da linguagem. Juntamente com o método da análise, Pinel herdou de Condillac uma concepção *nominalista*, que critica a realidade substancial dos seres abstratos gerais: tudo o que se pode construir acima dos seres singulares nada mais é do que nomes. Dessa forma, a descrição do clínico (ou do filósofo) visaria reproduzir na sintaxe da linguagem o encadeamento dos fenômenos naturais. A medicina de Pinel seria, então, estruturada como experiência (que privilegia o olhar), método (a análise, apropriada de Condillac) e linguagem (que privilegia os signos), numa formalização que ficou conhecida como *método clínico*[21].

No campo da psiquiatria, Pinel teve ainda maior destaque, sendo frequentemente lembrado como seu fundador. Esta nasceu, portanto,

---

21 Barreto, 2017, p. 140.

através do *método clínico* e com postulação *funcionalista*, privilegiando o olhar, a descrição fenomenológica, por meio da representação na linguagem daquilo que é apreendido da observação do real. Ao longo de toda a obra de Pinel, encontramos o apelo a um método de análise e descrição histórica da loucura, através das *classificações* e de *nominações* dos fenômenos observados.

Pinel considerava a loucura, ou a alienação mental – termo bastante usado na época –, uma disfunção funcional das capacidades intelectuais do sistema nervoso, ou seja, uma doença curável, sem dano estrutural do cérebro. Ele a incluía na classe das "neuroses", o que abrangeria as doenças do sistema nervoso, sem inflamação, nem lesões estruturais anatomopatológicas – mais uma vez, colocando em plano secundário as teorias *anatomoclínicas* de Bichat.

Portanto, para Pinel, a alienação mental fazia parte das neuroses cerebrais, sendo o cérebro, a sede da mente. As neuroses cerebrais teriam, segundo ele, dois subtipos: as neuroses com abolição da função cerebral (estados comatosos) e aquelas com perturbações da função cerebral (alienação mental, loucura, e algumas outras, como hipocondria e sonambulismo). Pinel tinha por princípio que, para bem compreender a loucura, era preciso penetrá-la, por meio da incessante observação de suas manifestações, bem como da análise das funções da mente "normal" e da comparação entre as observações do normal e do patológico. Com efeito, Pinel (e seu fiel discípulo, Esquirol) considerava a mente uma manifestação do funcionamento do cérebro, sendo fundamentais nos seres humanos as relações entre o *físico* e o *moral*. A loucura seria, desse modo, resultado de uma disfunção das faculdades cerebrais, por meio de causas diversas: causas físicas, primeiramente (traumatismos cranianos, traumas no momento do nascimento); causas secundárias a disfunções em outros órgãos do corpo, afetando o cérebro; causas psicológicas; hábitos de vida; hereditariedade; e finalmente, aquilo que ele nomeava como *causas morais*, as fortes paixões, os maus-hábitos de vida e os excessos de toda ordem.

Dessa maneira, Pinel – que teve participação ativa na Revolução Francesa, compartilhando dos ideais libertários do movimento que levou à queda da Bastilha – ficou também conhecido como aquele que "libertou os loucos" da tirania do discurso anímico e religioso, por sua importante atuação no reconhecimento do caráter médico da alienação mental. A partir de então, os doentes mentais deveriam ser considerados *doentes*, não mais criminosos ou representantes da animalidade. A relevância do feito de Pinel foi simbolizada por sua nomeação, em 1793, como médico de Bicêtre e em 1795, da Salpetrière, considerados berços da psiquiatria francesa e mundial.

Em 24 de maio de 1798, Pinel, impressionado com as condições sub-humanas nas quais se encontravam os asilados (muitos deles, algemados há mais de 30 anos), conseguiu uma autorização da comuna revolucionária parisiense para libertar os asilados. Os asilos foram, então, substituídos pelos manicômios, consolidando-se a ideia de uma internação exclusivamente destinada a tratar doentes mentais e cuja direção cabia a um novo tipo de médico: o alienista, figura que reunia os méritos de cientista e de benfeitor humanitário.

O alienismo representou um marco da reformulação exigida pelo liberalismo, em relação à figura do alienado mental. Caberia ao alienismo tratar e recuperar os loucos, a fim de permitir sua incorporação à nascente sociedade burguesa. Caso isso não fosse possível, eles deveriam ser tutelados sob condições especiais. O objetivo seria proteger o alienado de si próprio, e proteger a sociedade de seu perigo potencial. Para o pensamento iluminista e liberal, caberia, a partir de então, à ciência cumprir a tarefa antes executada pela religião. Desenvolvia-se, com isso, na Europa, a experiência alienista que, gradualmente, alcançaria outros países do mundo ocidental.

As ideias de Pinel foram publicadas em 1801, em seu *Tratado médico-filosófico da alienação mental,* que se tornou a obra inaugural da psiquiatria moderna. Deve-se ainda a Pinel a primeira tentativa significativa de classificação das doenças mentais, ao agrupá-las em quatro categorias: *manias, melancolias, demências e idiotias.*

O tratamento nos manicômios, de acordo com Pinel, deveria ser de reeducação do alienado, implicando respeito às normas e desencorajamento das condutas inconvenientes. A ideia seria a de retirá-los de seu ambiente habitual e interná-los em uma instituição própria para tal fim, com o objetivo de trazê-los de volta à razão. A função disciplinadora do manicômio e do médico deveria ser exercida com um perfeito equilíbrio entre *firmeza* e *gentileza.* Através de uma disciplina rígida e paternal, em um ambiente inteiramente regido pela lei médica, os doentes seriam submetidos à lei coletiva da instituição, ao trabalho mecânico e ao "policiamento interior". Ou seja, coerentemente com a ideia de uma etiologia[22] moral da loucura, Pinel deu ênfase ao *tratamento moral* dos doentes mentais[23].

Com o passar do tempo, entretanto, as ideias corretivas para o comportamento e os hábitos dos doentes se tornaram recursos de imposição da ordem e da disciplina institucional, visando essencialmente ao bem da instituição. Tudo era justificável para submeter o doente mental. Dessa maneira, os graves excessos praticados nas instituições psiquiátricas e o reconhecimento da importância de outros fatores individuais e socioculturais implicados na gênese das doenças mentais impulsionaram, mais tarde, estudiosos da filosofia, da sociologia e da medicina, como Georges Canguilhem (1904-1995) e Michel Foucault (1926-1984).

---

22 Segundo o site Significados, etiologia é "um ramo de estudo destinado a pesquisar a origem e a causa de um determinado fenômeno" [Disponível em significados. com.br – Acesso em 30/06/2020].
23 Bercherie, 2004, p. 29.

5 Razão e desrazão

Já a psiquiatria alemã, em oposição ao espírito iluminista francês, se desenvolveu em um contexto cultural muito diferente: o do romantismo. O romantismo defendia, ao contrário do iluminismo, o aspecto irracional, o sentimento de contato com a natureza, os valores individuais. A empatia, em sobreposição à razão, seria uma sensibilidade capaz de permitir o conhecimento dos fundamentos do indivíduo, sua visão de mundo. A psiquiatria romântica do século XIX, na Alemanha, estava absorvida pelas especulações éticas e religiosas e pelo *phatos*[24] do romantismo, considerando a loucura uma doença da alma, o resultado de um desvio dos princípios éticos ou divinos que deveriam reger a conduta de cada sujeito. Foi, dessa forma, um prelúdio das teorias psicanalíticas, ao enfatizar as particularidades do indivíduo, suas fontes pulsionais e as tentativas de se buscar um equilíbrio em meio aos conflitos subjetivos.

Havia, entretanto, outra vertente da psiquiatria alemã, a escola "somatista", que possuía uma interpretação mais organicista (ou biológica) das doenças mentais, considerando as enfermidades psíquicas enfermidades do cérebro. Nessa vertente, destaca-se a obra de Griesinger (1817-1868), uma das figuras mais importantes da neuropsiquiatria. Pode-se dizer que esta última dominou o pensamento psiquiátrico do século XIX, buscando estabelecer uma correlação entre as diversas enfermidades psíquicas e as lesões cerebrais correspondentes – missão, ainda hoje, impossível, e que permanece como objetivo da psiquiatria de orientação neurobiológica.

Neste sentido, destaca-se, no final do século XIX/início do século XX, a obra de Kraepelin (1856-1926), eminente psiquiatra alemão, que teve papel fundamental no desenvolvimento da psiquiatria

---

24 Segundo o site Dicionário Informal, "palavra grega que significa paixão, excesso, catástrofe, passagem, passividade, sofrimento, assujeitamento, sentimento ou doença" [Disponível em dicionarioinformal.com.br – Acesso em 30/06/2006].

científica. Kraepelin valorizava, por um lado, o estudo clínico, a observação dos enfermos como meio empírico mais seguro de investigação, deixando de lado a anatomia patológica e as construções especulativas do pensamento. Sua abordagem representou, de certa forma, a emancipação da psiquiatria enquanto especialidade autônoma, desvinculando-a da medicina interna. Através do registro das histórias clínicas e da observação do curso e evolução das doenças mentais, Kraepelin elaborou algumas tentativas de classificações, agrupando-as como síndromes (padrões comuns de sintomas), e não pela semelhança dos principais sintomas, como faziam seus predecessores. Por outro lado, Kraepelin mantinha uma visão essencialmente organicista das doenças mentais, atribuindo suas causas a desordens biológicas.

Contrariamente à visão kraepeliniana, surge a figura de Sigmund Freud (1856-1939), neurologista, nascido em Příbor, – cidade do então Império Austríaco e que hoje pertence à República Checa –, mas que construiu grande parte de sua obra em Viena, capital da Áustria. Freud iniciou seus estudos com a observação de casos de histeria e utilizou-se da técnica da hipnose como forma de acesso aos conteúdos mentais de seus pacientes. Em um contexto até então dominado pela neuropsiquiatria, Freud teve o grande mérito de inaugurar uma nova dimensão no campo psiquiátrico, evidenciando a importância dos mecanismos mentais inconscientes na gênese e evolução das doenças mentais. As enfermidades psíquicas, para Freud, seriam resultado de conflitos internos entre as pulsões e a razão, com a insatisfação de desejos inconscientes no cerne da teoria freudiana que veio a constituir a psicanálise.

Frente a Kraepelin, Freud substituiu o modelo científico da *anamnese* pelo registro da biografia do doente. A história da clínica psiquiátrica, dessa maneira, deixa de ser a história de uma doença e se transforma na história de um doente.

Pode-se dizer, entretanto, que apesar de suas divergências, psiquiatria e psicanálise tiveram um diálogo bastante fecundo e uma articulação fundamental no campo da nosologia[25] psiquiátrica, até a primeira metade do século XIX. As duas primeiras versões do DSM (Diagnostic and Statistical Manual), o grande manual americano de diagnóstico e classificação dos transtornos mentais, utilizavam a psicanálise, juntamente com uma concepção neurobiológica, como ferramenta de referência nosológica. Elas seguiam uma classificação estrutural entre duas formas maiores de transtornos psiquiátricos, as neuroses e as psicoses, e guardavam a noção preponderante de que as doenças seriam reações da personalidade a determinados fatores sociais, biológicos e/ou psicológicos. A influência de fatores constitucionais, genéticos ou metabólicos ficava em segundo plano.

Já com a chegada do DSM III (sua terceira versão, em 1980), um novo corte opera na psiquiatria mundial, com a separação entre psiquiatria e psicanálise. A neuropsiquiatria recrudesce com força total, tentando transformar o discurso psiquiátrico no discurso científico puro e simples, sem as influências da subjetividade. A ideia é classificar os transtornos mentais a partir da identificação e descrição dos sintomas – como, por exemplo, agitação, desorientação, baixa ou elevação do humor, ideias delirantes –, sem qualquer interpretação subjetiva, no intuito de se estabelecer uma clínica objetiva, pragmática, fiável e universal. A tentativa é válida. Desconsidera, entretanto, que o sujeito, o paciente em questão, não pode ser reduzido a uma simples descrição objetiva de sintomas. Isto, porque o objeto da psiquiatria permanece impalpável, e depende essencialmente da nomeação, pelo sujeito, daquilo que, na sua percepção, encontra-se disfuncional.

---

25 Segundo o site Significados, nosologia é a "parte da medicina que se dedica ao estudo e classificação das doenças" [Disponível em significados.com.br – Acesso em 30/06/2020].

6 Doença mental/transtorno mental

Por outro lado, é preciso considerar que a substituição do termo *doença mental* por *transtorno mental*, instituída na CID-10 (Classificação Internacional de Doenças), em 1992, amplia os limites, sempre imprecisos, das fronteiras entre o normal e o patológico. O termo transtorno é mais amplo que o termo doença, e pode ser usado tanto para indicar um conjunto de sintomas decorrentes de uma doença, como comportamentos reconhecíveis na clínica, associados a sofrimento e perturbações de funções pessoais. Assim, estende-se o campo psiquiátrico de uma maneira coerente e necessária, visto que os limites entre a saúde e a doença não são precisos. É possível que um indivíduo esteja sofrendo de determinados sintomas subjetivos, sem que, no entanto, seja considerado doente. De fato, a definição de saúde da OMS (Organização Mundial de Saúde) consiste "num estado de completo bem-estar físico, psíquico e social; e não apenas a ausência de doença ou enfermidade" (OMS, 1946). Dessa forma, entre o estado de saúde e o outro extremo, o de doença, existe um hiato, uma faixa transicional, onde o indivíduo, embora não completamente sadio – visto que a definição da OMS aponta para um ideal dificilmente observável na vida –, não pode, tampouco, ser considerado doente ou enfermo, no sentido médico do termo.

Conclui-se, portanto, que o modelo neurobiológico, sozinho, é incapaz de dar conta da fineza da clínica psiquiátrica. O estudo aprofundado da psicopatologia e da psicanálise testemunha esse desafio. O ser humano é biopsicossocial[26], e a psiquiatria permanecerá, para sempre, às voltas com a complexidade do adoecimento psíquico.

---

26 Segundo o Dicionário Online de Português, o adjetivo "biopsicossocial" refere-se ao que "está relacionado com variantes biológicas, psicológicas e sociais. Em que há ou pode haver aspectos biológicos, psicológicos e sociais" [Disponível em dicio. com.br – Acesso em 30/06/2020].

3ª parte
Modos de sofrimento

1 Introdução

Nesta seção, analisaremos a possibilidade de uma intersecção entre os conceitos de pecado, doença mental e sofrimento psíquico. A intersecção é um espaço composto, no qual as partes se misturam, não havendo aí ruptura. Em cada sociedade, a cada época, há forma singular de fazer, de produzir trabalho, de novos arranjos de relacionamento afetivo e, consequentemente, de novos saberes e subjetividades a partir de experiências vividas entre as pessoas.

2 O sofrimento psíquico e a civilização

O sofrimento psíquico é uma das experiências mais marcantes no memorial do ser humano. Acompanha a vida do recém-nascido, da criança, do jovem, do adulto e do idoso. Ocorre entre amigos e rivais. Está presente nas diversidades culturais e raciais, nas dificuldades socioeconômicas, nas experiências de trabalho, nas diferenças sexuais e de gênero, nos sintomas físicos e nas crises relacionadas a ideais existenciais e espirituais. O sofrimento afeta diretamente a dimensão psíquica do ser humano.

A civilização hipermoderna não tem sido nada benévola e generosa com seu principal protagonista, o ser humano, principalmente se considerarmos a situação em que se encontram os marginalizados do sistema social. Essa camada tem suportado severas restrições, frustrações, agressões e desilusões, tanto no nível psíquico como no econômico, social, habitacional, cultural, profissional. No cotidiano, são raras as situações de real prazer e ganho psíquico desses sujeitos que, em contrapartida, vivenciam cumulativamente enormes situações de desprazer.

No Brasil, especialistas, instituições, sociedades científicas e organizações populares vêm denunciando essa situação e alertando autoridades e cidadãos sobre a péssima qualidade de vida circulantes nos empreendimentos coletivos, com aumento da marginalidade, da criminalidade, das desilusões e descrenças, além dos graves índices de patologias orgânicas e mentais presentes em seu cotidiano.

Mesmo sabendo que os enormes progressos obtidos pela ciência e pela tecnologia, nos últimos séculos, trouxeram resultados surpreendentes para a qualidade de vida do ser humano, hoje em dia, e ainda tardiamente, questionam-se e reavaliam-se esses resultados. No Brasil, várias bandeiras são estendidas por toda parte: ecologistas demarcam espaços, arquitetos e urbanistas projetam estratégias para as grandes cidades, cidadãos resgatam valores éticos e humanitários, partidos elaboram propostas políticas e econômicas para o país, líderes de movimentos sociais anseiam por mais democracia direta e participativa nas instituições, cristãos questionam velhas hierarquias da Igreja e revigoram experiências de base, pequenos proprietários rurais exigem reformas urgentes no campo, moradores associam-se na defesa de melhorias urbanas. É a experiência do contraste: entre sinais de intensa miséria, renasce das cinzas a riqueza da mobilização dos cidadãos.

É lógico, também, que, em todo tempo e lugar, os seres humanos sentiram o peso da cultura e da civilização que se constituíram para solucionar suas angústias intrapsíquicas, sociais, econômicas, tecnológicas. A título de exemplo, Freud menciona, em seu artigo publicado em 1908, "A moral sexual cultural e o nervosismo moderno"[27], a relação inversa que existe entre a moderna civilização e o livre-desenvolvimento da afetividade do ser humano. O artigo inicia-se com transcrições de textos de Von Eheufels, W. Erb e Von

---

27 Freud, 2015, vol. 8, p. 362-363.

Ebbing. Vejo necessidade de, pelo menos, transcrever partes do texto do W. Erb e, posteriormente, os comentários de S. Freud.

A questão originalmente colocada é se as causas do nervosismo que lhes foram expostas se acham presentes em tão alto grau, em nossa vida moderna, que podem explicar um aumento considerável do mesmo – e a essa questão podemos responder "sim", sem hesitação, como mostra um rápido olhar sobre a nossa existência moderna e as formas que ela assume. Por uma série de fatos gerais isto se torna evidente: as extraordinárias conquistas da época moderna, as descobertas e invenções em todas as áreas, a manutenção do progresso diante da crescente competição foram obtidas apenas mediante enorme trabalho intelectual e podem ser mantidas apenas com este. As exigências feitas à capacidade do indivíduo na luta pela existência aumentaram sensivelmente, e apenas empregando todas as duas forças intelectuais ele pode satisfazê-las; ao mesmo tempo, as necessidades do indivíduo, as exigências de fruição da vida cresceram em todos os círculos, um luxo inaudito disseminou-se em camadas da população que antes o desconheciam; a ausência de religião, a insatisfação e a cobiça aumentaram em amplos círculos do povo; graças às comunicações, que atingiram crescimento incomensurável, graças às redes de fios do telégrafo e do telefone, que envolvem o mundo, as condições do comércio mudaram inteiramente: tudo se faz com pressa e agitação, a noite é utilizada para viajar, o dia, para negócios, até mesmo as "viagens de lazer" tornam-se fatigantes para o sistema nervoso; grandes crises políticas, industriais e financeira levam sua agitação a esferas da população bem mais amplas; tornou-se generalizada a participação na vida política: lutas políticas, religiosas e sociais, as lidas partidárias, as campanhas eleitorais, o desmensurado aumento das associações inflamam as mentes e obrigam os espíritos a enviar esforços sempre novos; a vida nas grandes cidades tornou-se cada vez mais inquieta e refinada. Os nervos exaustos procuram a recuperação em estímulos exacerbados, em prazeres bastante condimentados, apenas para cansar-se ainda mais[28].

Freud, preocupado com a origem das doenças mentais, não somente concorda com as afirmações de Erb, como também opina a respeito dos avanços da civilização e de sua relação inversa com a saúde mental do ser humano. A civilização caminha em direção à diminuição de Eros. É declarado "santo" aquele que obedece a tais avanços em detrimento da saúde mental do homem e é "declarado criminoso aquele que em consequência de sua constituição indomável não consegue concordar com a supressão de seu bem-estar mental"[29], diz Freud.

O criador da psicanálise, sem dizer explicitamente que as diferenças de classe da sociedade exacerbam ainda mais os modos de sofrimento nos indivíduos acaba, implicitamente, aceitando tal argumento. Freud, em agosto de 1883[30], em uma das suas cartas dirigidas a sua futura esposa, Marta Bernays, deixa clara a diferença subjetiva entre os pobres e aqueles que, como eles, vivenciam melhores condições socioeconômicas.

> Toda a conduta da nossa vida pressupõe que sejamos protegidos da pobreza mais terrível e que exista a possibilidade de podermos livrar-nos cada vez mais dos males sociais. Os pobres, as massas não poderiam sobreviver sem suas peles duras e suas maneiras despreocupadas. Por que haveriam de levar a sério suas relações quando toda a desgraça que a natureza e a sociedade lhes reservam ameaçam aqueles a quem amam? Por que haverão de desprezar o prazer do momento quando nenhum outro os aguarda? Os pobres são inermes demais, expostos demais, para procederem como nós. Quando vejo as pessoas se entregarem, desrespeitando qualquer senso de moderação, invariavelmente penso que esta é sua compensação

---

28 Ibid., p. 364.
29 Ibid., p. 366.
30 Freud, 1982, p. 70-71.

por serem um alvo indefeso de todos os impostos, epidemias, doenças e males das instituições sociais. Não vou continuar este raciocínio, mas seria fácil demonstrar como "as pessoas" julgam, pensam, esperam e trabalham de maneira inteiramente diferente de nós. <u>Há uma psicologia do homem comum que difere consideravelmente da nossa</u>. Elas têm, também, mais espírito comunitário do que nós; apenas para elas é natural que um homem continue a vida de outro, ao passo que para cada um de nós o mundo termina com a nossa morte (grifo nosso).

Do ponto de vista do desgaste psíquico que, especificamente, o homem do campo recebe ao chegar à cidade, Freud[31] salienta que

os indivíduos vitimados por doenças nervosas são com frequência justamente os filhos de casais procedentes de rudes e vigorosas famílias camponesas que vivem em condições simples e saudáveis, e que, fixando-se em cidade, num curto espaço de tempo elevaram seus filhos a um alto nível cultural. Os próprios médicos asseveram enfaticamente que existe uma relação entre a alta incidência da doença nervosa e a moderna vida civilizada.

No entanto, sua exposição mais longa e mais elaborada do assunto está em outros dois textos: *O futuro de uma ilusão* (1927) e *O mal-estar na civilização*[32] (1930). Neste último, Freud afirma:

Logo, nossas possibilidades de felicidade são restringidas por nossa constituição. É bem menos difícil experimentar a infelicidade. O sofrer nos ameaça a partir de três lados: **do próprio corpo**, que, fadado ao declínio e à dissolução, não pode sequer dispensar a dor e o medo, como sinais de advertência; **do mundo externo**, que pode se abater sobre nós com forças poderosíssimas, inexoráveis, destruidoras; e, por fim, das **relações com os outros seres humanos**. O sofrimento que se origina desta fonte nós experi-

---

31 Freud, 2015, vol. 8, p. 366.
32 Freud, 2010, vol. 18, p. 31.

mentamos talvez mais dolorosamente que qualquer outro (grifo do autor).

É notável a transição freudiana a partir da expressão "doença dos nervos" em direção à temática psíquico-social e política que rege as escolhas humanas. Passa, pois, do campo estritamente organicista para o complexo campo das representações simbólicas, culturais, históricas, econômicas e políticas do sujeito. Evidentemente, a tentação de reduzir tais explicações a apenas um desses enfoques traria consequências graves. Cada uma dessas questões mereceria um tratamento mais aprofundado do que lhes poderá ser aqui dispensado. Freud, como citado, enfatiza três fontes de sofrimento do ser humano: o corpo, os fenômenos físicos da natureza e as relações afetivas. Desses, o mais difícil parece ser o terceiro: o amor.

3 Modos de sofrimento psíquico: o enfraquecimento do sujeito

Os modos de sofrimento psíquico subtraem as forças afetivas (libidinais) do sujeito, produzindo o enfraquecimento interpessoal, de interação no trabalho e vida em sociedade. Geralmente, com exceção das situações traumáticas, o sofrimento psíquico caracteriza-se por um efeito silencioso e cumulativo das relações amorosas e entre sujeito e instituição, sobretudo quanto as relações de poder, saber, econômica e afetiva sexual.

O sofrimento psíquico tem a ver com a demanda de amor. A vida amorosa é saudável quando cria relações produtivas e livres, em que os sujeitos envolvidos se habilitam a manejar melhor os afetos. Quando perdem a autonomia sobre os afetos, contudo, transformam a relação amorosa em modos disciplinares cercados por exigentes normas, hábitos morais, cobranças e vigilâncias. Quando as pessoas "desaprendem" gestos de gratuidade e generosidade na gestão dos afetos, assumem formas de dependência e, inconscientemente, vivenciam experiências sadomasoquistas, controladoras, avarentas, fetichistas e narcisistas. Consequentemente, sucessivas perdas e frustações afetivas em diferentes campos da vida acarretam desgastes orgânicos, exaustão hetero ou autoagressivas, tendo como consequência sujeitos cansados, desiludidos, desgastados.

O sofrimento psíquico é resultado do fracasso no amor. Circunstancialmente, a angústia acarreta sintomas graves no sujeito, que podem ser compreendidos como transtornos psíquicos. É a angústia que irá sinalizar que algo não vai bem, mobilizando o sujeito de modo a alterar sua vida. A angústia é um indicativo, não a causa, como a febre é sinal de infecção. Nesse ínterim, há pessoas que podem enclausurar-se no isolamento por resignação, culpa ou estratégia de autoaniquilamento, ocasionando quadros de depressão[33]. Outras, ainda, podem recolher-se na solidão por vaidade, aversão ao outro e ao mundo. A solidão que emerge desses desacertos nada produz senão ressentimentos, tristeza e angústia. O ódio acumulado nesses períodos transforma-se em destruição de si e do outro.

Por outro lado, a solidão é tarefa central da ascese emancipatória[34]. Mergulhar em si mesmo não é repetir o já sabido, mas debruçar-se sobre o ainda desconhecido ou o esquecido, desocultando a própria verdade. A experiência de solidão remete à individuação (singularização) e à ruptura com o estado de fusão com o outro. Somos seres separados, não simbióticos. A experiência de solidão é a capaci-

---

33 Para a Organização Mundial da Saúde (OMS), a depressão constitui um transtorno psíquico frequente, caracterizado por tristeza, perda de interesse, ausência de prazer, oscilações entre sentimento de culpa e baixa autoestima, além de distúrbios de sono ou apetite. Também há a sensação de cansaço e de falta de concentração. A depressão pode ser crônica ou recorrente e dificulta sensivelmente o desempenho no trabalho, na escola e a capacidade para enfrentar a vida cotidiana. Em sua forma mais grave, pode levar ao suicídio. Pode ser tratada com medicamentos, associados ao acompanhamento psicoterápico.

34 Existem pelo menos três tipos de ascese: a sacrificante, a de desempenho e a emancipatória. Durante a escrita do pecado da gula, esta questão será melhor discutida.

dade de amar com independência e autonomia, elaborando a dor do hiato entre o eu e o outro. Há nela fecundidade e sustentá-la é ter consciência de si e buscar o outro como realidade que não é igual, como companheiro que aponta para a diferença, não como avalista do desejo do sujeito.

Há várias formas de se expressar o sentido da solidão. Os místicos escolheram o caminho da fecundidade da solidão – o caminho do **Nada**[35]. Para São João da Cruz, reduzir a alma à sua essência, é criar um vazio, pois, a alma necessita da "noite escura" e do "sem nada"[36]. A força que nasce da debilidade angustiante do sujeito produz a experiência de Deus, a paixão, a produção literária, a criação artística espelhada nas cores, na estética, nos pátios dos gentios, nos espaços temporais e históricos.

4 As vicissitudes do sofrimento: amarguras sociais, sofrimentos pessoais

O sofrimento psíquico tem sido objeto de amplos estudos, nas diferentes disciplinas das ciências humanas e sociais[37]. E esse sofrimento acompanha o sujeito em várias esferas e fases de vida – sejam as previsíveis (constituir família, escolher uma profissão, empenhar-se em uma causa, perder uma pessoa querida, dentre outras) sejam as não previsíveis, como catástrofes, acidentes, mudança geográfica e doenças. A cada uma delas, o indivíduo é chamado a reelaborar a sua própria existência, a dotar de significado as alternativas que passam a se abrir (ou a se fechar) para si próprio. Sentimentos como o de não se sentir amado ou prestigiado, de perda ou conquista de *status*, de reconhecimento ou não de sua

---

35 *São João da Cruz*, 2002, p. 359.
36 Delumeau, 2003, p. 39.
37 Han, 2017; Pereira, 2012; Almada, 2013; Cucci, 2014.

competência profissional e humana, de ser ou não aceito em um grupo, são todos consequentes da relação do indivíduo com o outro ou com as instituições, mas quase sempre a amargura ou o sofrimento são debitados unicamente ao indivíduo, que supostamente deveria dar conta deles, e não lhe sendo possível fazê-lo, escoa a sua energia psíquica para o campo dos sintomas. Nessa perspectiva, a produção de sintomas, a necessidade de mais gozar poderia ser classificada como "pecado"?

Para fazer jus às expectativas adequadas ou desmedidas do outro ou da instituição, o sujeito intensifica sua dedicação e passa a fazer tudo exigentemente, visando atender à demanda alheia. A ambição exagerada de ser amado leva à compulsão por desempenho. A imposição interna irresistível leva o sujeito a realizar, sem medida, desastrosos relacionamentos afetivos no trabalho, no lazer e na espiritualidade, consciente ou inconscientemente, independentemente dos resultados. Essa fase é fruto do excesso de entusiasmo devido à grande ilusão de obter o olhar do outro, além da energia amorosa baseada em expectativas irreais. Nesse contexto, as experiências interpessoais aleatórias podem acarretar desilusões e graves sintomas. Parceiros amorosos podem, nesse ponto, perceber que há algo estranho, mas não enfrentam a situação temendo deflagrar uma crise, como a experiência de medo do desamparo. Surgem os primeiros sintomas físicos: problemas no trato digestivo, respiratório, alergias, síndrome de fibromialgia, crises de ansiedade, perturbação do sono ou alimentar, entre outros.

Em alguns momentos da vida, ocorrem dúvidas e perguntas: se vale a pena o ideal escolhido, se há sentido em colaborar com o parceiro que não se solidariza com a dor do outro, se é interessante continuar lutando contra as barreiras burocráticas e legalistas de uma organização. Os obstáculos crescem demasiadamente, enquanto decrescem as forças e energias libidinosas para transpô-los. Nesse período, podem aparecer problemas emocionais, fisiológicos, psíquicos, acadêmicos, profissionais, econômicos e espirituais.

Isolamento, fuga dos conflitos através de vícios e negação das próprias potencialidades modificam a percepção do indivíduo. O outro é desvalorizado. A autoestima passa a ser medida apenas pelo olhar exigente de si ou de projeções dos superiores. O embotamento emocional é visível, quer dizer, o indivíduo torna-se desconectado, perde a energia, a sensibilidade e tem dificuldade em responder ao cotidiano da vida afetiva familiar, profissional, cognitiva e espiritual. Quem era dedicado a seus sonhos torna-se amedrontado, tímido e apático, atribuindo a culpa ao mundo e sentindo-se cada vez mais inútil. É o tempo transitivista, em que se credita que tudo o que ocorre é perseguição do outro. Surgem a indiferença, a desesperança, a exaustão e o abatimento físico e espiritual, além do sintoma da **acídia** como prostração dos desejos.

A exigência da perfeição, nesses casos, ocupa o imaginário do sujeito. A renúncia ao lazer é vista como ato de heroísmo e bem vista pelos olhares do outro. Assim, o sujeito torna-se intolerante, julgando os outros incapazes, relacionando-se de forma exigente ou indisciplinadamente. A pessoa vive ensimesmada: os contatos sociais são quase insuportáveis e, por isso, evitados. Muitos recorrem ao isolamento na internet em busca de afetos ocultos, obscenos e proibidos. A perspectiva temporal restringe-se ao presente e a vida limita-se ao funcionamento mecânico do cotidiano. Excede-se na vida sexual, na alimentação ou em rituais obsessivos, entre exigências burocráticas ou em práticas espiritualistas rigorosas. Reacendem-se compulsões que tamponam desejos recalcados e obscenos.

Há ainda um enfoque da síndrome do sofrimento psíquico relacionada ao luto ou ao rosário de perdas que o sujeito é convocado a elaborar e reelaborar durante o seu percurso de vida. Essa síndrome compõe-se de sentimentos de frustração e desânimo, advindos do inevitável confronto com as limitações, as suas próprias e aquelas que lhe são externas. Dilata-se, imaginariamente, a figura de autoridade do cônjuge ou do chefe. Esfumam-se as diferenças de gênero, as questões raciais, de credo religioso ou etárias. O sujeito passa a medir o próprio valor apenas pela aprovação do desempenho e pela impressão que lhe causa o outro, o diferente, o que não lhe permite perceber aspectos propositivos, gerando a sensação de estar sob constante ameaça de perdas iminentes. Tais prejuízos geram inseguranças, inadaptação, vulnerabilidade, outras perdas, em um processo descendente. Com o passar do tempo, o afeto é sepultado e expresso como sintoma. O corpo adoecido é simbolicamente afetado por sintomas intermináveis, a gritarem para o sujeito mudo. A tristeza decorrente da gradativa percepção de uma realidade que não corresponde à expectativa leva a uma exaustão lenta, à semelhança da agonia da abelha que se afoga em seu próprio mel.

Nas descrições acima, a tensão afetiva ou o sofrimento psíquico é perceptível nos sujeitos: parceiros, trabalhadores, chefes, alunos ou professores, crentes e líderes religiosos. Geralmente, não há correlação entre os sintomas e as estruturas institucionais. Os registros de autores que desenvolvem a temática da *síndrome de burnout*[38], por exemplo, descrevem com precisão seus sintomas, mas teimam em esconder os segredos dos "não ditos" e das paixões adoecidas no entorno das instituições. Ocultam-se as contradições entre afeto e razão nas relações sociais e no controle do poder de enfrentamento das estratégias entre os sujeitos. Os atores isolados não têm a quem recorrer, e não possuem espaço para dizer de seu sentimento em relação às suas angústias.

---

38 A sintomatologia é próxima e coerente com a etimologia da palavra *burnout*: declínio ou apagamento gradativo do ardor ideal de vida e de relação. Sugere um esvaziamento da fonte motivadora. Cf. Gil-Monte, 2006; Lago & Codo, 2010.

A instituição também não revela e nem desdobra suas metas secretas e suas estratégias pelas quais conduz seus atores na consecução de seus propósitos. O mal-estar dos sujeitos, suas dores, são depositadas apenas em cada sujeito, um por um, jamais analisadas como resultado das relações da instituição com os envolvidos. As divergências quase irreconciliáveis entre exigências da instituição e anseios individuais certamente geram tensões.

5 À maneira de conclusão: arder, mas não queimar

Começamos essa conclusão com uma epígrafe de Moisés retirada do Livro do Êxodo[39]: "A sarça ardia no fogo, mas não se consumia" – "arder, mas não queimar" e podemos associá-la aos ideais, à plenitude, à utopia dos sujeitos quanto a diferentes modos de relacionamento em diversos ambientes. Os humanos se apaixonam, criam fortes experiências de prazer em busca de plena felicidade. Entretanto, encontram, nessas experiências, também profundo desamparo. Como dizia Freud[40]:

> Nunca estamos mais desprotegidos ante o sofrimento do que quando amamos, nunca mais desamparadamente infelizes do que quando perdemos o objeto amado ou seu amor.

As relações amorosas dispõem de um imenso capital psíquico que as distingue de formações meramente cognitivas, materiais e burocráticas. Investimos amorosamente em pessoas, ideais filosóficos, profissionais, culturais e religiosos. A magnitude da experiência de estar amando, associada à vida de desejo psíquico, é manancial de transformações inigualáveis, mas a experiência de amar é vivida por seres incompletos, frágeis, agressivos, indiferentes, ambiciosos, ciumentos, invejosos, e também virtuosos,

---

39 Bíblia Sagrada.
40 Freud, 2010, vol. 18, p. 39.

que criaram instituições complexas e plurais. As instituições são formas milenares e se constituem através de leis, normas, convenções e tradições. Assim, as organizações orientam-se pautadas por fortes hierarquias encarregadas de decisões, de administração, de sistemas de divisão de trabalho e de influências e competências de poder e de saber.

Os humanos despendem a maior parte de seu tempo e vivenciam suas mais complexas experiências no interior das instituições, sobretudo no ambiente familiar, do trabalho, da comunicação e das organizações do Estado. As relações sociais produzem subjetividades autônomas ou dependentes e subjetividades produtivas ou reprodutivas em diferentes tempos históricos. Estudar os modos de sofrimento psíquico dos humanos no âmbito das organizações sociais implica analisar as interações entre o sujeito e o outro, as implicações que os analisadores das instituições produzem como bem-estar ou mal-estar: espiritualidade, poder, dinheiro, saber, afetividade/sexualidade, vida profissional, práticas culturais, redes de comunicação social e conflitos das novas gerações.

Quando os sujeitos não possuem meios afetivos e adequados e estratégias de enfrentamento da organização, acabam não somente **ardendo (apaixonando-se)**, mas **queimando-se (enlouquecendo)**. Nesse caso, produzem sintomas: *pecado? doença mental? sofrimento psíquico?* São estados de esgotamento emocional, físico ou mental, resultado de relações complexas em inúmeras situações da vida. O esgotamento físico pode manifestar-se como cansaço e diminuição do envolvimento com outros. Além disso, o sujeito pode sentir-se emocionalmente exausto, desiludido, triste, deprimido, ressentido, hetero ou autoagressivo e impossibilitado de conviver com o outro nos diferentes setores da vida, o que pode conduzi-lo à perda de *autorreferências*, a fragmentações, crises de pânico, transtornos de sono e alimentares, compulsões, sentimento de culpa e ao desenvolvimento de atitudes de menor valia. O esgotamento psíquico leva, portanto, a inúmeras perdas.

Provavelmente, esses sintomas vêm perpassando a vida dos humanos pelos séculos. Até hoje, fazem-se presentes no cotidiano das instituições. Analisá-los individualmente é correr o risco de reforçar estigmas e processos de culpabilização, regressão e infantilismo. Meros pecados! Obsoletos diagnósticos de transtornos psíquicos! O que aconteceu com os pecados? Deslocaram-se da Igreja e foram habitar o templo da ciência? Apresentam-se sob os mais variados disfarces, nas classificações das doenças mentais dos manuais psiquiátricos? Nossa intenção, aqui, é contextualizar os sintomas dentro de uma visão sócio-histórica institucional que aqui denominamos "modos de sofrimento psíquico". Nos próximos capítulos, analisaremos cada um dos sete pecados capitais em associação às classificações dos transtornos psiquiátricos como **modos de sofrimento psíquico.**

2
Vaidade

Vaidade das vaidades,
tudo é vaidade[41].

1 Introdução

O diálogo entre os sete pecados capitais, as classificações de doenças mentais e os modos de sofrimento psíquico tocam o vasto mosaico das paixões humanas, desde tempos imemoriais. Nenhum império ou instituição foi capaz de recalcá-lo. Seus efeitos percorreram indistintamente classes sociais, gêneros e grupos raciais. Seus enredos retratam o cotidiano dos humanos. Não há espécie viva que tenha conseguido produzir tamanha diversidade sobre tão fascinantes temas: vaidade, luxúria, avareza, ira, gula, inveja e preguiça. Entretanto, de tempos em tempos, eles recebem diferentes enquadramentos: pecado, loucura, sofrimento psíquico. São santificados, demonizados, aprisionados e sublimados. Inspiraram o mundo das artes; patrocinaram religiões, filosofias, crenças e superstições; sustentaram vários saberes e profissões; dominam e excitam as redes de comunicação social; acolhem abandonados nos conventos, abrigos, orfanatos, centros juvenis e asilos de idosos; revolucionam o mercado econômico de manicômios rentáveis, privados e públicos e, contemporaneamente, abarrotam

---

41 Bíblia Sagrada, Eclesiastes.

presídios onde se mantêm aprisionados os portadores do mal que ameaça a sociedade.

As reflexões sobre o mal emergiram entre os muros das pequenas habitações dos eremitas entre os séculos III e IV d.C., percorreram toda a Idade Média, e deslocaram-se, após a Renascença, para o mundo profano da sociedade moderna racionalista capitalista. Os ideais ascéticos de sucesso e metas de desempenho deixaram de ser a acídia dos monges medievais[42] e transformaram-se, contemporaneamente, em ideal do mercado neoliberal e cibernético, provocando tédio – depressão? – em jovens, parceiros amorosos atrás de corpos talhados, em trabalhadores que perambulam como zumbis ou da massa alienada de ideais narcísicos sem história ou laços sociais.

Como já dito, o objeto deste estudo é discutir a interseção entre o conjunto de vícios, patologias, deslizes e transgressões e as potencialidades humanas, sob um viés propositivo. Deliberadamente, distanciamo-nos de visões dualistas de bem e mal, normal e patológico, ideal e real.

Trata-se de tema que integra o nosso cotidiano, a apontar continuamente nossa finitude. Em acréscimo ao que propõe Freud, podemos dizer que os sete pecados se associam à terceira afronta à humanidade – a primeira dá-se quando se reconhece que a Terra não é o centro do universo; a segunda, quando Darwin, no século XIX, "provou que o homem não é algo diferente nem melhor que os animais; é ele próprio de origem animal, mais aparentado a algumas espécies, mais distante de outras. Essa é a segunda afronta, aquela biológica, ao narcisismo humano"[43]. O terceiro corte na ferida narcísica do ser humano, em Freud, é o paradigma da psicanálise, o eu não ser dono de seu próprio nariz, Ele diz:

> O Eu se sente mal, depara com limites a seu poder em sua própria casa, a psique. De repente surgem pensa-

---

42 Kehl, 2011.
43 Freud, 2010, vol. 14, p. 246-247.

mentos que não se sabe de onde vêm; tampouco se tem como expulsá-los. Esses hóspedes desconhecidos parecem até mais poderosos do que os submetidos ao Eu; resistem a todos os meios coercivos da vontade, aprovados em muitas ocasiões, e permanecem imperturbados ante a refutação lógica, indiferentes ao desmentido da realidade. Ou ocorrem impulsos que parecem os de outro indivíduo, de modo que o Eu os renega, mas tem de receá-los e tomar precauções contra eles. O Eu diz a si mesmo que se trata de uma doença, uma invasão estrangeira, e aumenta a vigilância, mas não pode entender por que se sente paralisado de maneira tão estranha[44].

No inconsciente há processos sobre os quais não temos absoluto domínio. Ainda assim, ocupam nossa energia libidinal ou agressiva. Tais descontroles sugerem doença ou invasão estranha, que demandaria eficiente vigilância. A essa trama humana, podemos associar tanto os sete pecados capitais, quanto a loucura ou o sofrimento psíquico.

2 Vaidade/soberba

Vaidade vem do latim *vanitas* **e significa "vão ou vazio firmado sobre aparência ilusória".** Já soberba remonta a *superbia*, que originou "supérfluo", "arrogância", "presunção". Os dois vocábulos têm significados próximos: o soberbo ou vaidoso é alguém arrogante e cheio de vaidade[45]. A vaidade é uma experiência que dilata a imagem do ser humano, embaça seu próprio olhar e, de certa forma, torna o sujeito escravo do olhar do outro. Assim, tanto produz prazer como arrasta, por contrabando, experiências de autodestruição de si e do outro. Os primeiros papas da Igreja Católica classificaram a vaidade como o alicerce de todos os pecados capitais, como o comboio de via férrea, que, ao centralizar a força motriz na locomotiva, é capaz de

---

44 Ibid., p. 247.

45 Neste texto utilizaremos as palavras "vaidade" e "soberba" como sinônimos, dando preferência ao termo "vaidade".

levar consigo os outros vagões. A vaidade ilustra o mito do paraíso: a ambição desmedida de Adão e Eva de se tornarem Deus.

Santo Tomás de Aquino[46] descreveu sete características inseparáveis da vaidade. A *jactância*, atitude de quem narra bravatas e altos merecimentos acima do que se realmente é, e a *pertinácia*, postura obsessiva e perseverante de tudo que é correto da pessoa obstinadamente "teimosa". Além disso, *hipocrisia*, dissimulação no ato de falar moralmente de algo e, secretamente, fazer o oposto do discurso; *desobediência*, comportamento oposicionista de autoafirmação; *presunção*, confiança excessiva em opiniões próprias e devoção à verdade; *discórdia e contenda*, imposição da vontade própria ao outro com tenacidade e utilização de força física com intenção sádica de vencê-lo.

Para o Frei Prudente Nery[47], a vaidade ou soberba é uma experiência

> Tristemente trágica, porém, é a história de todos esses egocêntricos. As estações de seu biodrama são, quase sempre, estas: a tentativa de submeter tudo e todos ao próprio eu, o recusar-se das outras liberdades, o distanciamento gradativo de todos para longe desse ego-centro, o isolamento daquele que se queria o centro do mundo e, por fim, a solidão. Destino paradoxal (embora perfeitamente coerente com seu princípio interno) dos que, em tudo que buscam, nada mais buscam do que seu próprio eu. Eles sempre alcançam o que buscaram: seu eu e nada mais. É mesmo verdade: quem procurar reter a sua vida irá perdê-la.
>
> Sua personalidade se assemelha à daquele pavão que, certa feita, decidiu casar-se com uma desprezível galinha. Perguntado sobre tal decisão e por que ele, de tão extraordinária majestade, resolvera ter como companheira uma galinha, um ser tão ordinariamente

---

46 Tomás de Aquino, 1980.
47 Nery, 1997, p. 475-484.

insignificante, o pavão respondeu: é que eu e ela gostamos muito de mim [...].

O pavão tem não apenas orgulho de si, mas menospreza o outro. O soberbo mescla ignorância e alienação, pois nega a consciência do outro. O drama maior do vaidoso é ser desmascarado; é ver desvelado o personagem oculto que esconde por trás da máscara, seu complexo de inferioridade que o excita fortemente frente à imagem de um deus. O orgulhoso define-se com uma paixão que faz com que tudo o que está no mundo seja menos valorizado do que si mesmo. Como dizia Santo Agostinho[48], a vaidade não é grandeza, é inchaço. E o que está inchado nunca é sadio. E assim ele diz:

> Em comparação com aquilo que é, e dando atenção ao que ainda inteiramente não é, parece-me ser mais o que falta do que aquilo que já tenho; eu me tornarei mais humilde pelo que me falta do que orgulhoso pelo que já possuo. Pois, aqueles que julgam ter alguma coisa enquanto vivem na terra, por causa do orgulho não recebem o que falta. Pensam ser grandioso o que já têm. Se alguém pensa ser alguma coisa, quando nada é, engana a si mesmo (cf. Gl 6,3). **Nem por isso se torna importante, porque o inchaço e o tumor imitam a grandeza, mas não são sadios"** (grifo nosso).

O percurso do vaidoso é instável. Caracteriza-se por períodos de excitação e quadros de tristeza a depressão. Começa com exaltação e autoafirmação de seu *status*, o que invade suas fantasias psíquicas alterando resultados e talentos até que recebe um olhar superior sem adequado predicado correspondente. Isso faz com que seja tomado por fantasia de ilimitado sucesso, poder, fascínio, beleza e amor ideal de si mesmo. O fanatismo é um complemento frequente em seu cardápio autorreferente e manifesta-se tanto no campo religioso – na fé obstinada –, quanto no espaço político – a ideologia cega. Esses anabolizantes psíquicos são capazes de dilatar e extrapolar as emoções

---

48 Agostinho, 1997, p. 616.

com traços histéricos ou paranoicos. A mente brilhante de devotos discípulos cria anjos ou demônios. O caminho é seguido por imaginações de vitória, honra e transformações no corpo e nas vestes. A trajetória do orgulhoso segue pela sensação de algo parecido com o "sentimento oceânico", a crença de ser "especial", único e com poderes acima de tudo e de todos. Freud[49] define esse sentimento como:

> Um sentimento que ele gostaria de denominar sensação de "eternidade", um sentimento de algo ilimitado, sem barreiras, como que "oceânico". Seria um fato puramente subjetivo, não um artigo de fé; não traz qualquer garantia de sobrevida pessoal, mas seria fonte da energia religiosa de que as diferentes Igrejas e sistemas de religião se apoderam, conduzem por determinados canais e também dissipam, sem dúvida. Com base apenas nesse sentimento oceânico alguém poderia considerar-se religioso, ainda que rejeitasse toda fé e toda ilusão.

Entretanto, a sensação de grandiosidade de si mesmo não é infinita. Surgem os limites ou decepções em torno da autoimagem, que fragmentam o eu. Desencadeiam-se quadros de estranheza de si mesmo, seguidos de autoagressividade e depressão. Ocorrem sintomas de medo e pânico. Percebe-se uma espécie de fúria e ira, como uma "fuga, ira". Geralmente, a autoagressividade surge do olhar de desaprovação do outro, ou seja, barrando o gozo do vaidoso.

O terceiro tombo no inconsciente humano é bem retratado no conhecido conto do rei nu, desmascarado por uma criança que rompe a bolha de poder ilimitado do rei.

3 Vaidade como gozo narcisista

3.1 O filhote humano

A dimensão psicológica da vaidade está associada à infância e à experiência do *narcisismo primário*. A criança acredita ser o centro do

---

49 Freud, 2010, vol. 18, p. 14-15.

mundo e faz sua entrada na vida como "sua majestade, o bebê", segundo a celebre expressão de Freud próxima da antiga canção de ninar brasileira[50]. A experiência de ter sido majestade não se apaga no inconsciente e é reeditada toda vez que o sujeito se sente desamparado.

Freud descreve a origem da civilização como resultado do recalcamento das pulsões e, consequentemente, do desamparo, que leva ao aparecimento das neuroses. Nessa linha de pensamento, a neurose seria a conclusão de que a felicidade (*a majestade*) é uma aspiração irremediavelmente condenada ao fracasso. Na civilização, o ser humano experimenta forte sentimento de desamparo ou "desaparecer de si", buscando infinitas formas de ilusão para o apaziguamento da angústia. Diante da constatação de que viver é difícil e, muitas vezes, cruel, tudo reduz-se à procura de ilusões para suavizar a dor da existência. A vaidade, portanto, é um retorno à experiência do narcisismo infantil.

Para entendermos os caminhos que o sujeito percorre em sua infância, nada melhor que recorrer aos ensinamentos da psicanálise. Freud postula que o desenvolvimento da afetividade/sexualidade passa por um obscuro percurso que parte das funções biológicas, da ordem da necessidade, e, posteriormente, delas se desvia. Já então denominada pulsão, gera um conjunto de sensações e fantasias da ordem do desejo em busca de realização.

A criança dá os primeiros passos de sua vida afetivo-sexual na total dependência de um outro, em condição estrutural de desamparo fundamental. Só lhe é possível desenvolver a afetividade/sexualidade através da interação com o corpo da mãe. Não há vida humana sem relação. O bebê encontra alguém, a mãe, ou quem desempenha

---

50 Caldas & Cavalcante, 1960. Silêncio, ele está dormindo. / Veja como é lindo / Sua majestade, o nenê. / A casa já tem novo dono. / Novo rei do trono. / Sua majestade, o nenê. / Parece com o papai? / Parece com a mamãe? / Parece com a vovó? / Não. Não parece com ninguém. / É ele, é ele só. / Sua majestade, o nenê.

essa função, para auxiliá-lo na busca de alimentos e atender a sua necessidade de aplacar a fome, oferecendo-lhe o seio repleto de leite.

A mãe humana, por pertencer a uma cultura e possuir os equipamentos simbólicos da linguagem, não oferece somente leite. Fornece, paralelamente, carícias erógenas. O território materno, o seio, não somente é capaz de saciar com seu leite a fome da criança (o que é da ordem da necessidade, do corpo), mas, sobretudo, nutre-a da relação amorosa, a libido (que é da ordem do gratuito prazer, da pulsão, do desejo, da corporeidade)[51] que gera segurança, afeto, de forma prazerosamente insaciável. Para Freud, o conceito de sexualidade aparece apoiado no biológico, centrado no corpo erógeno e, sobretudo, no mundo das fantasias inconscientes. A vida afetivo-sexual do bebê é fruto de um caminhar entre o sujeito e o objeto de desejo (*objectum* = o outro). Freud foi o primeiro a localizar esse caminho da afetividade/ sexualidade como drama edípico, ou seja, entre os personagens da novela familiar: a criança, a mãe, o pai e o falo[52].

3.2 O corpo fragmentado

Nos primeiros meses de vida, a criança experimenta uma situação de puro desamparo original, uma experiência indiferenciada,

---

51 Chamamos de corpo as complexas dimensões biológicas, fisiológicas, químicas, físicas que constituem os órgãos e tecidos do organismo humano. A corporeidade, por sua vez, é a experiência vivida do corpo como realidade fenomenológica.

52 Para Lacan, o falo "não é uma fantasia, se por isso devemos entender um efeito imaginário. Não é tampouco um objeto. Muito menos ainda é um órgão, pênis ou clitóris, que ele simboliza. O falo é um significante cuja função na economia intra-subjetiva da análise talvez erga o véu daquela função que tinha nos cultos secretos. É assim que o órgão erétil vem a simbolizar o lugar do gozo, não enquanto ele mesmo, nem sequer enquanto imagem, mas enquanto parte faltosa na imagem desejada". A sexualidade humana tem no *phallus* o significante que permite ao sujeito orientar-se. Lacan compara o falo ao estilete do relógio de sol, que marca a sombra para que o sujeito calcule as horas. Um relógio de sol não tem precisão, mas serve de parâmetro para distinguir manhã e tarde, por exemplo. Orientado pelo falo, o sujeito, feminino ou masculino, procura construir sua identidade sexual. Cf. Lacan, 1995.

de profundo caos. São sensações de fragilidade e desagregação. A sensação estranha do eu despedaçado é aquilo que nos é mais familiar, é a fundação de nosso ser, o *estranhamento*. A imagem do corpo despedaçado é profundamente angustiante para o recém-nascido, cuja demanda emergente é de amparo seguro, visando a apaziguar o estado de caos, em uma loucura que ronda o dia a dia e fica adormecida, pronta para criar ou destruir. As crianças manifestam fantasias fragmentadas quando brincam, sozinhas ou com outras crianças, de arrancar a cabeça ou furar a barriga das bonecas. Já os adolescentes encontram, nos ritos de tatuagem e na incisão de seus corpos, a forma de reviver sua dispersão e mutilação corporal. O adulto, por sua vez, experimenta essa sensação através do medo da loucura ou de estados de pânico. Paradoxalmente, é a através da loucura, enquanto indignação, que as pessoas produzem arte e surgem os místicos e grandes ativistas políticos.

O maior prazer corporal é vivenciado, inicialmente, na região oral – a entrada do leite morno da mãe na boca da criança não somente apazigua a fome, mas oferece ao infante um "algo mais". A boca passa a ser o órgão com o monopólio de sensações, permitindo profundo prazer. O ato de sucção não é, então, mero gesto biológico, mas gesto amoroso, que permite produzir imagens e sensações prazerosas. Quem não é acolhido por esse gesto não cresce e não se constitui como ser humano. Aqueles bebês que não têm esse prazer, fruto da relação, não desenvolvem a imaginação e morrem logo.

3.3 Da fome de pão à fome de desejo

A criança percorre o caminho da fome de pão (leite) para a fome de desejo (prazer). Freud diz ser essa a primeira manifestação da vida afetivo-sexual, gatilho para aquilo que ele denominou obscuro objeto de desejo. O leite torna-se delícia do Éden. O Apóstolo Paulo, de modo semelhante, toma essa experiência como amor, nas cartas enviadas aos cristãos de Corinto.

Também a esposa, no Cântico dos Cânticos, assim se expressa sobre a ferida de amor ao ver o amado[53]. Ampliando esse processo inconsciente de substituições, Freud propôs a teoria dos objetos inconscientes e seus mecanismos de deslocamento e condensação, metonímia e metáfora[54].

Não sendo o comportamento sexual do ser humano reduzido ao instinto, a um relógio biológico ou dispositivo pré-formado e adaptado tal como encontramos nos animais, temos de recorrer a outro modelo criado por Freud e denominado teoria da pulsão. As pulsões estão presentes em nossas lembranças de cenas vivas, verdadeiras ou não. De uma maneira resumida, é isso que acontece com a metamorfose entre o corpo biológico (o instinto da fome) e o corpo erógeno

---

53 Ct 5,10-16. "O meu amado é claro e corado, inconfundível entre milhares. Sua cabeça é ouro puro e os anéis de seus cabelos, como cachos de palmeira, negros como corvo. Seus olhos são como pombas à beira dos riachos, lavadas em leite e repousando junto a torrentes borbulhantes. Suas faces são como canteiros de aromas, como tufos de unguentos; seus lábios, como lírios, destilando mirra escolhida. Suas mãos torneadas em ouro, cheias de jacintos; seu ventre é marfim lavrado, guarnecido de safiras. Suas pernas são colunas de mármore sustentadas sobre base de outro; seu aspecto é do Líbano, alto como os cedros. Seu paladar é só doçura e todo ele é desejável: tal é o meu amado e ele é quem me ama, ó mulheres de Jerusalém (Bíblia Sagrada).

54 Metonímia e metáfora são definidas, segundo Kaufmann, "classicamente como figuras de estilo que modificam o sentido das palavras: elas fazem figura, ornamentam o discurso, como se existisse além delas a palavra justa". Assim, na teoria lacaniana, a condensação pode ser entendida como metáfora, e o deslocamento como metonímia (KAUFMANN, 1996, p. 331). Para Houaiss, metáfora é a "designação de um objeto ou qualidade mediante uma palavra que designa outro objeto ou qualidade que tem com o primeiro uma relação de semelhança (p. ex, ele tem uma vontade de ferro, para designar uma vontade de ferro, como o ferro)". Metonímia, por sua vez, "significa uma figura de retórica que consiste no uso de uma palavra fora do seu contexto semântico normal, por ter uma significação que tenha relação objetiva, de contiguidade, material ou conceitual, com o conteúdo ou o referente ocasionalmente pensado, exemplo, 'adora Portinari' por obra de Portinari; 'praticar a caridade' por atos de caridade etc." (HOUAISS, 2001, p. 1.911).

(a fome de desejo), que demanda o amor de um outro para substituir a sensação de incompletude, de insatisfação básica do ser humano – da fome de pão à fome de desejo. Toda vez que o ser humano se sente vazio, incompleto, angustiado, busca o outro, símbolo da plenitude, da parusia para os cristãos, do amor que ameniza a insatisfação básica, a frustração.

A sexualidade, portanto, ocorre de maneira decisiva no registro simbólico e regula as práticas amorosas entre as pessoas, os contextos sociais de solidariedade, a política, a criação artística e a religiosidade. É necessário registrar que a vida sexual não é um ato qualquer, banalizado pelo império do prazer, como os *modelos* oferecidos por esteticistas ou agências da moda, mas um enigma, símbolos de uma série de formações de pensamentos importantes na história das relações amorosas.

Inicialmente, a criança tem capacidade muito pouco desenvolvida para a percepção física e mental. O objeto de satisfação é parcial: o seio. A mãe não é percebida globalmente. Nessa fase, a criança obtém do ato de sucção a sensualidade capaz de satisfazer seu desejo; quando não consegue obter sensações agradáveis a partir desses estímulos, frustra-se, desencadeando fortes sentimentos de ódio e agressividade. É da mistura entre ternura, afeto, carícia e excitação das mucosas da boca que surgem as primeiras fantasias prazerosas, afetivas e sensuais. À medida que se repete a interação mãe-filho, a criança vai registrando experiências gratificantes. O seio passa a ser o objeto capaz de nutrir com afeto, ternura, agradecimento e consolação, ou seja, de construir boa imagem de si. Sua falta transforma-se em dor, negação de prazer que deixa em aberto a tensão da fome, além de vazio do outro. Tais experiências são fundamentais a todo recém-nascido, produzindo o mal, o bem, a culpa, a ingratidão, a consolação ou a desolação.

3.4 O narcisismo como experiência de vaidade

Nessa etapa, criança e mãe encontram-se interligadas pelo *falo*. O eu da criança é moldado pelo outro: é o que a psicanálise denomina **eu ideal** ou **narcisismo primário**. O ser humano não existe como sujeito em si, não é capaz de sentir-se como unidade (corpo/psiquismo). Aprende, na chamada fase do espelho, a reconhecer imagens desse outro que o acompanha e, em meio a elas, distinguir sua própria imagem, que contempla fascinado, antecipando uma unidade corporal, colocando o eu como centro imaginário e ideal, formando o que se chama em psicanálise de **narcisismo.** Localiza-se aí a questão de ser ou não ser: ser ou não ser onipotente, ser ou não ser todo para o outro; ter o falo ou estar sem ele, castrado; **ser ou não ser amante de si mesmo, vaidoso.**

O narcisismo primário é o próprio eu ideal: está sempre apontado como ideal, mas jamais é alcançado. Nessa perspectiva, verificamos que o sujeito carregará para sempre uma marca, o estigma do desejo de seus pais. Esse princípio de alienação é indispensável na formação do sujeito. O narcisismo primário é, pois, um inventário, uma herança da falta, do vazio dos próprios pais. É a pedra fundamental da constituição do sujeito, a partir de onde ele vai articular e contemplar sua questão edípica. O narcisismo é a base da experiência da vaidade ou do orgulho de si.

A experiência narcísica é muito frágil. Para a imagem esplendorosa de si se manter, é necessário um suporte. Ela é puro engano. A imagem que Narciso vê nas águas é a sua, mas ao mesmo tempo está fora dele e não é ele; o que está nas águas é o não eu. O sujeito narcisista ilusoriamente sente que está fechado em si, em uma redoma ou um canto harmônico uníssono. Ao contrário, porém, sua superfície psíquica é totalmente porosa, semelhante ao queijo suíço – longe de ser um queijo mineiro. Quando derrama a sua imagem, precisa de uma concha para acolhê-la. Esse recipiente afetivo chama-se outro:

o parceiro amoroso, o animal de estimação, o ideal político e social, a crença religiosa, as imagens de si nas redes sociais, os objetos de consumo, as roupas de grife, ter *status*, o carro importado, o número do WhatsApp de alguém ou as imagens eróticas do aplicativo sexual. De maneira geral, aquilo em que não sou eu constitui-se em suporte de identidade, imagem dependente e perseverante que funciona como prótese ou cola. Diz o mito de Narciso[55]: "O que desejo eu carrego comigo; oxalá pudesse cindir-se". O narcisismo promove uma paralisação diante da fascinação do sujeito por sua própria imagem. Por isso, o narciso engessa-se a si mesmo, não pode de si separar-se, não é livre, solto; o que ele deseja carrega consigo.

A experiência narcísica é o olhar da mãe para a criança desejada. Esse olhar não ocorre através do olho como órgão, mas de um lugar de desejo, vivência subjetiva fundante para a criança, que se encontra definitiva e absolutamente amada, em pleno gozo e estado de júbilo triunfante. A experiência de ser amado afugenta a vivência do corpo despedaçado, dos medos e insegurança. A criança sente-se apaziguada. É um sentimento peculiar, desejo de perder-se e diluir-se na figura materna. Freud relacionou essa experiência a algo correlato à verdadeira fonte da religiosidade (o que já descrevemos anteriormente como o sentimento oceânico).

O processo de perder-se totalmente no outro é denominado identificação primária e, segundo Freud, constitui a forma mais primitiva de relação do sujeito com outra pessoa.

3.5 O narcisismo e a experiência do sagrado

A partir das construções teóricas psicanalíticas[56], pode-se entender que as identificações primárias realizadas essencialmente

---

55 Brandão, 1987, p. 175.
56 Morano, 2003, p. 20.

entre a mãe e a criança fazem-se presentes também nas vinculações com Deus – a experiência do sagrado. Na vivência religiosa, encontra-se essa mesma inspiração, os mesmos traços de memória que auxiliam a busca do desejo do Todo-Transcendente.

Essa vivência foi qualificada por Vergote[57] como pré-religiosa, no sentido de que supõe uma relação de união e prazer com um Todo que representa bem a totalidade do sagrado. A teóloga Maria Clara Bingemer[58] afirma "Deus como objeto de desejo". James Fowler, teólogo e psicólogo, dá relevo a essas identificações primárias, preocupando-se não somente com a representação de Deus, mas com a experiência da alteridade divina:

> [...] creio que estão corretos aqueles observadores que afirmam que nossas primeiras pré-imagens de Deus se originam aqui (nessa fase indiferenciada e densamente afetiva e sensória). Particularmente elas se compõem de nossas primeiras experiências de mutualidade, nas quais formamos a consciência rudimentar de nós mesmos como seres separados dependentes de outros imensamente poderosos, que estavam presentes desde nossa primeira tomada de consciência e que nos conheciam – com olhares reconhecedores e sorrisos reconfirmadores, por ocasião de nosso primeiro momento de autoconhecimento. Chamo-as de pré-imagens, porque em grande parte se formam antes da linguagem, antes dos conceitos e numa época que coincide com o próprio surgimento da consciência[59].

As primeiras vinculações com a figura materna são, como rito de passagem, o suporte básico da experiência transcendente, com Deus. Elas são o protótipo da vida mística, o sopro, a força impulsionadora do desejo. Entretanto, a experiência religiosa só poderá chegar a bom termo se o sujeito religioso vier a constituir-se como ser autônomo,

---

57 Vergote, 1969.
58 Bingemer, 1998, p. 82.
59 Fowler, 1994, p. 106.

vivendo a intersubjetividade – eu e outro. Isso só é possível com a entrada de um terceiro na relação entre a criança e a mãe, sem o qual a criança permaneceria eternamente enclausurada na fascinação narcisista imaginária. O símbolo paterno começa a aparecer, então, como representação da lei que opera a separação que nos constitui como sujeitos. A relação amorosa não é desprendimento total: amo para submeter, para fazer do próximo espelho, coisa minha (coisificação), objeto de meu gozo. Afinal, amar o outro como idêntico anula toda a alteridade. O amor, por sua vez, é constituído da relação entre semelhantes, mas não idênticos. Esta é a ética do desejo: a liberdade e a alteridade.

4 A vaidade como luxúria do espírito

As primeiras relações da criança com a figura materna são responsáveis pela experiência religiosa, exatamente porque esse vínculo as aproxima da plenitude de amor e do protótipo da mística. Essa matéria-prima é base da experiência de ternura com Deus. Entretanto, tal relação exige a entrada de um terceiro capaz de separar o sujeito da possível figura onipotente – como lembrava Freud, um terceiro tombo na figura narcisista. Os místicos conhecem bem essa separação entre sujeito e Deus e chamam essa angústia de separação de "noite escura" (São João da Cruz), intermináveis "sete moradas espirituais" (Santa Teresa) ou "consolação e desolação" (Santo Inácio de Loyola).

Quando a relação é demasiadamente estreita entre mãe e criança ou entre Deus e crente, o sujeito pode desenvolver, mais tarde, conflitos graves na vida psíquica. A pessoa aprisiona-se e não se torna livre para ser ela mesma. Adia suas próprias convicções de fé, despreza engajamentos sociais e projetos singulares. Apega-se rigidamente a ideais de perfeição e santidade e a realizações dependentes e infantis. O obsessivamente ordenado é desordenado; a obsessão pela ordem é desordem. Esses sujeitos, por compensações psíquicas, desenvolvem experiências de extrema perfeição, dogmatismo e adesão às organizações fundamentalistas, tanto religiosas quanto sociais e políticas. Seus temas são ultraconservadores e atravessam a área do obscurantismo homogenista, da moral sexual rígida e do poder autoritário. São figuras que não convivem com a diferença e a tolerância.

Nesse contexto, o elemento ideal da vaidade aproxima-se da forma de viver da luxúria. Embora pareçam conflitos antagônicos, sua ligação foi reconhecida pelos primeiros Padres da Igreja quando relacionaram a luxúria à vaidade. A luxúria está relacionada ao corpo, assim como a vaidade seria a luxúria do espírito.

O luxurioso não consegue reconhecer o outro nem o amar. Busca o erotismo, mas não a conexão deste com o amor. O outro é instrumento de gozo, não de desejo. A soberba e a luxúria têm em comum a ausência de sentimentos de afeto. As características distantes e frias são constitutivas da vaidade.

Nas palavras de Geovanni Cucci[60], aqui traduzidas livremente:

> O típico "gelo afetivo", que caracteriza o soberbo, também adverte um perigo particularmente grave na vida religiosa, talvez o seu maior perigo, o de ser privado de sentimentos, acreditando-se autossuficiente. Alguns padres, como São Girolamo, Santo Agostinho e São Bernardo, chegaram a dizer que é melhor um incontinente humilde que um virgem orgulhoso. Os mestres da vida espiritual reconheciam uma alma casta não porque era virgem, mas porque era humilde, animada daquela humildade que é fruto da caridade, como também o contrário: denunciavam o luxurioso por sua atitude soberba. Essa observação traz para a revisão uma associação simples entre a castidade e a abstinência: a soberba, expressão de possessão desrespeitosa de si e do outro, é também contrária à castidade, enquanto não se quer depender de ninguém porque

---

60 Cucci, 2008, p. 53.

nunca se amou ninguém. Nesse risco, o celibatário e também o religioso são particularmente expostos, mais do que o casado.

E ele prossegue:

Existe uma grande afinidade entre humildade e castidade, como, por outro lado, entre soberba e luxúria. A luxúria é o orgulho da carne, e o orgulho é a luxúria do espírito. Os solteiros e os virgens são particularmente expostos à tentação do orgulho. Eles são aqueles que nunca se ajoelharam na frente de uma criatura reconhecendo a sua incompetência e a sua necessidade do outro e dizendo: "Me dê o teu ser, pois o meu não me basta!" Em uma comunidade de virgens muito inflexíveis e cultas (acredito ser aquela célebre de Port-Royal), um visitante mandado pela autoridade eclesiástica disse em seu relatório: "Essas mulheres são puras como anjos, mas orgulhosas como demônios" (tradução livre).

O Papa Francisco também manifestou profundas preocupações sobre a expressão da vaidade como perfeccionismo, rigidez e conservadorismo. No dia 24 de novembro de 2013, primeiro ano de seu pontificado, escreveu umas das mais relevantes exortações apostólicas da história dos últimos papas da Igreja Católica. No texto *Evangelii Gaudium*, n. 95[61], refere-se ao obscuro mundanismo como atitude oposta ou reativa à virtude, que, no fundo revela a vaidade de grupos ultraconservadores dentro da Igreja.

Este obscuro mundanismo manifesta-se em muitas atitudes, aparentemente opostas, mas com a mesma pretensão de dominar o espaço da Igreja. Em alguns, há um cuidado exibicionista da liturgia, da doutrina e do prestígio da Igreja, mas não se preocupam que o Evangelho adquira uma real inserção no povo fiel de Deus e nas necessidades concretas da história.

Mais adiante, no n. 97, diz: "Deus nos livre de uma Igreja mundana sob vestes espirituais ou pastorais!"

---

61 Papa Francisco, 2013, p. 62.

No dia 22 de dezembro de 2014, menos de um ano após sua eleição, novamente o papa fez um pronunciamento incisivo à Cúria Romana sobre as quinze doenças que permeiam a vida da Igreja. Para Francisco[62], a vaidade encontra ambiente extremamente favorável quando a pessoa exerce cargos de poder e funções de prestígio. Poder e vaidade casam-se como luva. Os dois fazem florescer novamente a crença de ser o centro do mundo. Assim ele descreve a quinta enfermidade, retratando os perigos da vaidade:

> A doença da rivalidade e da vanglória. Quando a aparência, as cores das vestes e as insígnias de honra se tornam o objetivo primário da vida, esquecendo as palavras de São Paulo: "Nada façais por espírito de partido ou vanglória, mas que a humildade vos ensine a considerar os outros superiores a vós mesmos. Cada qual tenha em vista não os seus próprios interesses, e sim os dos outros" (Fl 2,3-4). É a doença que nos leva a ser homens e mulheres falsos, e a viver um falso "misticismo" e um falso "quietismo". O mesmo São Paulo os define "inimigos da cruz de Cristo" porque se envaidecem da própria ignomínia e só têm prazer no que é terreno (Fl 3,19).

Na homilia matinal na Casa Santa Marta, em 24 de outubro de 2016, Francisco[63] pronunciou-se quanto ao sofrimento de pessoas de caráter rígido:

> Por detrás da rigidez, há qualquer coisa escondida na vida de uma pessoa. A rigidez não é um dom de Deus. A ternura, sim; a bondade, sim; a benevolência, sim; o perdão, sim. Mas a rigidez, não! Por detrás da rigidez, há sempre alguma coisa escondida; em inúmeros casos, uma vida dupla.

Entretanto, essa onda conservadora não está apenas em setores da Igreja Católica e do protestantismo clássico. Trata-se de fenômeno

---

62 Papa Francisco, 2014.
63 Papa Francisco, 2016 [Disponível em: https://www.acidigital.com/noticias/papa-francisco-adverte-sobre-as-pessoas-que-creem-fazer-tudo-bem-e-nao-sao-humildes-94121 – Acesso em 20/01/2020].

também de correntes da filosofia política, da nova ordem da globalização financeira, que se utiliza da revolução tecnológica nos Estados Unidos, em países da Europa e da América do Sul. Esse pensamento consiste num contraponto de base econômica neoliberal contra a socialdemocracia. Utiliza-se da moral sexual, de estruturas de Igrejas pentecostais e de valores tradicionais da família e da propriedade privada. Transforma-se em focos de resistências à contracultura dos anos de 1960, como as bandeiras do feminismo, dos direitos humanos, das diferenças sexuais, de lutas etárias, raciais e ecológicas.

Esse fenômeno, que alterna entre ondas conservadoras e emancipatórias, tem base econômica e sócio-histórica, mas é, sobretudo, oxigenado pelo erotismo narcisista das pequenas diferenças entre grupos sociais antagônicos.

5 Vaidade como narcisismo das pequenas diferenças

Há um fenômeno nas organizações e instituições sociais que poderíamos denominar *de narcisismo das pequenas diferenças*. Segundo Freud[64], trata-se de uma dificuldade dos membros de um grupo de aceitar a diferença de outros. Esse sentimento de intolerância geralmente cria a categoria de "inimigo", do tipo perseguição[65]. Na vida social, é importante tomar posição com relação às ideias e às posições controvertidas de outras pessoas e de situações adversas. Entretanto, por vezes essa luta desloca-se para a disputa destrutiva, pessoal e vinculada à ferida narcísica. Essas polêmicas têm crescido exponencialmente com as redes sociais por meio das *fake news*, em que a estratégia é potencializar ao máximo a cólera entre antagonistas em um ódio erotizado. Uma imposição de um dos lados pode correr o risco de se sacrificar, em nome de uma identidade narcisista, a própria razão de

---

64 Freud, 2010, vol. 15, p. 58.
65 O indivíduo utiliza, preferencialmente, a projeção como defesa e transforma a interação com o outro em uma luta entre perseguido e perseguidor.

ser da vida social e das vivências grupais. É preciso compreender essa reprodução histórica reestruturando-a politicamente, exorcizando o fantasma e a ideia de inimigo, a fim de diminuir a intensidade das lutas internas desagregadoras e antropofágicas.

As diferenças narcísicas incrementam a vaidade em vários sentidos e entre vários grupos: etário, racial, de gênero, religioso, partidário, territorial/geográfico e socioeconômico. O orgulho das pequenas diferenças produz ódio heteroagressivo e autoagressivo entre humanos, criando "inimigos" em potencial. Essas rivalidades geram competições destrutivas, boicotes e agressões, físicas e virtuais. Em outras ocasiões, os pares, para se defender, fecham-se entre si, imaginando rivalidades fantasiosas. Tais atitudes tornam mais difícil a comunicação entre os membros do grupo – família, vizinhos, colegas de trabalho, da igreja, de partidos políticos, movimentos sociais e redes de comunicação virtual. Cada um entra no seu próprio mundo de ideias falsas e preconceituosas. Diríamos, resumidamente, que a comunicação do grupo fica "coagulada". Informações somente são transmitidas para o par com quem se mantém alguma cumplicidade amorosa. A circulação das ideias, da criatividade e da produção, portanto, permanece sonegada por determinado subgrupo. Esse tipo de atitude acaba alienando algum elemento (ou partes de um grupo), que, mais tarde, vai se sentir rejeitado e, posteriormente, excluído do convívio social.

Coincidentemente ou não, o Brasil e vários países do Ocidente vêm convivendo com esse fenômeno de intolerância ensandecida, despótica, racista, sexista, religiosa, etária, econômica, de gênero, contra imigrantes, movimentos de direitos humanos e ecológicos. A Alemanha viveu essa experiência na época do nazismo, um regime político narcisista que exaltava a pura descendência ariana e visava excluir ciganos, judeus, negros, pensadores estrangeiros e homossexuais.

A excessiva vaidade transforma os sujeitos e grupos societários em paranoicos, exageradamente desconfiados e com traços de perseguição. Qualquer diferença é interpretada como intenção de ataque hostil contra os pares. Os sectarismos moral, religioso, político e dogmático são os esconderijos dos paranoicos, que se armam de atitudes violentas virtuais e físicas contra as diferenças. Os sujeitos com traços paranoicos, geralmente ensimesmados (cheios de si), mascaram sua vaidade e ambições secretas com ideias conservadoras, de rigor moral e escrupulosas. Têm sérias dificuldades para expressar suas dores psíquicas e, assim, tornam-se verdadeiros torturadores de si mesmos por meio de ideias obsessivas. Vulneráveis às hostilidades cruéis de si, projetam no outro delírios de perseguição como mecanismo de defesa de seu eu.

Ao analisar a sociedade atual, desde uma perspectiva histórica, percebe-se uma crise de intolerância com relação a temas vitais do convívio humano, que está se repetindo compulsivamente em grupos extremistas, abrindo fendas no convívio social. A história revela que a atuação desses grupos não é nova. Eles constituem-se e agem por meio de conteúdos recalcados, não resolvidos, que retornam como sintomas consistentes e importantes. Cabe interrogar: o que revela o interior do sujeito quando ele assume formas eróticas de ódio contra o pobre, a mulher, o negro, o indígena, o imigrante e a grupos LGBT e outros mais? A diferença é utilizada para solidificar ainda mais as partes intactas, narcisistas, perfeitas e puras? É experimentada simplesmente para acirrar antagonismos e promover de forma imaginária as marcas de um grupo "religioso", "militante" e devoto de lideranças autoritárias, paranoicas e messiânicas? Ora, toda diferença quebra a uniformidade vaidosa e a igualdade narcisista, estilhaça a manutenção e a conservação onipotente e inaugura o caos e o novo. Será que as diferenças não poderiam ser vividas e toleradas por participantes de grupos que têm a nítida convicção de que não sabem tudo, não têm todo o poder e não dispõem de todo o prestígio do mundo? Até que ponto as pessoas têm a convicção de que são humanas, limitadas e apenas parcialmente potentes?

Os conflitos contemporâneos são resíduos de questões sociais que se arrastam há séculos: lutas por territórios, poder, bens, lutas de classe, modelos de colonização, escravidão, disputas religiosas, de gênero e outras bandeiras políticas. Nesse antagonismo, observa-se o jogo social em que se criam os superiores imprescindíveis e os inferiores descartáveis. Em tese, entre humanos, há antagonismo entre as grandes e pequenas diferenças narcísicas e de poder que atravessam grupos e organizações. Por essa razão, a soberba é o valor antidemocrático por excelência. A megalomania e mitomania estão presentes há séculos e sustentam a política da indiferença e da intolerância.

6 Megalomania, mitomania e autoestima

O cristianismo tem seu epicentro na afirmação de que devemos amar a todos igualmente, de modo universal. Esse ideal resume o que existe de melhor na civilização humana, eleva a autoestima do homem através de construções fantásticas e de "concepções possíveis de perfeição". Trata-se de uma relação de espelho, na qual se contemplam o Criador e a criatura, Deus e o ser humano.

Entretanto, há uma diferença entre narcisismo como puro amor de si e narcisismo como autoestima. O primeiro é a vivência plena do ideal que leva o ser humano a igualar-se a Deus. Tem razão o velho mito do paraíso perdido: a tentação satânica, que a todos alcança, é o desejo de "ser como Deus" (Gn 3,5). Há o risco de se confundir Deus com os valores da civilização ou de cada cultura. A exigência do ser humano de aproximar-se desses ideais não o transformaria num semideus? O ser humano alterar-se-ia numa espécie de deus "protético", substituto artificial de uma parte perdida ou que lhe falta?

Não seria essa uma personalidade postiça, lindamente adornada? Pura vaidade! No cristianismo, há controvérsias quanto à vivência do ideal proposto por Jesus Cristo como perfeição.

"Amarás o Senhor teu Deus de todo o teu coração, e de toda a tua alma, e de todo o teu pensamento. E o segundo, semelhante a este, é: amarás o teu próximo como a ti mesmo" (Mt 19,19)[66]. À primeira vista, trata-se de um sujeito que leu apenas a primeira parte do enunciado de Jesus. Deseja amar a Deus acima de tudo com a intenção ambiciosa de ser ele mesmo Deus. Expressa-se, aí, um sentimento de estranheza e surpresa frente à proposta de Jesus. Por que deveríamos fazer isso? Em que nos ajudaria? Principalmente, como levar isso adiante, que recurso psíquico teríamos para viver isso plenamente?[67] Ora, o amor é algo precioso, que não pode ser consumido com alguém que não ofereça a certeza da reciprocidade. Trata-se de um dever, uma ordem ou um ideal que se impõe com sacrifício? O amor não é puro. Muitas vezes, é contrabandeado para fins perversos. O principal desvio do amor é o narcisismo como puro amor de si, que se transforma em megalomania e mitomania.

O megalomaníaco e o mitomaníaco incham o eu com histórias exuberantes, de rara fecundidade e próximas dos contos de fadas. O mitomaníaco, numa linguagem moral, mente. Sua psique é uma usina de fantasias, em que se vangloria de feitos extraordinários de poder, dinheiro, *status*, prestígio, imagens corporais e sexuais. Indivíduos da alta classe econômica, valentões *fitness*, fanfarrões do alto clero eclesiástico, políticos e artistas famosos, personalidades que produzem falsas criações e puras compensações daquilo que não foi bem vivido na infância. Quanto mais vaidosas, mais sensíveis são as pessoas. Se não conseguem preencher expectativas de esplendor e glória, caem na mais oca depressão, na mais aguda insegurança quanto a seu va-

---

66 Bíblia Sagrada.
67 Freud, 2010, vol. 18, p. 31.

lor. São, de maneira geral, pessoas machucadas, permanentemente sem defesa em relação aos fracassos, aos ataques que os deixaram "humilhados" na infância e pré-adolescência. Pessoas com maior medo de fracasso são as mais frágeis e, portanto, tendem a exagerar a sua autoimagem com atitudes megalomaníacas. Trata-se do velho e inútil retorno do recalcado – primeira e velha mentira ilusória que se repete, compulsivamente, na vida adulta. Esses sujeitos são eternos fraudadores de si mesmo. O poder de convicção dos grandes mitomaníacos é infinito. Buscam eternamente o falo.

Autoestima significa estimar-se e também é sinônimo de narcisismo no sentido daquele que "ama o próximo como a si mesmo". Ou seja, parte do amor a si mesmo e reconhece o outro como complemento da relação. É valorização propositiva de si mesmo, autoaceitação de limites e potencialidades.

Segundo Winnicott[68], a experiência de autoestima remonta à primeira infância. Não há nenhuma possibilidade de a criança passar do princípio do prazer para a realidade sem ter vivenciado uma relação com a mãe suficientemente "boa", que é a base da confiança e permite à criança sair de si e investir no outro. As crianças têm o primeiro reconhecimento pelo olhar amoroso da mãe. Se não há isso, podem surgir problemas relacionados à linguagem, aos distúrbios da alimentação, à aceitação do próprio corpo e a alguém que possa reconhecê-lo como pessoa digna e boa.

A criança tem necessidade de afeto, de estabilidade e de ser acolhida. Se há relação afetiva entre ambas, a ausência temporária da mãe não vai ser sentida como extremamente angustiante. Quando a relação infantil é vivida de forma faltosa, contudo, observa-se no sujeito uma incapacidade estrutural para estabelecer relações profundas com os demais.

---

68 Winnicott, 1990, p. 20.

A autoestima está relacionada à tensão direcionada a si, cuidar de si visando à realização pessoal. A pulsão direcionada para si mesmo é mais exigente do que qualquer outra. O processo de construção da autoestima é tremendamente difícil. Sair de si e confiar no outro é tarefa complicada, seria como entregar o "volante da vida" nas mãos de um outro durante o percurso do relacionamento afetivo.

O narcisismo está ligado a essa ferida no afeto vivida pela criança. Se não é perceptível, o olhar do outro traz sofrimento e sensação de perseguição. Para alguns excessivos idealistas, a solução é uma vida ilusória: com a desculpa de amar a todos, acabam por não amar ninguém. Amar é, portanto, a resposta a um sofrimento ligado à confiança, tema muito difícil, sobretudo em uma cultura consumista, em que é supostamente possível em tudo substituir com produtos e objetos de consumo.

A indiferença produz compensações sob o domínio da pulsão de morte, que é puro narcisismo. Não se vive o prazer, mas o gozo absoluto. Nega-se o limite ou qualquer experiência que exija separação, luto ou angústia. Desconhece-se a alteridade. As carências da autoestima podem ser presenciadas em ambiguidades nas relações, sobretudo quando se usa o outro em função de desejos próprios. A relação de espelho, nesta circunstância, fica clara e o outro é objeto anulado, submetido à realização própria, na lógica do senhor frente ao escravo. O desejo de reconhecimento ocorre em pessoas que transformam as relações afetivas em fontes de ansiedade de poder, domínio e exploração, como na dialética do senhor e do escravo, em Hegel.

Essas são, para a psiquiatria, as transformações da vaidade que aumentam a autoestima e os transbordamentos mórbidos da satisfação exagerada de si. A distância entre a imagem ideal e real alarga-se frente ao olhar do outro.

7 O narcisismo (vaidade) e os modos de sofrimento psíquico

7.1 Mundo globalizado e midiatizado

Após a Segunda Guerra Mundial, irrompeu entre nós o surto de "ideias novas", exigindo novo padrão de comportamento, de práticas culturais, bem como de princípios político-econômicos. Essas ideias estão vinculadas ao surgimento de formas inéditas de experimentar o tempo e o espaço. Elas mostram novas formas de relacionamento com a autoridade, a afetividade-sexualidade, a autonomia e a liberdade. Traduzem, também, o abalo dos paradigmas do tempo medieval, regido pela Igreja Católica, e do tempo moderno, com o movimento iluminista. Tais oscilações podem ser percebidas a partir da crise na construção da autoridade nas instituições, da razão ocidental e dos paradigmas das ciências. São evidentes as mudanças na estética, na arte e no campo linguístico. Na dimensão da ação política do mundo globalizado são visíveis as alterações na organização do trabalho, especialmente após a crise do sistema capitalista, do bem-estar social e do socialismo.

Talvez esteja em aberto um novo conceito de razão, outra concepção de ciência, que não corre o risco de confundir razão com razão instrumental e nem de abrir espaço para um clima de relativismo, subjetivismo e irracionalismo. Neste momento, outro tipo de "passagem" ocorre na sociedade, que se torna uma sociedade planetária por conta da globalização. Trata-se de um espaço aberto, sem fronteiras, no qual as mudanças se multiplicam e se aceleram como enormes formações arqueológicas.

A sociedade pós-moderna[69], responsável pela globalização financeira e pela revolução tecnológica, amplia e pluraliza o contemporâneo. São culturas distintas, não somente em conteúdo, mas em

---

69 Esse termo tem sido batizado diferentemente por inúmeros autores. Não há um consenso teórico-conceitual a respeito, apenas demarcações variadas.

densidade histórica, herança do passado com antecipações futuras. É uma sociedade multiétnica, multicultural e multi-histórica.

Em todo momento de transformação cultural, há um movimento pendular: pontos convergentes e divergentes, aspectos propositivos e restritivos que provocam crises. O que estamos denominando de crise dos valores religiosos e da Modernidade na Pós-modernidade? Há pelo menos duas posições que se interseccionam.

7.2 As ambivalências das intersecções

A primeira ambivalência pode ser chamada de posição emancipatória. A Pós-modernidade abre maior espaço para a liberdade do saber, exercendo função libertadora nas alteridades postergadas pela era medieval (religião) e pela Modernidade (ciência): a natureza, o feminino, o pacifismo, a arte, a etnia, a sexualidade, a comunicação cibernética, a ecologia, novas gerações, identidades sociais e políticas. Como afirma Boaventura,

> [...] vivemos num mundo de múltiplos sujeitos. A minha proposta é que, em termos gerais, todos nós, cada um de nós, é uma rede de sujeitos em que se combinam várias subjetividades correspondentes às várias formas básicas de poder que circulam na sociedade. Somos um arquipélago de subjetividades que se combinam diferentemente sob múltiplas circunstâncias pessoais e coletivas. [...]
> Nunca somos uma subjetividade em exclusivo, mas atribuímos a cada uma delas, consoante às condições, o privilégio de organizar a combinação com as demais. À medida que desaparece o coletivismo grupal, desenvolve-se, cada vez mais, o coletivismo da subjetividade[70].

A segunda posição é complexa e preocupante. Podemos classificá-la de Pós-modernidade instrumentalizada, maníaca-eu-

---

70 Santos, 1996, p. 10.

fórica. As visões globalizantes esfacelam-se, deixando o indivíduo desprotegido e entregue a si mesmo. O abandono aprofunda-se e, com ele, surgem as crises de depressão. Fala-se em morte das utopias, fim da história e ausência de representações. A Pós-modernidade instrumentalizada esconde-se nesse fenômeno. Aprofunda a decepção diante das instituições, das palavras, dos símbolos e dos discursos. Espalha-se um novo modo de vida: *a fragmentação do sujeito, a cultura narcisista, o império do gozo e do consumismo*. Juntam-se a essas "passagens" as dimensões sociais e culturais das migrações, que hoje envolvem massas enormes de pessoas carentes de políticas de assistência e direitos humanos. Esgarçam-se as migrações religiosas, estéticas, artísticas, musicais com novos padrões econômico-políticos, eletrônicos, tecnológicos e industriais.

Essa situação tem criado uma espécie de orfandade e impelido perdas filosóficas, religiosas e políticas, substantivas. Os ventos pós-modernos colocam-nos diante de vários impasses: perdas de referências éticas e de momentos históricos demarcados. O clima é outro e difícil para os que foram formados em instituições sólidas, no seio de autoridades esclarecidas e crenças estáveis. Hoje, somos chamados, mais do que nunca, à desconstrução, à ressignificação e à reinvenção.

Encontramo-nos frente a uma nova ordem simbólica, caracterizada por grande consumo de signos e imagens da vida cotidiana, construídos na indústria de mercado. Qual é a influência da nova cultura e das novas tecnologias nas formas de sofrimento dos sujeitos humanos? Quais os novos pecados capitais da globalização financeira e da revolução tecnológica? Quais são os diagnósticos e transtornos psiquiátricos frutos do consumo e da nova configuração urbana? Isso representa uma transformação radical dos interesses dos profissionais que lidam com padecimentos psíquicos dos sujeitos? Não é necessário atualizar códigos e linguagens para entendermos as novidades quanto às formas de sintomas, pecados, diagnósticos psiquiátricos e sofrimento psíquicos?

7.3 Vaidade, narcisismo e novos consumidores

A subjetividade contemporânea é predominantemente automática e instantânea quanto ao pensar. A subjetividade pretérita, por sua vez, pautava-se pela reflexão constante. A construção de sujeito em torno de identidades sólidas vem perdendo força e forjando indivíduos fragmentados, marcados pelo mundo da velocidade, impelidos a selecionar uma opção na abundância de escolhas. As gerações anteriores renunciavam a infinitas possibilidades, pois viviam mergulhadas na carência. O sujeito contemporâneo, por sua vez, vive em um ambiente de muito risco, em que o conhecimento prévio e os equipamentos de mudanças psíquicas são precários. Renegam as advertências e reflexões mais elaboradas frente às angústias em favor de versões mais simplificadas, como os livros de autoajuda, onde é possível encontrar fórmulas rápidas e práticas de felicidade.

Nesse cenário do mercado neoliberal, há uma abundância de produtos e infinitos consumidores. Produzir consumidores é produzir sujeitos que demandam o que a economia oferece: a massificação do consumo. A propaganda é subliminar: você pode ficar igual ao vizinho. Você tem todo o direito. E, se você não o faz, a culpa é sua. Do ponto de vista subjetivo, as pessoas mergulhadas nesse contexto apreciam tal discurso e aí investem, consciente ou inconscientemente, seus afetos. O medo de não atingir a meta de uma *performance* idealizada é maior do que a realização do objetivo alcançado. É a cartilha da sociedade do espetáculo e do império do gozo.

Existe uma lógica industrial que gera demandas e apetites. É a religião do capital e do consumo. Essa sociedade perverte o sujeito, obrigando-o a ter o máximo de prazer. Caso não alcance a "nota de corte" de prazer, o sujeito sentir-se-á infeliz. Do ponto de vista clínico, geram-se dois polos de transtornos narcísicos. No primeiro caso, o indivíduo vive dentro de uma redoma narcísica, em uma espécie de esquizoidia, com a sensação de ser invadido ou dominado pelo outro. Trata-se de um eu envelopado, protegido e extremamente frágil. Exigem-se sujeitos ideais, Eus perfeitos, pessoas fortes, competitivas e vencedoras. Daí a produção de sofrimento dos excluídos, frágeis, com medo de se vincular ao outro.

O outro polo de transtorno narcísico é a subjetividade caracterizada por variação excessiva de humor, instabilidade emocional e comportamentos de adição. Trata-se de uma inclinação crônica ao vazio de relacionamentos instáveis.

No sujeito atual, nota-se a dificuldade de transformar a dor em sofrimento. Fechado em si, solipsista, esse sujeito não reconhece o outro e, consequentemente, a linguagem (diálogo). É o preço que paga pelo isolamento. Assim, frente à angústia do sofrimento cotidiano, recorre-se, nas crises de abandono, à droga, ao álcool e ao excessivo comer como objetos orais do consumo. Dispensam-se parceiros e escolhe-se a relação autoerótica: "Pega mal precisar do outro". A única saída é a psiquiatrização da dor e seu tratamento com psicofármacos – o popular tarja preta. A depressão, o suicídio, a toxicomania e as crises de pânico transformaram-se nos males maiores da atualidade e evidenciam a desolação, a fragmentação, a solidão e o desamparo.

O mal-estar contemporâneo abrange três crises vivenciadas pelos sujeitos. A primeira: percebe-se nas pessoas um desejo desvairado e sem limite, que tende à descarga (compulsão à atuação) e evapora-se em busca de nova repetição compulsiva. Alguns efeitos desse sintoma são observáveis na diminuição da palavra, da recordação e de desqualificação das tradições. Trata-se da negação de si, da história, da rede simbólica, em prejuízo do *sujeito desamparado*, sem a primeira pele – ruptura de sua origem e biografia. Um exemplo são os comportamentos de jovens perpassados não por imagens de si, mas por outra imagem, segunda pele: tatuagens, atuação de oposicionismo, apatia, transgressões e atitudes de automutilação.

A segunda crise tem relação com a agressividade. Trata-se da alteridade hipertrofiada do eu, sobretudo na manifestação do *deficit* de linguagem, em que são observadas intolerância, irritabilidade e violência em detrimento do diálogo. A violência sem causa aparente banaliza-se. Sem os atributos da simbolização, de ideais e referências, o sujeito assume o caráter imperativo do gozo e a pura descarga emocional, visando apenas à erotização do ódio ou da cólera.

O terceiro impasse do sofrimento psíquico, em tempos de neoliberalismo, surge no *deficit* de vocabulário observado pelo alto investimento na cultura do corpo. O corpo é hiperexigido. As personalidades tornam-se excessivamente reflexas de imagens. As construções de si obedecem às orientações do olhar alheio, à batalha pela beleza e à vaidade, assumindo posições extremas. Surgem transtornos de adição: excesso de exercício físico (vigorexia), obesidade (anorexia, bulimia), compulsão à pornografia, à luxúria (excessiva erotização no jogo virtual e no consumo).

Nos meios religioso, político e artístico, são frequentes o exibicionismo da imagem corporal, da liturgia, das alfaias, dos paramentos e do show midiático de políticos populistas. Crescem os cultos emocionais evangélicos e católicos, sobrecarregando o campo sensorial e acarretando regressões nos fiéis. Cultivam-se transtornos histriônicos de personalidades excessivamente animadas, dramáticas, de expressão exagerada das emoções.

O próximo capítulo será dedicado ao tema da luxúria. Se a vaidade foi tratada como a luxúria do espírito, o luxurioso será tomado como aquele que padece de excessivo investimento libidinoso no corpo.

3
Luxúria

1 Introdução

Uma definição comum do conceito de luxúria seria a busca excessiva de prazer. Assim, a luxúria estaria vinculada ao excesso de paixões: a cólera, a gula, a riqueza, a ostentação e, sobretudo, o sexo. Ela está em todos os lugares, assim como a sexualidade. Sua existência é sempre temida e sentida, pois reúne os cinco sentidos do corpo: olhar, olfato, paladar, audição e tato.

A luxúria é parte integrante do campo afetivo-sexual dos humanos. Porém, durante muito tempo, foi considerada a "prima má" da sexualidade. Parafraseando Raul Seixas, ela sempre foi a mosca que pousou em sua sopa e que pintou pra lhe abusar, zumbizar e perturbar seu sono. Você mata uma e vem outra em seu lugar[71].

Não é prudente associar a luxúria, apressadamente, às ideias de excesso ou mal. Da mesma forma, há risco em ligá-la diretamente ao "demônio" da sexualidade, conforme defendido pela civilização, uma vez que tal ideia baniria completamente a noção de prazer. A tentativa de desidratar as fantasias psíquicas sobre as relações sexuais, reduzindo o comportamento dos humanos a algo biológico e reprodutivo, parece infrutífera. Assim o faziam a filosofia clássica greco-romana e o catolicismo dos primeiros séculos, estabelecendo

---

71 Seixas, 1973.

que o ato genital humano só é possível no interior da instituição do matrimônio e afirmando que todo ato conjugal deveria estar voltado para a procriação. Ao enfocar biologicamente o problema, identificava-se a luxúria, simplesmente, como uma excitação sexual.

Ora, a sexualidade humana é luz e penumbra, dito e não dito, renúncia à vergonha como última autodefesa. Ela é entrega de si a incertezas e verdades. Percorre o corpo erógeno e invade as fantasias psíquicas, produzindo uma usina de desejos. Esse tema sempre foi tabu e também alvo de amplos estudos, pesquisas, reflexões e debates. A sexualidade é personagem importante da civilização, presente em mitos[72] e lendas, na cultura popular, na literatura e nas artes, nos meios de comunicação, na economia e na política, sendo importante moradora do subsolo do sagrado em todas as religiões.

Em fins da década de 1960 e início dos anos de 1970, brotou na sociedade ocidental um fascínio por ideias novas que se impuseram como distintas subjetividades. O poder disciplinar estava, até então, apoiado na regulação de rígidos ideais, no controle do espaço e do tempo, na vigilância do sujeito e da estética do corpo[73]. Como ocorre em épocas de crise histórica, os aspectos da afetividade/sexualidade são uma caixa de ressonância de transformações sociais, refletindo as complexas macroestruturas da sociedade em pequenos territó-

---

72 Para Brandão, "mito é um conjunto de representações de fatos ou personagens, reais ou imaginários, produzidos pela imaginação popular ou pela tradição. Mito é sempre uma representação coletiva, transmitida através de várias gerações e que relata uma explicação do mundo. Mito é, por conseguinte, a parole, a palavra revelada, o dito. E, desse modo, se o mito pode exprimir ao nível da linguagem, ele é, antes de tudo, uma palavra que circunscreve e fixa um acontecimento" (BRANDÃO, 1986, p. 36).

73 Para Foucault, os poderes são exercidos de forma "capilar", como micropoderes. O objeto perfeito para isso é o corpo, que precisa ser docilizado de uma forma positiva (afirmativa), não mais através da violência física e da repressão negativa (proibitiva). Esse dispositivo, denominado *poder disciplinar*, cria disciplina através da vigilância, muitas vezes invisível, baseada em saberes institucionais e científicos espontaneamente seguidos. A disciplina adestra os corpos (FOUCAULT, 1990).

rios. A sexualidade é uma das energias fundamentais entre os seres humanos, perpassando a realidade social.

Essas novas maneiras de viver o prazer no âmbito da sexualidade atingiram família, educação, Igreja e Estado, participando da construção de diferentes ideários morais e éticos da civilização. Nossa intenção é estabelecer matizes sobre a sexualidade humana como enigma e não como algo natural, regida pelo desejo e não pelas leis da biologia reprodutiva, observando, assim, os limites entre as dimensões do prazer e da luxúria.

2 A sexualidade humana não é nada natural

O campo afetivo/sexual do humano é seu *ethos*, sua morada, especificamente no que diz respeito aos porões das instituições da família, da educação, da Igreja, dos meios de comunicação e do Estado. Porém, sempre houve resistências a esse misterioso labirinto. Nem sempre fomos preparados para ouvir a linguagem mítica e estranha da sexualidade: preferimos o discurso oficial. Tal mecanismo defensivo frente à angústia do novo reforça problemas, provocando posturas de intransigência e autoritarismo que ficam bem visíveis, pelo menos, em três instituições: Igreja, Educação e Família.

Em sua longa trajetória, a Igreja gastou grande quantidade de energia em disciplina e controle espirituais destinados a recobrir de ilusões a sexualidade. Tais atitudes têm-se revelado complexas e ambivalentes. Por um lado, considera-se a relação afetiva por meio do amor como o máximo sacramento que justifica a relação do ser humano com Deus, vendo-se as relações interpessoais como cooperação com a criação divina e a união afetivo/sexual entre marido e mulher como símbolo da ligação entre Cristo e a Igreja: ternura, procriação e vida.

Além disso, também se reconhece que nenhuma outra energia é tão poderosa para distanciar ou aproximar pessoas quanto a afetividade/sexualidade, vistas não somente como algo "espiritual", mas também como verdadeiro sacramento de uma vida em sociedade. Por outro lado, institucionalmente, a **Igreja** dá extrema atenção ao fato de Jesus ter sido celibatário, termo por vezes tomado como sinônimo de solitário e que, durante muitos séculos, conferiu mais ênfase à virgindade que ao matrimônio[74]. O casamento já foi considerado um sacramento de segunda grandeza, desde que fosse um remédio contra situações muito piores: fornicação, masturbação e fantasiosas aberrações sexuais. Ainda permanecem restritivas as condições do relacionamento no que se refere à dimensão do prazer permitido e legítimo, supervalorizando-se, e por vezes até se financiando, a dimensão da dor, do sofrimento, da culpa e da expiação compulsiva. É Frei Moser[75] quem sinaliza o papel ambivalente da Igreja:

> Basta pensar na questão do planejamento familiar, ou na do respeito à vida humana desde o momento da concepção. Algo de parecido se deu a propósito do prazer. Poderíamos até dizer que a originalidade do cristianismo, em termos de sexualidade, não se encontra na afirmação de sua bondade, mas justamente na intuição de sua ambivalência radical: ela pode ser um caminho de realização do ser humano e da sociedade, como também pode ser caminho de desintegração.

Existem diversas razões que explicam a complexidade da atitude da Igreja diante de tais comportamentos. Segundo Snoek[76], a tradição católica está marcada por um desenvolvimento histórico milenar que, institucionalmente, esteve sujeito a influências religiosas, políticas, econômicas, culturais e filosóficas. Tais influxos deixaram expressivas cicatrizes e atravessaram o espaço eclesial, determinando o pensamento doutrinário da Igreja, as diferentes interpretações hermenêuticas da Bíblia e a evolução teológica, em termos morais e éticos.

---

74 Kosnik, 1982, p. 15-16. • Delumeau, 2003, p. 32.
75 Moser, 2001, p. 135.
76 Snoek, 1981.

Blackburn[77] ilustra as cicatrizes da reclusão monástica nos primeiros Padres do Deserto para evitar as tentações da luxúria com a experiência de São Jerônimo:

> Meu rosto estava pálido por causa do jejum e minha mente estava perturbada pelo desejo, em um corpo frio como o gelo. Embora minha carne, diante do seu inquilino, estivesse tão boa quanto morta, o fogo das paixões continuava fervendo dentro de mim.

Além da complexidade particular ao tema, a antropologia cristã entende que, na própria essência da natureza humana, a afetividade/sexualidade só pode ser vista com justeza dentro da totalidade da pessoa e no conjunto de sua vida. Por trás de toda atitude e opinião moral ou ética sobre a afetividade e a sexualidade, encontramos uma antropologia filosófica específica, um sentido de visão de mundo, de natureza humana, de cultura, mística e transcendência. Fora de uma visão transdisciplinar sobre o conjunto da vida humana em todas as suas relações, a dimensão afetivo-sexual pode degenerar-se em um biologismo estéril.

No campo da **Educação**, podemos tomar dados da revista *Retratos do Brasil*[78] sobre uma das primeiras tentativas de implantação da educação afetivo/sexual em escolas públicas brasileiras, nos anos 1963/1968 e que, até hoje, encontra obstáculos por parte das instituições. Essas escolas tinham orientação pedagógica aberta e eram voltadas inteiramente ao atendimento das demandas do educando. Tais experiências, no entanto, começaram a sofrer restrições e proibições sob a alegação de imoralidade. Em 1968, a Deputada Júlia Steinbruck apresentou projeto de lei sobre educação sexual nas escolas primárias e secundárias do país, mas ele foi rejeitado pela Comissão de Moral e Cívica, que alegou falta de preparo dos professores e desrespeito à

---

77 Blackburn, 2005, p. 73.
78 Revista *Retratos do Brasil*, 1963.

pureza dos alunos[79]. A educação sexual nas escolas era e é facilmente considerada um atentado ao pudor, à pureza e à moralidade. Vivemos, em pleno século XXI, ainda num clima carregado de fortes emoções distorcidas sobre a sexualidade humana. Inúmeras dúvidas invadem pais, políticos, religiosos e educadores quando se fala nesse tema, porque a história infantil, a juventude e a vida adulta também são vivenciadas em clima de terror e perplexidade frente à afetividade e à sexualidade.

Em relação à instituição **família**, a concepção moralista sobre a educação afetivo/sexual antecede em muito as décadas de 1960 e 70, e vem da ideia de inocência da criança. Acreditando que o infante ou o jovem nada sabem, conhecem ou desejam, o adulto passa a saber, conhecer e desejar por ele. Contudo, a partir dos séculos XIX e XX, com as descobertas científicas sobre a infância, tornou-se mais difícil tratar a criança como um boneco.

Há pais e diversas figuras de autoridade que pensam que as crianças são ignorantes. Não, a criança não é inocente. Ela é um sujeito que tem algo a dizer. A seu tempo, pode formular perguntas e possíveis respostas, inventando dispositivos psíquicos para lidar com aquilo que a questiona. Muito cedo, faz suas pesquisas, porque necessita saciar seu desejo de saber sobre o mistério da vida: Quem sou eu? Como vim ao mundo? O que é ser homem ou mulher? De onde vêm os bebês? Como são concebidos? Por onde eles saem do corpo da mãe? Qual é a participação do pai na concepção? E a diferença dos sexos? Com a falta de respostas, acaba elaborando ficções para suas

---

79 Em *O esclarecimento sexual das crianças* Freud considerava injustificado esconder, ocultar ou dificultar o acesso dos jovens a tais esclarecimentos, e cita o pensador Multatuli para iniciar a demonstração de sua opinião. A ideia central desse autor já era bastante avançada para o começo do século XX, pois pregava que o que provoca a corrupção da imaginação da criança é o encobrimento e o segredo que se faz em torno do referente à sexualidade, enquanto que a informação com simplicidade satisfaz o desejo e a curiosidade, sem intensificar o mistério (FREUD, 2015, vol. 8, p. 314-315).

perguntas, teorias e mitos sobre sua origem, sua identidade e seu destino. A sexualidade humana, portanto, não é nada natural e, sim, radicalmente marcada por indagações, dúvidas, fantasias, angústias e uma multiplicidade de sentidos.

3 A sexualidade humana é um enigma

No início do século XX, Freud postulou a importância da infância na vida do ser humano, decifrando uma série de desejos e interesses da criança e inaugurando, assim, um novo conceito sobre ela. Ele explicava a sexualidade de um jeito simples e desmistificava a ideia de que os infantes ignorariam seus corpos e as fantasias dos adultos. Ressaltava a busca de prazer nas crianças no ato de sugar o peito, nas brincadeiras corporais e no controle dos esfíncteres. Evidenciava que as crianças buscavam prazer com bonecos de pelúcia, pedaços de fraldas ou fronhas e partes de seu corpo. Com a descoberta da sexualidade infantil, Freud abriu uma polêmica que provocou uma série de acusações e injúrias contra sua teoria.

Em 1909, o pastor protestante Oscar Pfister, seu grande amigo, escreveu-lhe uma carta condenando veementemente sua teoria, classificando-a de pansexualismo e busca desordenada de erotismo. Freud respondeu ao amigo pastor citando, inicialmente, a Epístola de São Paulo aos Coríntios: "Mesmo que eu fale em línguas, as dos homens e dos anjos, se me falta o amor, sou um metal que ressoa, um címbalo retumbante" (1Cor 13,1). Afirmou que o erotismo em que acreditava não se restringia ao "gozo sexual grosseiro" e, em sua obra *Psicologia das massas e análise do ego* (1921), retomou a questão:

> Com essa decisão, a psicanálise desencadeou uma tormenta de indignação, como se fosse culpada de um ato de ultrajante inovação. Contudo, não fez nada de original em tomar o amor nesse sentido "mais amplo". Em sua origem, função e relação com o amor sexual, o Eros do filósofo Platão coincide exatamente com a

força amorosa, a libido da psicanálise, tal como foi pormenorizadamente demonstrado por Nachmansohn (1915) e Pfister (1921), e, quando o Apóstolo Paulo, em sua famosa Epístola aos Coríntios, louva o amor sobre tudo o mais, certamente o entende no mesmo sentido "mais amplo". Mas isso apenas demonstra que os homens nem sempre levam a sério seus grandes pensadores, mesmo quando mais professam admirá-los[80].

A psicanálise analisou o fenômeno da afetividade enquanto transfiguração da pulsão sexual em favor da civilização e da cultura, tomando a sexualidade humana pela via da sublimação, afirmando que "não é para quem quer, e sim para quem pode". Para a psicanálise, o corpo é uma gramática de significados além do biológico, um conjunto de símbolos que diz algo: corpo-palavra. É, pois, muito mais do que amontoado orgânico de células e órgãos. O corpo fala e expressa. Ele é olhar, agilidade dos dedos, generosidade das mãos e avidez dos gulosos. É a ternura que se dá e se recebe ou a mesquinhez dos contidos e controladores. Pode ser o esconderijo dos recalques dos prazeres. O corpo é a morada dos sete pecados capitais ou das sete virtudes teologais.

A libido (amor) é pulsão sexual vital, energia que invade o ser, penetra a existência humana e todas as formas de relacionamento, inclusive com o sagrado, em busca da realização do desejo – trata-se, nesse caso, da *sedução do sagrado*. O sagrado é o desejo de outro ser. É viagem, caminho que vai longe, saída de si para acessar o estrangeiro, o diferente. Quem segurará esse desejo que não se sacia jamais? Os místicos testemunham essa experiência, mas nada sabem e nada são capazes de dizer sobre isso. Mistério de fé prazeroso com Deus. Veem-se diante da mística do celibato: união mística do sensual e do sagrado, da carne (corporeidade) e do transcendente. Santa Teresa de Ávila descreveu sua relação com Deus ao manifestar que uma flecha

---

80 Freud, 2011, vol. 15, p. 44.

atirada nas profundezas de suas entranhas e do coração faria com que a alma não soubesse o que estava acontecendo ou o que desejava: pleno estado de êxtase místico.

Quando esses elementos aparentemente opostos, afetivo/místicos, convergem, como nos momentos mais sublimes do desejo e da autodoação humana, o mundo finito toca o infinito. É a experiência "mística da loucura" – "a louca da nossa casa", como diria Pascal[81] ou, como diria Guimarães Rosa, "reza é que salva da loucura"[82]. Também o Apóstolo Paulo[83] (1Cor 1,20) pergunta: "Acaso, Deus não tornou louca a sabedoria deste mundo?" O marco de toda experiência da vida religiosa está centrado no desejo, no fascínio, na atração pelo mistério com que o Outro (Deus) nos sente, na maneira como nos envolve, seduz e apaixona com sua forma extraordinária e sua diferença, provocando rejeição ou aproximação, desolação ou consolação.

Ao relacionar-se consigo mesmo, o corpo humano não se limita à simples experiência do biológico mas, ao mesmo tempo, vivencia o imanente e o transcendente, elevando-se à ordem do simbólico. O corpo faz-se palavra. A união com Deus é a comunhão do corpo, pois "o Verbo se fez Carne e habitou entre nós" (Jo 1,14). Pela linguagem, o corpo transcende as coisas e chega à Trindade, perfeita experiência da relação amorosa de reciprocidade/alteridade. A sexualidade humana não é nada natural, é puro desejo, sem direção certa ou

---

81 Pascal, 1984. A paixão, assim como o amor, segundo o filósofo, é "a louca da nossa casa". Tal loucura não é oposta à razão pura, ao contrário: é uma razão mais ampliada, ainda não domesticada pelo sistema dominante e não controlada pelo poder das instituições sociais (PASCAL, 1984).

82 Em meio à narrativa, Riobaldo opina: "O que mais penso, testo e explico: todo mundo é louco. O senhor, eu, nós, as pessoas todas. Por isso, é que carece principalmente de religião: para se desendoidecer: desdoidar. Reza é que salva da loucura. No geral, isso é que é salvação da alma... Muita religião, seu moço. Eu cá, não perco ocasião de religião" (GUIMARÃES ROSA, 1972, p. 241).

83 Bíblia Sagrada.

errada, aquilo que[84] *nos bole e queima por dentro, perturba o sono, treme, agita, arde, clama, implora* por nosso reconhecimento, mas se apresenta como enigmático e incansável. É um movimento do devir, buscando caminhos, atalhos, desvios. Em cada um de nós, constitui a força motriz, a tensão incessante a mover-nos por toda a vida. Como afirma Bento XVI, em sua Encíclica *Deus é Amor*[85]: *eros* (erótico), *filia* (afeto) e *agape* (festa) são os motores da vida.

4 A angústia das autoridades

Geralmente, as autoridades institucionais lidam com muita angústia com a afetividade/sexualidade. Têm problemas, basicamente, com o prazer – que ela pressupõe – que pode ser tolerado, mas jamais desejado. Os que exercem a função de autoridade sofrem com as manifestações do afeto e da sexualidade. Tudo vai razoavelmente bem, enquanto os educadores (pais, professores, religiosos, políticos) são capazes de esconder seu susto frente à própria sexualidade. Mas, com o aparecimento de sintomas e perguntas elaboradas pelos educandos, eles são colocados de frente com o que não querem ver.

As manifestações afetivas e sexuais das crianças e dos jovens, portanto, têm ressonância na vida das autoridades e das instituições e, por isso, não é fácil lidar com elas. Muitas vezes, as crianças realizam esse percurso por entre a sexualidade de forma espontânea e livre, mas, ainda assim, os educadores sentem-se ameaçados, engessados e perplexos. O mistério em torno da sexualidade frente aos educandos pode ser consequência da ignorância ou da dificuldade inconsciente de lidar com questões das fantasias psíquico-afetivas. Nem educador nem educando estão neutros nesse papel – ambos estão "contaminados" por suas próprias fantasias e vivências inconscientes, numa encruzilhada que dificulta a escuta e a interação afetiva. Algo estranho

---

84 Buarque, 1976.
85 Papa Bento XVI, 2006.

acelera o ritmo cardíaco e a pele muda de cor, enrubescendo. A cabeça não para de codificar o certo e o errado, o feio e o bonito, o mal e o bem. Os educandos colocam contra a parede os educadores que não têm respostas seguras e naturais. Riem dos educadores e de suas fraquezas. Para ilustrar o efeito nocivo do medo e da ansiedade que atravessa a relação de prazer entre educador e educando, reproduzo um pequeno trecho do psicanalista e Pe. Malomar:

> Numa viagem aérea de volta a Belo Horizonte, chamava a atenção, à minha frente, um menino de pouco mais de um ano de idade. Fisionomia extremamente triste, choroso e agitado, todo o empenho dos vizinhos de se dirigirem a ele com palavras ou gestos amistosos era respondido com irrupção de pranto. Nem a mãe conseguia mais do que tê-lo no colo e mudá-lo de posição sem encontrar que sossegasse. Ao lado, uma avozinha simpática que entabulava animada palestra com outra menina – e a criança se deliciava com as palavras da senhora – não conseguiu mais do que novas ameaças de choro da parte do garoto. Finalmente, ouviu-se o anúncio do comissário de bordo: dentro de alguns minutos, estaremos pousando no aeroporto... Quase em seguida, o menino, praticamente esquecido de todos, dormia a sono solto, com a cabeça deitada no ombro da mãe. Nem o solavanco da aterragem, nem a balbúrdia e vozerio dos que desembarcavam, nada afetou o profundo repouso da criança que era, inclusive, movimentada pela mãe no esforço de tomar a bagagem de mão para descer. O resultado era claro: a ansiedade materna cessara à informação da chegada em Belo Horizonte. E a criança se sentira aliviada para dormir[86].

Quando o educador está aliviado da própria ansiedade e temores frente ao inconsciente, permite aos educandos a calma apropriada para falarem livremente e prosseguirem na caminhada afetiva e sexual. Crianças e jovens emitem mensagens, clamam por diálogo e por

---

86 Malomar Lund Edelweiss. Entrevista ao autor, 1980.

interação com os educadores. Em contrapartida, recebem uma carga de ansiedade, de medo e de insegurança. Qual a saída? Repreender, bater, xingar? Fazer de conta, com a indiferença, que não se vê, não se escuta? Felizmente, há uma terceira via: enfrentar o fato e dialogar, remédio tão antigo e caseiro que até anda esquecido e desacreditado, por mecanismos inconscientes de resistência.

A proposta de dialogar não é equivalente à de buscar a verdade sobre a sexualidade. A sexualidade escapa à consciência e deve ser tratada a partir de uma ética, não com recursos técnicos, aulas pragmáticas e programas higienistas de esclarecimentos de massa. Não há um conjunto fechado de conhecimento que possa ser oferecido como produto acabado, *standard*, mas um saber incompleto, que se refere a cada sujeito, com seu vai e vem histórico e seu saber do inconsciente, do qual não se sabe, embora aja sobre todas as ações do sujeito.

5 O maniqueísmo entre o afetivo/sexual e a luxúria

O maniqueísmo[87] é uma visão filosófica de mundo que se apoia em dois princípios implacavelmente opostos: a luz e a escuridão, ou seja, a alma e o corpo. A alma, enquanto luz, passou a ser dominada pelo corpo, a treva, e a luxúria assumiu a representação da escuridão e do mal. As ideias maniqueístas espalharam-se e acabaram influenciando os modos de funcionamento da sexualidade humana. Suas premissas se apoiam em conclusões simplistas, pragmáticas, dualistas, dogmáticas e descontextualizadas não só de dimensões históricas, sociais, econômicas, mas também de tradições religiosas.

É frequente, em vários manuais sobre sexualidade, dividi-la nos campos afetivo e erótico, alma e corpo, invisível e visível, sensato e louco, transcendente e imanente, normal e patológico, racional e emocional, humano e animal. Essa visão de mundo impregnou nossos

---

87 Blackburn, 2005, p. 71.

tecidos psíquicos libidinais, afetando aspectos cognitivos, sociais e políticos. Assim, é atribuído ao amor qualidades desidratadas da dimensão erótica: aplaudimos um casal de namorados de mãos dadas em direção à igreja, mas fechamos os olhos quando se beijam em via pública. Esse gesto é, geralmente, estereotipado e qualificado como luxúria. Ao amor, atribuímos sempre "o bem ao próximo", o autocontrole, a paciência, a verdade, a perseverança e a honestidade. Do lado da luxúria, depositam-se o mal, o descontrole, a sedução, o desprezível, a mentira e aquilo que afeta os indivíduos considerados excedentes de prazeres: bêbados, amantes do carnaval, moradores de rua, artistas, loucos e insensatos. A sociedade de classe esconde da consciência os "não lugares" da imaginação, das emoções, das intuições, das invenções, dos instituintes, ou seja, do inconsciente. O inconsciente é pura subversão: outra versão que não a oficial, uma nau de loucos.

Em contrapartida, a concepção de normalidade e controle da sexualidade é fruto da tradição filosófica clássica greco-romana e dos ensinamentos dos primeiros teólogos da Igreja. O protocolo doutrinal recusava a sexualidade enquanto prazer e, consequentemente, como primeira opção, recomendava-se o culto ascético, pela virgindade. A segunda orientação era a tolerância do casamento, enquanto continência e controle dos desejos, atividade procriadora, sem prazer. Assim, historicamente, construíram-se subjetividades dentro de princípios, regras e ideais morais do sistema filosófico clássico, da Igreja e do Estado romano.

Os "normais" transportaram uma parte de si, sua interioridade, para as diretrizes das instituições, a figura de autoridade do religioso, do feiticeiro, do médico e, desse modo, tais personagens encarregaram-se de dirigir a existência dos humanos. Substituiu-se a liberdade e seus riscos à segurança plena e, em troca de sua angústia, o sujeito passou a receber orientações e tratamentos físicos ou mentais, conselhos, contos, lendas, estórias mágicas e curativas para apaziguar o mal-estar. Os que suportaram minimamente as angústias da incerteza e do desamparo dos saberes e dos grandes princípios morais puderam sustentar a liberdade ao invés da plena segurança.

Outros indivíduos não escolheram esse caminho oficial. Preferiram a fronteira. São "errantes" e mergulham em suas imaginações, emoções e subversões. Caminham inquietos sobre os sonhos sem previsões exatas. Interagem com os personagens ocultos que habitam espaços entre o humano e o divino, o corpo e o espírito, o sensato e o louco, o asseado e o sujo. A fronteira é o lugar do inconsciente, advento da sexualidade humana, que não está na superfície e em nenhum lugar preciso. Não somos divididos em duas ou três partes, mas em algo e, concomitantemente, em seus contrários. Trata-se de um caleidoscópio de sucessivas e cambiantes visões que se constroem e reconstroem incessantemente, conforme tempo e espaço, em múltiplos movimentos e combinações.

A sexualidade humana é forasteira, peregrina e estranha à terra dos ditos "normais". Ela é regida pela pulsão e não pelo instinto. A pulsão não conhece direção certa, pode destruir pela violência ou prosseguir na direção da mística, da arte, da beleza e dos afetos. É um reservatório do passado que gera o presente. É como a topografia atual da cidade de Roma, plena de ruínas e vestígios do passado. Assim também é a infância, gravada na memória dos vestígios de romances familiares e sociais, que se atualizam nos encontros amorosos.

6 A luxúria enquanto excesso

A associação da luxúria com restos de lixo representados por escuridão, sujeira, partes inferiores do corpo, anormalidade, nojo, animalidade e, finalmente, morte, encobre a experiência do prazer. Também é frequente, na cultura ocidental, associar a luxúria à loucura, a atos inconsequentes, irracionais e "fora da lei". A terceira equivalência é entre luxúria e atos contra a natureza e, sobre isso, a ciência biológica é usada como modelo de sustentação teórica e adequada de funcionamento da sexualidade. Blackburn, filósofo americano, assim descreve a forte equivalência biológica da problemática humana sexual, nas literaturas latina e helênica:

> Por alguma razão, Plínio o Velho definiu o elefante como símbolo da correção sexual, creditando ao paquiderme todas as possíveis virtudes: senso de honra, probidade, consciência e, acima de tudo, um senso diferenciado de vergonha: "Por vergonha, os elefantes somente copulam em lugares escondidos... Depois do ato, eles se banham em um rio. Não existe qualquer adultério entre eles nem batalhas cruéis pelas fêmeas"[88].

Para Michel Foucault[89] o modelo de comportamento sexual dos elefantes já sinalizava a conformidade dos padrões morais dos humanos quanto a monogamia, fidelidade e procriação enquanto principais justificativas dos atos sexuais. Para o autor, a falada moralidade já era um fragmento da ética pagã anterior ao cristianismo. A Igreja Católica apenas aceitou e institucionalizou a mesma como sua doutrina.

Segundo Delumeau[90]:

> No mundo grego-romano dos primeiros séculos de nossa era, várias tradições convergentes – estoica, pitagórica, neoplatônica etc. – opunham carne e espírito, casamento e amor e professavam que "os órgãos sexuais são dados ao homem não para o prazer, mas para a conservação da raça".

Mas, afinal, o que é a luxúria enquanto excesso? Onde ela começa? Em que momento o prazer sexual se torna algo antiético? *A priori*, seria impossível oferecer uma resposta com base em um *quantum* de prazer, um sismógrafo sexual capaz de medir, detectar, controlar e registrar as sensações. O erótico pode ser destrutivo pela possibili-

---

88 Ibid., p. 65.
89 Foucault & Senette, 1981.
90 Delumeau, 2003, p. 404.

dade de transformação do ato em algo fixado na carne do contorno do corpo biológico, não pelo desejo. A perversão pode ser tudo que se fixa em apenas um cenário imutável, que apenas permite um único jeito de se concretizar, como no fetichismo[91]. É possível que a luxúria se transforme em desejo ativo e excitante, sem simbolização. Ora, a luxúria não se refere apenas a desejos e prazeres da carne, que são múltiplos e provêm de diferentes sensações. O egoísmo, a insensibilidade para com o outro e a carência de alteridade não são monopólios de ninguém. Daí, cabe perguntar: quais são os princípios éticos que ajudariam a compreender a dimensão do prazer na sexualidade?

Blackburn cita sete proposições de Martha Nussbaum, descritas em seu livro enquanto excesso oriundo de comportamentos de luxúria:

> Primeiramente, existe a instrumentalização, usar o outro como mero instrumento dos próprios propósitos. Em seguida, existe a negação da autonomia, tratar o outro como se não tivesse uma mente própria, sem autodeterminação. A terceira é a inércia, tratar o outro como passivo, como se não tivesse função ou talvez, também, atividade. A quarta é a fungibilidade, tratar o outro como se fosse permutável com objetos do mesmo tipo ou de outros tipos. A quinta é a violação, tratar o outro como se não tivesse um limite de integridade ou como algo passível de ser violado, esmagado e violentado. A sexta é a posse, tratar o outro como algo que pode ser utilizado, comparado, dispensado ou vendido. Finalmente, há a negação da subjetividade[92].

Existem muitos modos de seguir a trilha de referência ética descrita acima sobre a relação afetiva e sexual entre os humanos. A sexualidade do sujeito abarca a personalidade inteira e pode transformar-se em fixação própria de uma realidade que perdeu sua dimensão erótica

---

91 Fetiche é um objeto material comum, artificial e fictício ao qual se atribuem poderes mágicos ou sobrenaturais, nas esferas erótica, econômica, estética e religiosa (CID 10, 1993, p. 213).
92 Blackburn, 2005, p. 128.

e afetiva. O excesso é uma paixão exagerada de si, um distúrbio narcisista de poder ou vaidade. Nesse sentido, a luxúria é uma espécie de corrupção e de perversão. No corrupto e no perverso, o "encontro" sexual não é, de maneira alguma, dominante, e sim a questão do poder, do domínio, da violência (o ódio erotizado), do descontrole e da busca de reconhecimento absoluto. As proposições de Nussbaum podem ser resumidas em sete palavras: instrumentalizar, escravizar, apassivar, objetificar, violentar, comercializar e negar o outro. Trata-se de uma compulsão desenfreada do gozo sexual, jamais do desejo.

A dimensão afetiva/sexual entre duas pessoas não deve ser usada de maneira a explorar, objetificar ou dominar. O estupro, a violência, o gozo ou qualquer uso prejudicial de poder, prestígio ou *status*, jamais são justificados. Todo ato sexual exige mútua responsabilização e liberdade.

Os problemas na área da afetividade/sexualidade não são apenas sintomas individuais, mas expressão da precária organização das instituições a que pertencem, que as facilitam, e até mesmo as produzem. Quando as instituições estão em crise ou há dificuldades de relacionamento entre a autoridade e seus membros, essa situação pode deslocar-se para a vida psicoafetiva dos sujeitos que fazem parte dela. Os sujeitos são verdadeira caixa de ressonância da família, da escola, da Igreja, do Estado. É essencial, então, identificar as múltiplas causalidades desses desconfortos.

7 Luxúria: amores paralelos

Há uma lista de nomes provenientes da psicopatologia que aproxima a luxúria dos conceitos de *amores paralelos* ou *perversão*. Segundo o *Dicionário Houaiss*[93], o termo "perversão", do latim *perversio -onis*, pode significar "transposição", "inversão" ou "desvio" – noutras pala-

---

93 Houaiss, 2001.

vras, o indivíduo pode se tornar perverso ou mau. Ao observar que "o sonho de todo **neurótico** é **perverso**", **Freud** foi levado a concluir que o **perverso** não **tem** fantasia própria e que a **perversão** pode ser entendida como o "**negativo** da **neurose**"[94]. Com **isso**, a busca permanente da figura do pai, que serve como limite contra a imagem da mãe onipotente, gera uma constante vigilância da qualidade da relação afetiva entre os humanos.

Nas últimas décadas, o conceito de "perversão sexual" foi revisto pela Classificação Internacional de Doenças (CID 10) e substituído pelo termo "parafilia"[95], sobretudo pela associação do vocábulo "perversão" a concepções carregadas de atitudes antissociais: maldade, malignidade e erro moral. *Parafilia*, por sua vez, significa amores paralelos, à margem.

A parafilia, para o CID-10, é um grupo de distúrbios psicossexuais caracterizado por uma necessidade repetida e imperiosa de atividades sexuais com objetos ou pessoas, associadas a sofrimento, dores ou humilhações, para si ou para o outro – nesses casos, com ou sem consentimento. Algumas formas de parafilia são: *voyerismo* – preferência por observar relações sexuais feitas por outros; *fetichismo* – excitação sexual que se manifesta somente em ocasiões particulares, como diante de objetos e vestes; *sadomasoquismo* – infligir humilhações e/ou apresentar escolhas passivas de sofrimento com a agressividade do outro a si mesmo; *pedofilia e efebofilia* – molestar ou infligir violência em relações sexuais com crianças e adolescentes; *necrofilia* – preferência sexual por ritos ou objetos mórbidos; *zoofilia* – atividade sexual com animais.

No presente texto, usaremos a nomenclatura "estrutura perversa" no lugar de parafilia. A teoria psicanalítica descreveu a perversão

---

94 Freud, 2016, vol. 6, p. 63.
95 Parafilia: vocábulo que significa gosto, preferência pelo acessório, não adequado socialmente. Cf. Houaiss, 2001.

como categoria diagnóstica, ao lado da neurose e da psicose, frente aos mecanismos de defesa de recusa e da divisão do eu. A psicanálise lacaniana, que tem na noção de estrutura sua orientação diagnóstica, registrou a "estrutura perversa" como uma das possíveis organizações psíquicas. Assim, a perversão como estrutura clínica vai muito além dos diversos tipos de prática sexual, englobando condutas socialmente conflitivas e eticamente inaceitáveis, que podem, por outro lado, repousar de forma mais ou menos silenciosa na organização psíquica do sujeito.

A perversão é também uma forma erótica do ódio, pois o que preside o ato perverso é o desejo de ferir ou danificar o outro. Na prática, trata-se de uma fantasia vivida, sendo a cena sexual do perverso uma tentativa de transformar o trauma sexual infantil em um triunfo adulto sobre o outro. Frente a qualquer ameaça de insegurança na relação com o outro, o perverso deseja triunfar e obter sempre vantagem indiscriminada. A montagem da cena perversa não visa somente à recusa da castração mas, sobretudo, à manutenção da identidade sexual ameaçada. Resumindo: a grande angústia do ser humano é o reconhecimento do amor do outro. O perverso luta contra esse reconhecimento do amor do próximo.

7.1 A subjetividade dos perversos

Há sujeitos que possuem uma estrutura clínica perversa acentuada e necessitam inventar um pai. Daí, a palavra *per/versão*, que quer dizer "nova versão do pai"[96]. Esse sujeito oscila entre o simbólico da linguagem e o imaginário de uma lei caprichosa que ele inventa para si em determinadas situações, a seu bel-prazer. O perverso rejeita as

---

96 Além disso, *per* é um prefixo latino que significa "por; de si; de per si", dando ideia de movimento, aumento, intensidade: cada um *por* sua vez, isoladamente; *per*correr, *per*turbar. *Per*versão: corrupção, depravação. Cf. CID 10.

normas e as convenções legítimas das organizações sociais e, além disso, tem prazer em transgredi-las.

O perverso não conhece outra lei que não a de seu desejo. Situa-se acima de todas as leis de origem social: a proibição do incesto, a aceitação da filiação paterna, a proibição do assassinato e outros pactos democráticos sociais. Ele se coloca no mesmo nível de Deus, daí a associação entre perversão e vaidade. Para ser Deus, é preciso não apenas se situar além das leis, mas também desafiá-las e transgredi-las. Sob tais condições, os seres humanos são apenas instrumentos, ou devem vir a sê-los.

O perverso não pode reconhecer nenhuma outra lei. Caso contrário, seria obrigado a admitir aquilo contra o que ele se revolta, a "castração da figura materna". Seu sonho é ser o "filho único mais amado", que "jamais será substituído". A estrutura perversa instaura-se sobre a negação da realidade e a grave divisão do eu, que permite ao sujeito não reconhecer que o objeto do desejo está em outro lugar e não em *sua majestade de eterno neném*. O perverso evita a lei da filiação, o reconhecimento do "nome do pai" e a castração simbólica. Ele não admite que a mãe ame primeiro o pai e não o "super bem-amado filho". A negação, sozinha, faria o ser humano cair na psicose pela assimilação de uma mãe todo-poderosa a qual impossibilita qualquer gozo. O compromisso perverso, entre a negação e a divisão, concilia certa relação com a lei e alguma abertura ao gozo. A castração a ser desafiada é a condição fascinante da necessidade de sempre gozar. Esse compromisso assim se enuncia: a única lei possível é a lei do gozo. O perverso sente-se capaz de gozar e, simultaneamente, pela negação, não se sente sujeito à lei de um Outro. Ele necessita se sentir como único e como produtor da lei. Essa sensação dá a ele a força de *xerife-delegado* que, ao mesmo tempo, tem a lei para si e para dominar o outro.

Para Stoller[97], teórico freudiano, a ideia da montagem da cena perversa não visa somente à recusa da castração, mas à manutenção da identidade sexual ameaçada. A perversão é o resultado de determinada dinâmica familiar que, induzindo medo, força a criança a evitar o enfrentamento da situação edípica, na qual, todavia, ela já se encontra imersa. O desfecho do conflito edípico do perverso não seria, portanto, a solução do mesmo pela via do recalcamento, mas sua evitação – negação – o que adiaria *eternamente* essa conclusão. O mecanismo de defesa do perverso é sempre negar a lei e inventar a sua.

Assim, a atribuição fálica do pai, que confere a ele a autoridade de *Pai simbólico*, representante da Lei, dificilmente será reconhecida nesse contexto, exceto para ser incansavelmente contestada. Daí os dois estereótipos estruturais que atuam regularmente nas perversões: o *desafio* e a *transgressão*. A experiência clínica tende a comprovar a observação corrente, segundo a qual o perverso deixa transparecer o "apelo sedutor e a cumplicidade afetuosa da mãe, associados *à complacência silenciosa do pai*". Trata-se de um *xerife-delegado* sádico, com autorização de uma mãe dominadora e sedutora e de um pai omisso.

Stoller defende que, a perversão é uma contradição na qual o ódio está presente na qualidade de componente afetivo no início da vida do sujeito[98]. Trata-se da forma erótica do ódio, pois o que preside o ato perverso é o desejo de ferir ou danificar o outro: uma fantasia atuada e de risco como condição necessária à excitação. Segundo o autor, a perversão masculina é, no fundo, um transtorno de gênero construído sobre uma tríade de hostilidade: ódio, medo e vingança do feminino. O menino tem raiva da identificação inicial com a mãe, tem medo de não conseguir escapar de seu domínio e almeja vingar-se dela porque sente que ela o colocou nessa condição de opressão.

---

97 Stoller, 2015, p. 8-9.
98 Ibid., p. 12-13.

Na perversão, examinando detalhadamente a fantasia implícita, encontramos elementos de experiências na pré-infância que provocaram tal configuração psíquica. No centro dessa formação, está a hostilidade, que tem o propósito de fazer com que o sujeito se sinta superior e triunfante sobre o outro. Se nas práticas sexuais sádicas isso é evidente por si só, em outras variantes da perversão essa afirmação não é tão facilmente visível. A promiscuidade, comum na dinâmica da perversão, seria resultante da hostilidade e do domínio, visto que o interesse do perverso está na sedução e na separação, e não no amor. Sua lei é seduzir e abandonar. O perverso não escolhe relações de igual para igual, mas sujeitos fracos e submissos.

Além da hostilidade, Stoller aponta outro componente da montagem da cena perversa: o misterioso, o proibido, a situação oculta, que remontam, em último caso, ao enigma que reveste a sexualidade, especialmente para uma criança. Contraditoriamente, a cena escondida pede sempre um "policial" para desvendar o mistério proibido.

O perverso domina como ninguém o discurso da razão, do contrato e do cerimonial. É mestre na arte da demonstração, pois é necessário convencer o outro a se dobrar. Tudo se explica para mascarar a arbitrariedade de seu desejo. Ele é o mestre do discurso do contrato, pois não existe sem ter um parceiro. Em sua relação com o outro, estabelece a regra do jogo: no seu protocolo, só ele ganha. Daí a associação do ato perverso como um distúrbio do poder narcisista.

Pesquisas sobre o abuso sexual mostram que, em muitos casos, o componente sexual não é dominante, mas sim a questão do poder, do domínio, da violência, do controle e da busca narcisista de reconhecimento. Nero, Júlio Cesar, Papa Alexandre VI, Luís XV, John Kennedy, Bill Clinton, Silvio Berlusconi, Dominique Strauss-Kahn, Arnold Schwarzenegger, Cardeal Afonso López Trujillo, John Bailey: será que fariam o mesmo, se não estivessem em posição de poder?[99]

---

99 Tapken, 2010.

7.2 O que se passa com pedófilos e efebófilos?

O que se passa com os pedófilos, os efebófilos, os abusadores com função de autoridade? Trata-se do distúrbio do poder narcísico. A relação pedagógica transforma-se em algo transgressivo, proibido, incestuoso. Há, então, a busca por uma "fascinante necessidade de gozar" – algo "mais além do prazer". Esse *mais* é uma dimensão que Freud chamou de "princípio do prazer". O princípio do prazer nega a frustração, é regido pelo narcisismo primário e está acoplado à pulsão de morte e à busca imperiosa da excessiva necessidade de gozar. Os teólogos chamam isso de pecado.

O pedófilo é alguém que busca realizar um ideal de amor que teria acontecido em sua infância, de modo que ela se eterniza. A infância deixa, portanto, de ser um tempo transitório e passa a constituir a recusa da divisão do sujeito entre desejo e gozo, entre Lei e proibição. O pedófilo visa a reeditar o mito da completude natural – o narcisismo – no qual o desejo se harmonizaria em um gozo sem falhas: *negação da castração* ou *"o super bem-amado"*. Essa negação fundamental ilude a subjetividade, transformando-se em um transtorno falocêntrico. Portanto, há uma relação entre o falo, a masculinidade e a violência. Quais seriam os pontos de intersecção entre eles? Pedofilia é uma questão do sujeito ou do grupo social? De ambos?

Na cultura cristã capitalista, o masculino é regido pela totalidade e pela completude: trata-se de "o todo-poderoso". Já o feminino desliza pelo "não todo, o indizível e o inefável": algo escondido, da ordem do vazio. Há pedofilia como escolha do feminino? Provavelmente, não. Não só a pedofilia, mas as demais perversões ou tendências perversas são consideradas atributos exclusivos do falo e do sujeito masculino.

O atributo masculino não pertence apenas aos homens. As mulheres estariam vacinadas contra o desejo incestuoso? Isso não parece muito certo. Sabemos da devastação que uma mãe produz quando toma seu filho como o objeto que vem preencher o que lhe falta, numa relação que não admite separação, mesmo para além da morte. Aquilo que corresponderia à pedofilia materna não seria uma posição fálica, masculina e sustentada pelo exercício do poder da violência contra a alteridade?

A literatura tem apresentado com frequência pacientes pedófilos com abuso sexual na infância[100]. Sabemos que a introdução da criança na sexualidade se faz pela apresentação, por parte do "outro" materno, de um terceiro. Assim, o pai é aquele que representa o encontro com o sexual e, por isso, facilmente é apontado como o abusador. Formulando de outro modo, podemos dizer que o acesso ao desejo sexual pode ocorrer tanto por meio da relação com a linguagem como pela experiência. O corpo é permeável em sua organização. Uma experiência perversa pode constituir uma marca muito difícil de se ultrapassar, fixação que gera compulsão à repetição. É disso que padece o pedófilo: repetir a cena da sexualidade durante toda a sua vida.

A transmissão da pedofilia seria, então, feita por iniciação, em que o pedófilo busca a cena psíquica na qual está fixado, reeditando sua posição de criança seduzida pelo adulto na criança que ele, agora, conquista. Por isso, os futuros pedófilos são recrutados nos meios que têm relação com cargos de educador moral, como ocorre na função paterna (padrasto, tio) ou com atribuições educativas (professores, médicos, padres, pastores, juízes). Para Cucci e Zollner,

> o percentual dos abusadores que, por sua vez, tinham sofrido abusos quando crianças é quase o triplo em relação à média estatística dos crimes desses tipos; proporção semelhante revela-se nos comportamentos criminosos, junto com um impressionante aumento de problemas de saúde mental e com um mais alto risco de comportamentos suicidas. Daí as profundas e graves feridas físicas, psíquicas e cognitivas presentes em quem sofreu abuso quando criança[101].

---

100 Gabbard, 1995, p. 316; Pereira, 2013.
101 Cucci & Zollner, 2011, p. 23.

Se a linguagem, no neurótico, está sujeita ao malcompreendido, pela multiplicidade de sentidos da palavra, no perverso ela se submete ao mal-intencionado, à vontade de enganar.

A pedofilia tem dois aspectos recorrentes, presentes em toda situação que a configura: o envolvido, sendo adulto e autoridade, tem poder sobre a criança, exercido tanto pela sedução quanto pela coerção; além disso, ele desenvolve a abordagem da criança sempre de forma ambígua. A pedofilia remete a estados regressivos onde a diferenciação entre afeto e privação não se realizou. Refere-se à negação do desamparo que constitui o sujeito. O pedófilo é alguém que precisa de um benefício para ter prazer, e, por isso, toma a criança como objeto de desejo, como se fosse uma extensão de seu mundo de carências. Procura um alimento afetivo-emocional pelo veio sexual excessivo. Na pedofilia, há uma inversão de papéis, pois aquele que cuida reivindica, sexualmente e para si, o cuidado por parte da criança abusada.

A obturação ou a obstrução radical da falta de afeto, em todos os furos possíveis, transforma-se no ódio radical por aquele que denuncia a ferida narcísica: a mulher particularmente, o feminino. O perverso estrutura-se em torno do repúdio ao outro sexo, exigindo que ele se mantenha velado e até mesmo danificado, para que nada possa vir de lá. Mais do que isso, ele visa a destruir o diferente, o sexo feminino.

Além disso, o perverso precisa de um espaço teatral, pois para ele é essencial a repetição da cena, dos gestos e do aparato. Sem essa cerimônia secreta e os rituais que a acompanham, sem a criação de um mundo próprio no qual ele é o único mestre e *xerife-delegado*, ele seria remetido à dramaticidade habitual dos outros seres humanos, decaindo de sua categoria de deus.

7.3 *Atos de pedofilia em diferentes culturas*

Nos dias de hoje, assistimos a uma divulgação espetacular de atos, protestos e esclarecimentos em torno da pedofilia, ao passo que outras formas sexuais, anteriormente condenadas, são socialmente toleradas e até estimuladas. Por que a pedofilia se tornou o alvo de nossa indignação quanto ao sexual?

Em outras sociedades, tão civilizadas quanto a nossa, a exemplo da Grécia, a pedofilia era estruturada como rito de passagem para os jovens, constituindo, inclusive, modelo ideal da relação amorosa e pedagógica entre o mestre e o discípulo. Em Roma, o mestre podia ter amantes não púberes, desde que não fossem cidadãos romanos.

A mitologia grega apresenta Laio, pai de Édipo, como o patrono da pederastia. Após sofrer perseguições políticas, Laio é acolhido por Pélopes, pai do belíssimo jovem Crísipo. Pélopes confere a Laio a função de educador de Crísipo, por quem ele se apaixona. Posteriormente, envergonhado, Laio rompe com Crísipo e este se mata. Desolado, Pélopes amaldiçoa Laio: "Terás um filho que se casará com tua esposa e te matará". Assim, o incesto precede a pedofilia, que o modela. Há uma relação entre ambos, uma relação entre o desejo e a lei. Ou seja, o pedófilo nega e transgride a lei da castração. Na relação entre a criança e o Outro cuidador, excesso erótico e afeto fundem-se, fazendo com que o sujeito use o sexo com um indivíduo vulnerável para atender às suas necessidades afetivas, afastando de si as inseguranças da rejeição. O pedófilo vê-se diante de suas excitações como uma criança que precisa de outra para se satisfazer, castigando-a.

Até a Renascença, encontramos muitos relatos de abandono, negligência e maus tratos às crianças. A mortalidade infantil, à época, era bastante elevada. No século XV, era comum encontrar narrativas de morte de crianças por sufocação impetrada por um adulto.

Já no século XIX, um duplo movimento perpassava as relações entre pais e filhos. Por um lado, havia um investimento crescente e coercitivo sobre o filho. As crianças eram internadas em asilos, como estratégia de educação. A partir de 1850, quando uma criança morria, usava-se o luto como com um adulto. Daí em diante, a infância passa a ser vista como momento privilegiado, de fundação, da vida. E a criança é percebida como pessoa e cidadã, com direitos civis.

A promoção contemporânea da condenação à pedofilia tem relação com a valorização da infância que desponta na Modernidade, em torno do século XVIII. Em *Uma introdução ao narcisismo*, Freud caracterizava esse fenômeno, ao denominar a criança de "sua majestade, o bebê"[102]. Para os pais contemporâneos, a criança é não apenas aquela idealizada e sonhada, mas passa a ocupar o lugar da criança perfeita que os próprios pais não puderam ser para seus pais. Assim, o filho adorado teria como função primeira, no imaginário dos pais, sanar a decepção que eles foram para a geração anterior. Torna-se insuportável perceber o menor sinal de falha no filho, pois isso revelaria o fracasso próprio. A cena da criança pura e inocente, à mercê do repugnante pedófilo, encobre o insuportável desejo de uso desse bebê dentro da economia psíquica dos pais. Pela clínica psicanalítica, sabemos que aquilo que atacamos de modo implacável no outro não deixa de ter relação com o que não suportaríamos em nós mesmos.

A violência contra crianças, infelizmente, ainda é mais aceita que a pedofilia. Enquanto a pedofilia é condenada, os maus tratos crescem em proporções dramáticas, expressão da violência e da solidão do sujeito nos dias de hoje que, no fundo, é a mesma vivida pela criança seduzida pelo pedófilo. Vários movimentos sociais, Igrejas, Organizações não Governamentais e o Estado criaram o Estatuto da Criança e do Adolescente (ECA), instituído pela Lei 8.069 no dia 13 de julho de 1990, visando a regulamentar os direitos das crianças e dos adolescentes, sob inspiração das diretrizes fornecidas pela Constituição Federal de 1988. Internalizam-se uma série de normativas internacionais, como: Declaração dos Direitos da Criança; Regras Mínimas das Nações Unidas para a Administração da Justiça na Infância e na

---

102 Freud, 2010, vol. 12.

Juventude – Regras Beijing; e Diretrizes das Nações Unidas para a Prevenção da Delinquência Juvenil.

O mundo contemporâneo cresceu em consciência e atitude frente à defesa da criança e do adolescente. Ao enfrentar a presente crise, é necessária uma nova visão para inspirar a geração atual e as futuras a tirar proveito do grande valor da ética, da alteridade e do dom da vida. O ECA é excelente dispositivo legal para combater casos de exploração de crianças, como no episódio de Felipe:

> O garoto Felipe, durante a "Fogueira Santa" da Igreja Universal, se diz preocupado com a situação de discórdia entre seus pais. O Bispo Guaracy Santos pergunta ao menino se ele estaria disposto a fazer um sacrifício em favor da paz na sua casa e o menino prontamente responde que sim. "Vou dar tudo o que eu tenho [...] vender meus brinquedos e colocar tudo aqui no altar, quero ver meus pais felizes", diz Felipe[103].

Do outro lado do púlpito, estava sua mãe, debatendo-se em crise histérica, segurada e gritando com voz grave que gostaria de fazer maldades. Ela estava em processo de exorcismo, enquanto seu filho dava entrevista ao pastor. Ao final do vídeo, o Bispo Guaracy afirma: "Pela valentia dele, a família inteira vai mudar"[104].

7.4 Efebofilia

Com o surgimento das cidades na Antiguidade, a coletividade tornou-se mais forte, apta a resistir a crises naturais e a aumentar sua população. Além disso, o cultivo e o pastoreio provocaram o surgimento de outras atividades e diferenças entre as pessoas de uma mesma comunidade. Esse processo de divisão do trabalho introduziu conflitos de interesses na coletividade, antes tão simples.

---

103 *Folha de S. Paulo*, 15/07/2011, p. 22.
104 Ibid.

Nas cidades da Grécia e de Roma, a exaltação da virilidade, da feminilidade e do culto ao corpo não deixam muita margem de dúvida quanto às múltiplas escolhas amorosas. As fontes de pesquisa dessas sociedades – situadas em objetos de arquitetura, gravura, pintura, peça teatral, obra literária, discurso de oradores ou juristas, formas culturais e religiosas – revelam múltiplas subjetividades. A cultura, a religião, a sexualidade e a fertilidade da natureza estavam bastante entrelaçadas.

Quando se pensa a bissexualidade, costuma-se olhar para a Grécia Antiga, sobretudo em certos períodos, quando as práticas homoeróticas não causavam estranheza. Muitos mitos antigos giram em torno da sedução e do amor de um jovem, e quase todos tratam de sua iniciação. O amor entre dois homens ocorria frequentemente, reflexo especular da própria natureza bissexual narcísica que Freud descreve em *Três ensaios sobre sexualidade*:

> [...] nos gregos, entre os quais os homens mais viris figuravam entre os invertidos, está claro que o que inflamava o amor do homem não era o caráter masculino do efebo, mas sua semelhança física com a mulher, bem como seus atributos anímicos femininos: a timidez, o recato e a necessidade de ensinamentos e assistência. Mal se tornava homem, o efebo deixava de ser um objeto sexual para o homem, e talvez ele próprio se transformasse num amante de efebos. Nesses casos, portanto, como em muitos outros, o objeto sexual não é do mesmo sexo, mas uma conjugação dos caracteres de ambos os sexos, como que um compromisso entre uma moção que anseia pelo homem e outra que anseia pela mulher, com a condição imprescindível da masculinidade do corpo (da genitália): é, por assim dizer, o reflexo especular da própria natureza bissexual[105].

Para os romanos, a virilidade era um prêmio, requisito essencial para o homem adulto, aliado a poder e dominância. Aquela

---

105 Freud, 2016, vol. 6, p. 33.

era uma cidade falocrática, onde o masculino confundia-se com o agressor ousado.

8 Ódio erotizado: questões de gênero

Em Freud, o ensaio *Sobre a mais comum depreciação na vida amorosa* é um texto que traz a concepção da mulher enquanto pessoa degradada ou inferior como algo essencial para o júbilo de alguns homens[106]. Conforme Freud, à esposa é reservado o sentimento amoroso e, à amante, as manifestações eróticas revestidas de poder depreciativo e inferiorização. Segundo o autor, muitos homens demonstram ambos os sintomas na vida sexual: a vergonha ou o excesso de moralidade e a impotência erótica, que se originariam na afeição extremamente idealizada à figura da mãe e no tabu do incesto, com associações entre prazer e nojo, permitido e proibido. Assim, de um lado, tais homens escolhem mulheres segundo o critério familiarista, à imagem materna e obedecendo a aspectos ternos e estéticos; por outro lado, relacionam-se com mulheres degradadas ou inferiores, com as quais é possível viver fantasias de ódio erotizadas. Tais descontroles emocionais ou atos de violência aparecem em puxões de cabelo, expressões morais, raciais e até comparação com animais: "minha vagabunda", "nega vadia", "cachorra" e "égua".

A realidade entre homens e mulheres não parece ser muito diferente do que está descrito no texto freudiano e na obra *Casa grande & senzala*, que trata do Brasil colônia. Era atributo das escravas servirem sexualmente aos senhores de engenho, em uma situação de submissão que as inferiorizava e, ao mesmo tempo, gratificava suas esposas abastadas. Essa construção histórica sobre a sexualidade arrasta-se há muitos séculos e atualiza-se, hoje, por meio de violência física e assédio moral contra o feminino. Especificamente, no século XIX, o

---

106 Freud, 2013, vol. 9, p. 347.

homem herdou dois tipos de papel na sociedade. Um deles era o de provedor econômico, representado bem pela figura de terno e gravata, marido e pai de família. O outro era o aventureiro, desafiador de leis, alguém eventualmente próximo até de "perversões".

A luxúria, enquanto erotização do ódio na questão de gênero, é antiga e lendária. Na relação entre o masculino e o feminino, ela parece, em alguns momentos, não regida pelo prazer, mas pela quantidade de conquistas, glória e superioridade frente à mulher. A relação afetiva que se baseia apenas na obscenidade revela uma vida afetiva imatura, superficial e com pavor à intimidade. Vários desses comportamentos escondem, frequentemente, histórias de grande sofrimento, abusos físicos ou simbólicos, ofensas ao equilíbrio psíquico na formação das crianças.

Segundo Freud, no texto "Tabu da virgindade":

> não é, apenas, o primeiro coito com uma mulher que constitui tabu e sim a relação sexual de modo geral; quase se pode dizer que a mulher inteira é tabu. [...] Talvez este receio se baseie no fato de que a mulher é diferente do homem, eternamente incompreensível e misteriosa, estranha, e, portanto, aparentemente hostil. O homem teme ser enfraquecido pela mulher, contaminado por sua feminilidade e, então, mostrar-se ele próprio incapaz. O efeito que tem o coito de descarregar tensões e causar flacidez pode ser o protótipo do que o homem teme[107].

As mulheres de Atenas, por exemplo, eram mantidas no interior de suas casas, nos aposentos a elas destinados, proibidas de aparecer em público. Os homens proprietários eram cidadãos livres, podiam votar e participar da vida pública. Os gregos viam o órgão sexual masculino como mito, reverenciavam o pênis como símbolo da força e produtor da vida: *falo* – símbolo de proteção, segurança, poder, fertilidade e completude. Confundir o símbolo (*falo*) com o objeto

---

107 Ibid., p. 364.

parcial (pênis) pode obscurecer a compreensão de questões fundamentais sobre a subjetividade, a masculinidade e a feminilidade.

Na sociedade pós-moderna e de mercado, parece agravar-se a recusa do pai, do limite, a negação da diferença sexual e da desigualdade econômica entre os gêneros. Contemporaneamente, evidenciam-se os traços de uma sociedade marcadamente falocrática, patrimonialista, neoliberal, machista.

9 A pornografia e a arte da nudez

O ato de expor a nudez é antigo. Os meios artísticos para divulgá-la são diferentes em cada tempo, cultura, estrutura social, econômica e religiosa: pinturas ou desenhos eróticos, esculturas de objetos e símbolos sexuais, quadros, obras literárias, fotografias e meios cibernéticos.

A exibição da nudez em tempos pretéritos foi marcada por significados estéticos, religiosos, filosóficos e eróticos. Eram manifestações transcendentes e imanentes, que iluminavam a carne que cedia ao erotismo oculto e enigmático. Trata-se de uma versão de nudez misturada com arte que se distancia do programado e direciona-se para algo a ser desnudado ou revelado. A nudez artística é oferecida como descoberta do conteúdo por trás da película da privacidade. Sua imagem é surpresa e não repetição monótona, pois toda obra de arte é subversiva e tem poder de deslocar a imaginação em diferentes fronteiras da humanidade.

Diferentemente, a nudez pornográfica é imagem descuidada e, por isso, seu ritmo é repetitivo, escancarado, sem enigma a ser desvendado. A busca do prazer, geralmente, é solitária, rápida, desprovida da imaginação do afeto. O obsceno artificializa o erótico e ostenta imperativamente a banalização da nudez, retirando de cena as dimensões estéticas e culturais, em que se misturam o erótico e o sagrado.

A pornografia inflaciona o aspecto mercadológico e a massificação da venda e do *marketing*. Seu consumo é sustentado pela mitificação do proibido, da exploração. Quando separamos a narrativa do erótico em relação ao pornográfico, há o risco de cairmos em uma análise moral e hipócrita. Não convém generalizar esse tipo de leitura. São muitos os contraexemplos. A pornografia não deve ser tratada como antípoda (mera oposição) da arte. Talvez a membrana que separa ambas seja muito tênue. Cabe convocar a ética para dizer que o parâmetro artístico é sustentado pela imaginação criativa, distante da massificação e do mercado. A obra do artista é a decoração dos sentidos, a arte é sempre "perigosa", subversiva, com um rosto social e político. Não há arte sem restrição social. Inúmeras criações artísticas denunciam o que se exclui socialmente. A obra pornográfica, por outro lado, é reacionária, anônima e obscura, carece de rosto social. É puro gozo comandado pelo mercado de vendas, sem compromisso com a alteridade.

Há inúmeras discussões sobre as análises sinalizadas acima. Por exemplo, o movimento feminista aponta que a maioria dos produtos pornográficos – filmes, vídeos eróticos e diferentes redes sociais – são plataformas machistas visando ao domínio do masculino sobre o feminino. Geralmente, seu *script* reproduz e autoriza a cultura do estupro e da violência contra o feminino.

Qual é a fantasia que rege as produções pornográficas? É o gozo fundido com o prazer de dominar, graças à submissão do outro. A ideia que excita nessa cena erótica é da seguinte ordem: "*O outro não sabe, não entende o que estou fazendo*". A fantasia erótica de dominação não é tanto uma vontade de carne firme (corpo), mas o devaneio de um poder que conta com a fragilidade de suas vítimas. É a fantasia de poder, é o prazer de aproveitar-se de outros que se entregam. Goza-se com a vítima dócil. O amor sem falta é luxúria, uma vez que o amor pressupõe o reconhecimento do limite, o outro. O corpo que apenas se faz carne não é sublime, mas obsceno. A luxúria está na atitude enganosa. Por vezes, o sujeito perverso nega suas ações e tal negação não é consciente.

A pornografia pode ser vetor de excessos. Alguns sujeitos falam de relações sexuais em termos de "uma dose", como se diz de uma substância psicotrópica. O sujeito dependente torna-se impotente e perde o controle do tempo. As atividades sexuais invadem o espaço cotidiano e o pensamento.

Os ciberespaços sexuais domésticos são os novos locais de vida íntima e pública, que abrigam uma cama giratória que é, ao mesmo tempo, mesa de trabalho e palco das pulsões voyeristas. O espaço do conclave neoliberal do teletrabalho é hipersexualizado, muito mais avançado tecnologicamente do que as celas dos Monges do Deserto, da era de Evágrio Pôntico, em 346 d.C.

A sexualidade compulsiva é um namoro eficaz das perversões enquanto negação de qualquer limite. O sofrimento psíquico do sujeito hipersexualizado é complexo. Prisioneiro, decepcionado, culpabilizado e deprimido, pode encontrar na adição sexual um encaixe. Ao mesmo tempo, o neocapitalismo exacerba o processo pornográfico pela via da pulsão escópica, pois expõe aos olhos todas as coisas como objetos de mercadoria. A exaltação da mercadoria-imagem estimula o contato imediato entre a imagem e o olho. Essa é uma nova economia psíquica, que não se apoia no recalque, mas no espetáculo da exibição do gozo. A exposição excessiva da imagem é uma exploração. Não há mistério, descoberta e encantamento. O sexo é uma grande força econômica, que assiste à recusa do erótico enquanto ocultamento. O ativismo ou o investimento "no mais prazer (im)possível" é obsceno e supérfluo, sem gravidade, pura dispersão e dissociação temporal, desprovido de referência e sentido. O excesso é a invasão de algo que escapa à regulação da vontade, que se impõe no psiquismo como um *corpo estranho*. Ao mesmo tempo, com a ameaça da fragmentação, há um segmento de setores religiosos e políticos que revelam a tendência a refugiar-se no conservadorismo ou até em certo fundamentalismo. O excesso, de um lado, como num pêndulo, convoca seu oposto, do outro lado: os conservadores ocultam obscenidades e o excesso de conservadorismo (luxúria do espírito) gera excelentes consumidores.

10 À *maneira de conclusão: luxúria enquanto soberba do corpo*

O elemento "carnal" da soberba (narcisismo) aproxima-se da luxúria. Embora pareçam vícios contrários, sua ligação foi reconhecida pelos primeiros Padres da Igreja: a luxúria era por eles definida como a soberba do corpo, enquanto a soberba seria a luxúria do espírito. O luxurioso tem dificuldade de encontrar o outro, considerado um objeto para obter prazer mediante sedução, conquista e humilhação. O sedutor manifesta superioridade diante do seduzido, estado de alma típico do soberbo e oposto ao enamorado, pois este reconhece o outro. Nas relações de trabalho este pecado é identificado pelo assédio sexual – em nome da posição de poder hierárquico o chefe impõe ao subordinado a submissão. O luxurioso busca o excessivo erotismo e não o amor: busca um instrumento de gozo, não o Outro. Ele pode infligir sofrimento e disso extrair o maior gozo. A soberba e a luxúria têm em comum a ausência de sentimentos como doçura, ternura e afeto.

4
Avareza

1 Introdução

A palavra avareza, com raiz no latim *avaritia -ae*, significa "cobiça, desejo excessivo de bens", "avidez por cobre ou o vil metal". O avaro materializa sua ambição no *ter* e almeja ser bem-sucedido na conquista de propriedades privadas. Para ele, o sentido da propriedade privada não é seu uso, mas o sentimento de posse. O avaro é um atormentado pelo clamor perseverante de adquirir mais e mais. Sendo assim, cobiça poder, dinheiro, *status*, objetos variados. O avarento é excessivamente apegado a bens, pois seu medo é a proximidade da escassez do objeto. A fantasia psíquica que o atormenta é que tudo pode faltar. Assim, devota-se à compulsão de acumular.

É próprio do imaginário popular descrever tipos que "usam duas vezes o mesmo fósforo", "subscrevem nas costas das páginas de papel utilizadas", "consomem alimentos e remédios vencidos", "utilizam a mesma receita médica aviada em anos anteriores", "escondem o dinheiro embaixo do colchão". Esse personagem é também chamado de "unha de fome", "muquira", "mesquinho", "pão duro", "mão de vaca". E sobre ele se afirma que "não enfia a mão no bolso" ou tem "bolso cheio de escorpião". O avaro é aquele que gosta de "levar vantagem em tudo", na lógica da famosa "Lei do Gerson"[108]: aquele que engana,

---

108 Gerson de Oliveira Nunes foi jogador da seleção brasileira de 1970. Em 1976, ele fez propaganda dos cigarros Vila Rica, na qual dizia: "Por que pagar mais caro se o Vila me dá tudo aquilo de um bom cigarro? Gosto de levar vantagem em tudo, certo? Leve vantagem você também, leve Vila Rica!" O desejo de levar vantagem

falsifica e mente na tentativa de lucrar com qualquer negócio. Os avarentos típicos são agiotas, especuladores e corruptos.

Curiosamente, a partir das expressões populares, podemos observar a imagem corporal que as pessoas fazem do avarento, tais como: ideia de ele ter um corpo pequeno – o acanhado; como se ele tivesse braços e mãos presas – o agarrado; suas mãos são fechadas – o munheca-de-samambaia; ele tem constipação intestinal – a prisão de ventre; e é desmazelado com a aparência – o sovina. O avarento confirma o seu modo existencial na falta de leveza, na rigidez corporal e no congelamento dos movimentos de afeto.

O avaro é o criador da usura e, portanto, do sistema financeiro: bancos, cartões de crédito e operações virtuais. O avaro associa-se, ainda, à síndrome de colecionador, pois é mestre da acumulação. Nada joga fora, num ritual obsessivo de guardar bugigangas. Guardando-as, os obsessivos ritualizam a preservação zelosa de seus afetos, seguros de que nada vão perder.

2 A avareza enquanto medo do afeto

O dinheiro pode significar afeto e retenção das emoções que ele proporciona: o medo de perder ou o apego ao poder. A assembleia que consegue reunir maior número de funcionários em uma empresa, por exemplo, é aquela que tem como pauta as finanças da instituição ou a que vai decidir a porcentagem de aumento salarial.

Há relações com o dinheiro que tocam a ambição, o controle e a disputa avarenta. A avareza relaciona-se com as ideias de avidez, desejo ardente, cobiça e voracidade. Geralmente, os indivíduos demonstram tanto sigilo sobre o dinheiro como o mantêm sobre o sexo, sendo este um motivo comum de desavenças entre colegas de trabalho, amigos e casais.

---

em tudo, sem considerar critérios éticos e limites morais, passou a ser chamado, pela população brasileira, de "Lei do Gerson".

A preocupação com o futuro está presente na vida da maioria das pessoas. Os sinais visíveis disso são o pagamento da Previdência Social, o controle do plano de saúde e alguma poupança para o que ainda está por vir, o que é visto como assumir a responsabilidade e o cuidado de si durante o processo de envelhecimento.

Phyllis Tickle, escritora americana, pontua duas reflexões originais do monge Evágrio Pôntico sobre a avareza com relação às seguintes questões: o tempo, a velhice, a aquisição e a acumulação de bens[109]. A primeira delas afirma:

> a avareza sugere à mente uma prolongada velhice, uma incapacidade de executar o trabalho manual (em algum momento do futuro), carestias que certamente virão, ter de aceitar dos outros as necessidades da vida.

A segunda observação de Evágrio é a de que a avareza tem dois tipos de excesso. O primeiro refere-se à obstinada aquisição e à conservação; o segundo, à fascinante necessidade de gozar que o sujeito mantém em torno de seus bens em detrimento dos afetos. Trata-se de uma perversão afetivo-sexual. A síndrome da avidez produz comportamentos compulsivos, visando à acumulação de modo insensato, o gozo acumulado de bens que exclui o outro.

> A avareza não é definida pela pura ganância material, mas pelo princípio de pensar sobre o que ainda não existe, uma espécie de preocupação com as coisas imaginárias ou futuras, como esperanças e medos. Que alguém possa ser avarento sobre o que possui é uma sutileza que escapa ao nosso pensamento comum. A característica diferenciada, aqui, é que o futuro entra no pecado. Isso o diferencia da melancolia, frequentemente, relacionada a inveja e preguiça, na qual o futuro é substituído pelo passado e pelo presente e que se relaciona com privações mais imediatas.

Giovanni Cucci, citando C. Casagrande, recorda que a última solidão do avaro é vivida próximo ao leito da morte:

---

109 Tickle, 2005, p. 95.

> A infelicidade do avaro, culmina no momento da morte, quando ao temor do sofrimento que o espera, se acrescenta a dor da perda dos bens amados, destinados rapidamente a mudar de patrão[110].

Karl Marx, em 1844, previa a angústia do avarento e sua aflição com o futuro:

> Renuncia a ti próprio, renuncia à vida e a todas as necessidades humanas. De fato, quanto menos comeres, beberes, comprares livros, ires ao teatro, ao baile e a hotéis, quanto menos pensares, amares, fizeres teorias, cantos, pinturas, versos etc., tanto mais economizarás, tanto maior se tornará o seu tesouro, que nem as traças nem o pó podem consumir, o teu capital. Quanto menos fores, quanto menos realizares na tua vida, tanto mais terás; quanto maior for a tua vida alienada, tanto mais acumularás, para a alienação do teu ser. Tudo aquilo que a economia tirar da tua vida e da tua humanidade ser-te-á restituído pelo dinheiro e pela riqueza, e tudo aquilo que não puderes, poderá o teu dinheiro. Este pode comer, beber, ir ao teatro, ir ao baile, e entendendo-se com a arte, com a cultura, com as curiosidades históricas, com o poder político, poderá viajar; poderá, em suma, tomar conta de tudo isso para ti; poderá tudo comprar; este é o verdadeiro e próprio poder. Assim, todas as paixões, e todas as atividades deverão reduzir-se à avidez do dinheiro[111].

3 Fragmentos da história econômica

Para expor com mais fundamento a questão da avareza, vou valer-me de capítulos de um livro de Leo Huberman[112], jornalista e escritor norte-americano, sobre o processo da administração econômica da sociedade primitiva até o momento atual. Para o autor, cada

---

110 Cucci, 2008, p. 197.
111 Marx, 2010, p. 51.
112 Huberman, 1971.

época traz diversas possibilidades de trabalho e modos de produção econômica, produzindo arranjos de relacionamentos e, consequentemente, a produção de subjetividades. Esses três conceitos – o afetivo, o trabalho enquanto produção econômica e as subjetividades – não são algo irrefutável, mas ajudam a perceber os acentos e as tensões da vida do ser humano que produzem metamorfoses sociopolíticas, religiosas, culturais e econômicas.

3.1 Sociedade primitiva

Na sociedade primitiva, os seres humanos utilizavam, basicamente, nos espaços da terra, no cosmo e na natureza, a energia física, transformando-a em trabalho e economia de subsistência. Tratava-se, à época, do trabalho na agricultura, cultivando o grão, guardando o rebanho, caçando e pescando para a sobrevivência coletiva. Na sociedade primitiva, o trabalho era coletivo e a propriedade era de todos. Os sujeitos eram praticamente indiferenciados, consequência da simplicidade das tarefas desempenhadas pelas pessoas na comunidade. A administração econômica era realizada na base da troca ou do escambo e o traço principal de relacionamento era a vivência em torno do clã. A afetividade era mantida por um conjunto de famílias de ascendência comum, de forma estável e sem diferença.

Com o passar do tempo, a sociedade tornou-se mais complexa, mais apta a resistir às crises naturais, capaz não só de sobreviver, mas também de contribuir para o aumento populacional. O cultivo da lavoura e o pastoreio provocaram o surgimento de novas atividades de trabalho e, com elas, trouxeram as diferenças sociais. Por exemplo, muitas plantas domesticadas dependiam de tempo e preparação para seu consumo. Era necessário não só que se colhesse o trigo, mas que fossem selecionadas e debulhadas as espigas para que se pudesse produzir farinha e, posteriormente, o pão. Todas essas atividades foram gradualmente distribuídas por diversos setores da coletividade, criando diferenças e particularidades. Muitas tarefas passaram a exigir, por assim dizer, a formação de grupos especiais para a transmissão de conhecimento especializado. Assim, gradualmente, a complexidade do modo execução das tarefas, a forma de administrar o trabalho e a distribuição dos bens se modificaram, o que resultou também em novas relações de saber e poder.

Esse processo de divisão de trabalho introduziu conflitos de interesses na coletividade, antes tão simples. Assim, para um agricultor, o campo passou a ser um lugar para semear, diferente do criador de gado, que viu ali um lugar para pastagem. Quem se apropriou de um pedaço de terra conquistado pela força passou a explorar o trabalho alheio de quem não tinha terra aproveitável. Surgiram, então, dificuldades para atender aos interesses de toda a comunidade, pois o que convinha a um de seus grupos não convinha a outro. Acrescente-se a isso outro dado importante: a possibilidade de acumulação de excedente, isto é, de bens em quantidade superior à necessária para o consumo do produtor. Surge, assim, a avareza, enquanto pavor da falta de determinado bem no futuro, fato que marcou o modelo socioeconômico, provocando a acumulação de riqueza e o desenvolvimento do comércio, garantindo o nascimento da sociedade medieval.

3.2 Sociedade medieval

Na sociedade medieval, os territórios agrícolas eram fixados em feudos e o fazer era marcado pela dimensão de execução dos trabalhos na terra e com artesanato. Nas diversas localidades, os feudos variavam tanto em tamanho quanto na forma de organização e nas relações entre os que os habitavam. Cada propriedade feudal tinha um senhor. Dizia-se desse período que *"não havia senhor sem terra, nem terra sem um senhor*"[113]. Assim, o sistema feudal foi produzindo uma diferenciação das diversas camadas sociais, agrupadas a partir de suas relações e valores culturais. Isso teve como consequência uma conformação societária organizada em estados ou castas. A estratificação social do feudalismo era constituída por reis, nobres, membros do clero, vassalos e servos.

O rei era a representação máxima do poder. O clero e a nobreza constituíam as classes dominantes e controlavam a terra e o poder que dela provinha. A Igreja prestava ajuda espiritual e a nobreza oferecia a proteção militar, exigindo, em troca, um pagamento dos segmentos menos favorecidos sob a forma de cultivo da terra. Na sociedade medieval, o relacionamento afetivo era mantido por forte estratificação social, do rei ao servo. O comunitarismo prevalecia entre as diversas camadas sociais. A intimidade pública era mais evidente do que a privada. No espaço aberto de um castelo, eram comuns atividades de cozinha, jogos de entretenimento, descanso e relacionamentos sexuais íntimos. A estabilização afetiva era sustentada pelos poderes alternados entre hierarquia monárquica e Igreja Católica.

Gradativamente, os conflitos de interesse aumentavam a tensão. O ideal seria que se conseguisse implantar um sistema através do qual esses conflitos pudessem ser resolvidos através de pactos e concessões, mas as desavenças geralmente resolviam-se no confronto, com a vitória daqueles que possuíam instrumentos ou armamentos mais eficazes para impor sua vontade. A tendência dos vitoriosos era criar um conjunto de instituições para permanecerem no poder, mantendo a diferença entre governantes e governados.

Nos primórdios do feudalismo, a Igreja Católica atuava com atitudes ambivalentes, morais e antiéticas. Por um lado, ela incentivava o ensino e fundou escolas e universidades. Monges, clérigos e frades proporcionaram a toda a Europa uma rede de indústrias, centros

---

113 Ibid., p. 12.

de pesquisa, fervor espiritual e predisposição para a ação social. A Igreja ajudava os mais pobres, cuidava de crianças desamparadas em seus orfanatos e construía estabelecimentos para doentes. Por outro lado, a avareza do clero tinha como meta aumentar cada vez mais seu patrimônio. A expansão de domínio era adquirida através do dízimo, taxa de 10% sobre a renda dos fiéis.

Na sociedade medieval, a vida econômica decorria sem muita utilização de capital. Cada aldeia feudal era praticamente autossuficiente. Assim, o estado feudal era completo em si – fabricava o que necessitava e consumia seus produtos. O comércio das mercadorias era baixo e não havia razão para a produção de excedentes em grande escala. A Igreja considerava crime cobrar juros pelo uso do dinheiro, o que era visto como usura, pecado em uma sociedade onde o comércio era pequeno e a possiblidade de investir dinheiro com lucro praticamente não existia. Empréstimos eram tomados simplesmente por alguma situação adversa: a seca arruinando as colheitas, a morte do rebanho ou as epidemias. O bom cristão, diziam os membros da Igreja, deveria ajudar o próximo sem pensar em lucro.

Delumeau[114] relembra que os primeiros papas da Igreja Católica professaram juntos que o usurário colhe onde não semeou, que emprestar a juros é tomar o bem do próximo, que o rico deve emprestar gratuitamente ao pobre e que a usura é contrária ao mesmo tempo à religião e à lei natural.

3.3 O capitalismo mercantilista

Enquanto a sociedade feudal permanecia estática por conta de forte hierarquia e tradições, foi praticamente impossível aos servos/camponeses melhorarem suas condições. Estavam presos a uma camisa de força de poder proveniente do sistema econômico e das matrizes

---

114 Delumeau, 2003, p. 416.

religiosas e culturais. Porém, a partir do século XVI, o crescimento do comércio, a introdução de uma economia monetária, a fabricação de navios e o surgimento das cidades proporcionaram-lhes meios para romper os laços que os prendiam a grupos sociais.

As novas formas de execução do trabalho promoveram o crescimento do mercado. Qualquer colheita superior às necessidades do camponês e do senhor já podia ser vendida. Surgiram os comerciantes, novo grupo social que podia obter e acumular dinheiro. Prosperaram as cidades e, com elas, aumentou o poder de compra das pessoas, que podiam adquirir diferentes produtos do Oriente.

Os comerciantes, nova classe emergente, expandiram sua influência política. Acumularam dinheiro com os banqueiros, investiram em escolas, patrocinaram as artes e opuseram-se à força do clero e da nobreza medieval. Era uma luta econômica com disfarce religioso e político. A Revolução Religiosa comandada por Lutero e Calvino abriu novos caminhos éticos e morais e subsidiou as bases estruturais para a Revolução Econômica. O nascente espírito capitalista necessitava de uma nova aliança científica, religiosa, política, econômica e cultural. A avareza deixou de ser imaginada como pecado e sujeita à condenação e, ao contrário, adquiriu *status*, passando a ser o principal idioma do sistema capitalista. Um novo deus estava nascendo, uma nova imaginação do absoluto estava surgindo. De avarentos, esses indivíduos passaram a ser vistos como parcimoniosos, aqueles que guardam, acumulam e dominam a riqueza.

Marx Weber[115] sustenta a tese de que a ética e as ideias do protestantismo influenciaram o desenvolvimento do capitalismo. Tradicionalmente, as concepções éticas e as devoções religiosas estavam acompanhadas pela rejeição de assuntos mundanos, acumulação de capital e cobrança de juros. Para o monge asceta, a relação com o dinheiro deveria visar apenas à sobrevivência.

---

115 Weber, 2010.

A subjetividade do capitalismo foi amplamente fortalecida pela procura racional de ganho econômico e pela concepção de que a vida terrena (em contraste com a vida "eterna") tinha um significado espiritual e moral altamente positivo. O protestantismo trouxe a ideia de que as habilidades humanas (arte, comércio, administração de bens, racionalidade, jurisprudência) deveriam ser percebidas como dádiva divina e incentivadas. Surgia a teologia da prosperidade. A lógica dessas novas doutrinas teológicas e as deduções que se lhes podiam retirar encorajaram o planejamento e a abnegação ascética em prol de mais ganho econômico. A avareza troca de figurino e torna-se, mais ainda, a obsessão pela obtenção de lucro e pelo encontro do ideal burguês. O protestantismo tradicional liberou o sujeito cristão da culpa católica de acumulação privada de capital e estimulou sua inserção na produção de mercado.

3.4 A Modernidade

Entre os séculos XVI e XVIII, a construção de um novo modelo de sociedade capitalista e de indivíduo burguês fortalecia-se ainda mais. O novo modelo tinha como principal objetivo a produção de mercadorias visando ao desenvolvimento e ao progresso social. O homem, liberto do império das ideias religiosas e do sistema feudal, tornava-se mais dinâmico para transformar a si mesmo e à natureza de forma racional. Na Modernidade, a estratificação social declinava com o surgimento de novas classes sociais.

O regime burguês caracterizou-se fundamentalmente pela reversão das bases socioeconômicas e políticas vigentes até então, contrárias ao regime do livre-comércio, do lucro, dos valores humanos individuais, do desenvolvimento urbano, da expansão territorial e do conhecimento racional. A subjetividade produzida estimulava maior liberdade, apelava para o interesse pessoal e encorajava as pessoas a ganharem e acumularem o mais que pudessem. Produziram-se, então, as qualidades ascéticas do "novo monge" que se devotava ao prazer absoluto – "o monge cidadão moderno avarento pelo capital".

O que tornava esse projeto especial era uma concepção de homem universal, que fazia um extraordinário esforço intelectual (valorização da *razão*) para desenvolver a ciência objetiva e conhecer as leis universais, visando à liberdade, ao progresso e à nova organização social.

A civilização moderna, tendo como centro dinâmico a Europa Ocidental, rompeu com o sistema econômico medieval, com a força religiosa e com o uso arbitrário do poder, prometendo, em troca, a igualdade, a liberdade, a razão e a prevalência do homem como sujeito da vida social, cultural e artística, abrangendo as estruturas econômicas, o direito e a administração burocrática.

Os conceitos de universalidade, individualidade e autonomia foram promessas sedutoras e fundamentais na Modernidade, tendo motivado e norteado a primeira onda dos Direitos Universais do Homem. Com ela, vieram as reflexões sobre o indivíduo, a liberdade, a justiça, a igualdade, as ideias de Estado e Nação, de democracia, de sociedade civil, de participação cidadã, das dimensões do público e do privado e da Revolução Industrial.

No entanto, a partir do século XX, os ideais da Modernidade declinaram e, gradativamente, desmancharam-se no ar. As contradições vieram à tona. De um lado, havia a expansão das indústrias, dos centros urbanos e a concentração do capital nas mãos de poucos. De outro, crescia a escassez de recursos urbanos para a maioria da população. Os *deficits* de habitação, saúde, transporte e educação mostravam as precárias condições econômicas da Modernidade. Tais contradições feriam os princípios da liberdade, dos direitos humanos e da ética, revelando a face perversa do sistema capitalista, suas contradições e seus ciclos de glória e declínio.

Com a Revolução Industrial, os trabalhadores perderam o controle do processo produtivo, uma vez que passaram a trabalhar (na qualidade de funcionários ou operários) para um patrão, perdendo também a posse da matéria-prima, do produto e do lucro. Controlavam apenas máquinas que pertenciam aos donos dos meios de produção, a quem eram destinados todos os lucros. O maquinário das fábricas permitiu tanto um novo modo de produzir riqueza quanto um novo ritmo de produção e administração econômica capitalista. O problema dos países industrializados não era onde vender os artigos manufaturados, mas como produzi-los com suficiente rapidez para atender à demanda. De um lado, a política do comércio livre produziu a concorrência, o monopólio e a concentração econômica e, de outro, gerou os trabalhadores assalariados.

A Revolução Industrial tornou os métodos de produção mais eficientes. Os produtos passaram a ser manufaturados mais rapidamente, barateando seu preço e estimulando o consumo. Por outro lado, esse tipo de produção aumentou também o número de desempregados. As máquinas tomaram o lugar da mão de obra humana. A poluição ambiental e sonora, o êxodo rural e o crescimento desordenado das cidades também foram consequências nocivas desse processo. Até os dias de hoje, o desemprego é um dos grandes problemas dos países em desenvolvimento.

3.5 Momento contemporâneo

No mundo contemporâneo, o caráter ascético alinha-se ao narcisismo. Declina a figura do monge ascético medieval voltado para os princípios interiores, morais e espirituais. Surge a figura do monge executivo narcisista, indiferente aos princípios éticos e voltado para uma satisfação infinita, ou seja, movido pela fascinante necessidade de gozar – império do prazer. Esse modelo desafia os limites e inaugura uma subjetividade em que nada é real, tudo é ilusório e provisório. Trata-se de um monge que exige o espetáculo da mídia, a qual reforça a administração dos bens e a avareza do dinheiro no grande fetiche do gozo absoluto. Tanto a religião quanto o sistema econômico de mercado estão centrados no desejo. Deus não é objeto de necessidade, mas de desejo. Em Deus, deposita-se a esperança de amparo, proteção e amor. Já no capitalismo de mercado, projetamos nossos sonhos. Seus defensores sabem manipular bem o imaginário dos consumidores e angariar adeptos, clientes fidelizados, com a promessa de realizar todos os seus desejos.

Na denominada Pós-modernidade, em especial nas últimas décadas, os discursos a respeito do que a vida deve ser têm-se empobrecido, à medida que se apoiam cada vez menos em razões políticas, filosóficas, éticas e religiosas, e cada vez mais em razões de mercado. As razões filosóficas ou religiosas medievais, as grandes utopias políticas e cidadãs da Modernidade, apontam sempre para além da banalidade do dia a dia, para um devir, uma transformação do sujeito ou do mundo que ele habita, alguma forma de desejo que ultrapasse os limites de nossa morada organicista e coloque-nos diante de uma corporeidade imanente e transcendente[116] – a contemplação místico-profética, por exemplo, a vida religiosa, ou os ideais políticos propagados pela ONU na Declaração Universal dos Direitos Humanos.

O *"novo absoluto"* denominado Mercado, com seus sinais visíveis e invisíveis de avareza quantificáveis, não deixa espaço para o sujeito crítico, silencioso, místico e profeta. O vazio interior dói. Essa dor propicia um deslocamento desenfreado em direção a um objeto que, momentaneamente, alivia a angústia. Nesse sentido, a cultura pós-

---

116 O corpo, que já foi considerado um objeto natural, é aqui entendido como corporeidade, um dos principais objetos da historicização. Esse eixo engloba investigações que analisam suas transformações do ponto de vista do desejo, das fantasias, do sagrado, dos movimentos e das instituições correspondentes.

-moderna cai como uma luva em certo irracionalismo glamouroso, barulhento e extravagante (leia-se: sem rumo, à deriva).

A crise atual é de orientação marcadamente cultural, pois as instituições – o Estado, a Igreja, a Família e a Educação, que estabeleciam relação entre os sujeitos, os grupos e a sociedade – perderam força para orientar ideais. No lugar dessas instituições, os dispositivos midiáticos e o consumo vigoram como produtores de uma subjetividade fluida, hedonista. Hoje, encontramo-nos na economia psíquica do excesso, que corresponde à mutação cultural de nos supormos liberados de qualquer referência. Vivemos segundo o império do prazer, realizável graças à capacidade tecnológica de obtermos todos os objetos de forma rápida, imperiosa e inadiável. *Devorar, consumir e destruir.* Tornamo-nos dependentes do objeto-fetiche que poderia saturar e satisfazer nosso gozo. Ganha primazia tudo que é da ordem da imagem ou da embalagem, e isso tem consequências sobre a organização psíquica do sujeito. Não são mais o desejo e a lei que nos comandam, mas o objeto. Cria-se a ilusão de que a vida é mais simples, visto que se supõe que há objetos em abundância capazes de regular nossos vorazes apetites. A fim de superar a angústia ou o sentimento de vazio e impotência, o ser submete-se ao objeto e imagina-se em contato com suas qualidades: sente-se forte, inteligente, corajoso e seguro. Perder o objeto significa perder a si mesmo. Nesse caso, oscilamos radicalmente da forma maníaca à depressiva: da fogueira eufórica à fogueira do desencanto.

O cristianismo e o capitalismo trabalham com fortes estruturas humanas: sonho, utopia e desejo. O monge ascético não sabia o que deveria saber, vivia plenamente o vazio da experiência de Deus. O monge executivo ascético, narcisista, não é quem não sabe, mas quem sabe demais. É cínico e, por isso, acometido por um sentimento de vazio e efemeridade. O consumo avarento não preenche, esvazia. Diante de campos ideativos tão próximos, entre o cristianismo e o capitalismo, instala-se o desafio: emancipando-nos da utopia, colocamos lenha na fogueira do desencanto. A cratera do vazio fortalece, mais ainda, o objeto fetiche.

4 O fetiche do avaro: fragmentos de textos de Moisés, Molière, Marx e Freud

Vamos, aqui, dialogar com escritos de quatro personagens que debateram o conceito de fetiche: Moisés (1550-1510 a.c.), Jean Baptiste Poquelin – Molière (1622-1673), Karl Marx (1818-1830) e Sigmund Freud (1856-1939). O vocábulo fetiche significa *"objeto animado ou inanimado, feito pelo homem ou produzido pela natureza, ao qual se atribui poder sobrenatural e se presta culto"*[117]. Nas relações humanas, são várias as manifestações em que o fetiche está presente: na adoração de símbolos sagrados em religiões antigas, na exploração do trabalho do ponto de vista marxista, no campo da afetividade/sexualidade, segundo a psicanálise.

Moisés acompanhava o povo de Deus à Terra Prometida e, durante esse percurso, escreveu o Pentateuco, conjunto de cinco livros, dentre eles o Êxodo. Poquelin, chamado de Molière, dramaturgo e ator francês, elaborou a peça *O avarento*. Marx foi autor de imensa obra filosófica, econômica e social sobre o funcionamento da sociedade capitalista e, nesta interlocução, há pelo menos dois livros que destaco: *O capital* e *Manuscrito econômico-filosófico de 1844*. Finalmente, Freud, escreveu uma vasta obra sobre o funcionamento psíquico do ser humano. Nessa reflexão, nos interessam de perto: Três ensaios para uma teoria sexual, "O fetichismo", "A neurose obsessiva" e "Erotismo anal e complexo da castração".

Segundo a narrativa bíblica, Moisés distanciou-se momentaneamente de seu povo e subiu até o Monte Sinai para meditar e rece-

---

117 Ferreira, 1990.

ber de Deus as tábuas da Lei. O povo, contudo, não suportou sua ausência. Durante seu afastamento, produziu-se entre a multidão um grande vazio. O novo líder, Aarão, pressionado pela angústia do grupo, coordenou o movimento de insatisfação popular visando a algo estupendo, o bezerro de ouro, para preencher a falta. O bezerro de ouro tornou-se o fetiche de apaziguamento da falta do desejo de Deus. Assim narra Moisés no Livro do Êxodo[118]:

> Vendo que Moisés demorava a descer da montanha, o povo reuniu-se em torno de Aarão e disse: "Vem, faze-nos deuses que caminhem à nossa frente. Pois, quanto a esse Moisés, o homem que nos fez sair da terra do Egito, não sabemos o que lhe aconteceu". Disse-lhes Aarão: "Tirai os brincos de ouro das orelhas de vossas mulheres e de vossos filhos e filhas e trazei-os a mim". Todo o povo tirou das orelhas os brincos de ouro e os trouxe para Aarão. Este, depois de recebê-los, preparou com o cinzel um molde e fez um bezerro de fundição. Então disseram: "São estes, Israel, os teus deuses, que te tiraram da terra do Egito". Ao ver isso, Aarão construiu um altar diante do bezerro e proclamou: "Amanhã haverá festa do Senhor" (Ex 32,1-6).

Molière, importante dramaturgo do período de ascensão da burguesia (1668), escolheu um expressivo protagonista em sua peça *O avarento: Harpagão*, "cujo nome, com raízes no latim (*harpaco* – rapina) e no grego antigo (*áprayn* ou *hárpage* – voracidade), está hoje dicionarizado em várias línguas, inclusive a portuguesa, como sinônimo de tacanhice e avidez patológica"[119]. Para Molière, a avareza de Harpagon era uma paixão amorosa. O roubo de um pequeno cofre de joias transformou-se na fonte de doloroso luto, como se fosse a perda da pessoa amada. A ausência do "pobre dinheiro", a separação do objeto-fetiche, produziu, como sintoma, a melancolia

---

118 Bíblia Sagrada.
119 Molière, 2017.

na vida do avaro de Molière. Sua paixão erotizada, embasbacada pelo brilho fetichista do dinheiro, converteu-se em profundo gozo de lamentos:

> Ah! Sou eu mesmo. Minha mente está confusa, já não sei onde estou, quem sou, o que estou fazendo, ai de mim! Meu pobre dinheiro, meu pobre dinheirinho, meu querido amigo! Privaram-me de você. E com você tirado de mim, fiquei sem meu sustento, meu consolo, minha alegria. Está tudo acabado, já não tenho lugar neste mundo: sem você, não é possível viver. É o fim, não posso mais. Estou morrendo, estou morto, enterrado. Alguém quer me ressuscitar, devolvendo meu querido dinheiro ou me dizendo quem o pegou? Ah Como disse? Não foi ninguém. Quem fez isso, quem quer que seja, prestou muita atenção na hora, e escolheu justo o momento em que eu falava com o traidor do meu filho. Vou sair. Quero chamar a justiça e mandar submeter a casa inteira à tortura: criadas, lacaios, filho, filha, até eu. Quanta gente aqui reunida! Não olho para ninguém sem me encher de suspeitas, todos parecem ser meu ladrão[120].

A seguir, com o texto de Marx, podemos perceber que, com o fetiche dinheiro, o sujeito aliena-se, transforma-se em coisa e esconde-se de sua própria imagem, frágil e manipulável, tornando-se supérfluo. O fetiche faz a criatura mirar o objeto irrecusável de desejo, a moeda, ignorando o olhar do outro. O que o fetiche produz é sempre a falta do outro, ou a eterna dinâmica de inclusão e exclusão. O fetiche é uma promessa fascinante em que o avaro crê – ele orienta seu destino de beleza, honradez, inteligência e glória:

> Aquilo que mediante o dinheiro está à minha disposição, aquilo que eu posso pagar, aquilo que o dinheiro pode comprar, aquilo sou eu mesmo, o possuidor do próprio dinheiro. Quanto maior for o poder do dinheiro, tanto maior será o meu poder. As características do dinheiro são as minhas próprias características e as

---

120 Ibid., p. 157.

minhas forças essenciais, ou seja, são as características e as forças essenciais do seu possuidor.

Aquilo que eu sou e posso, não é, portanto, de forma alguma determinada pela minha individualidade. Eu sou feio, mas posso comprar para mim a mais bela entre as mulheres. E, portanto, não sou feio, porque o efeito da feiura, a sua repulsa, é anulado pelo dinheiro. Eu, considerado como um indivíduo, sou deficiente, mas o dinheiro consegue para mim, vinte e quatro pernas, portanto, não sou deficiente. Eu sou um homem mau, desonesto, sem escrúpulos, estúpido; o dinheiro, porém, é honrado e, portanto, também o seu possuidor. O dinheiro é o bem supremo, portanto seu possuidor é bom. Além disso, o dinheiro tira de mim a pecha de ser desonesto e, portanto, presume-se que eu seja honesto. Eu sou um estúpido, mas o dinheiro é a verdadeira inteligência de todas as coisas; e então como poderia ser estúpido quem o possui? Além disso, ele poderá sempre comprar as pessoas inteligentes, e quem tem poder sobre as pessoas inteligentes não é mais inteligente do que as pessoas inteligentes? Eu, com o dinheiro, tenho a faculdade de buscar tudo aquilo que é desejado pelo coração humano, não possuo talvez todas as faculdades humanas? Será que o meu dinheiro não transforma todas as minhas deficiências no seu contrário?

E se o dinheiro é o vínculo que me liga à vida humana, que me une à sociedade, que estabelece a minha ligação com a natureza e os homens, não será, talvez, o dinheiro o vínculo de todos os vínculos, o verdadeiro cimento, a força galvanomagnética da sociedade?[121]

No texto psicanalítico *O fetichismo*, Freud demonstra que o fetiche é o objeto capaz de ocultar a condição humana do sujeito, o golpe mais cruel em seu narcisismo.

Se eu afirmar agora que o fetiche é um substituto para o pênis, certamente causarei decepção. Apresso-me então a acrescentar que não é o substituto de um **pênis**

---

121 Marx, 2010, p. 159.

qualquer, mas de um especial, bem-determinado, que nos primeiros anos infantis tem grande importância, porém é perdido depois[122].

Para Freud, é o falo o monumento que o sujeito imagina e que, portanto, impede-o de compreender sua própria incompletude. O fetiche apaga a diferença sexual, a dimensão de alteridade no corpo do outro[123].

Morano afirma: "o dinheiro, para algumas pessoas, é algo como o solo firme e apoio; é a carapaça protetora, mais ainda, a qualidade do eu"[124]. Temos medo e insegurança de perdermos o alicerce, e essa busca é a base da tentação pelo dinheiro. Daí a equação imaginária: "quanto mais dinheiro, mais segurança". Nessa perspectiva, o dinheiro passa a ser um problema de virilidade, de potência e de ataque à imagem do homem. Na condição social contemporânea, em que atrativos econômicos – de poder e saber – deixaram de ser atribuição exclusiva do homem, o machismo perde sua força de sustentação. O crepúsculo do macho está sendo vivido com angústia e dor, produzindo sintomas graves.

Quando se ouve exageradamente o mercado, o sujeito desonera o outro. A prega finíssima do dinheiro é o fetiche, que possui a virtualidade de comprar tudo e todos, como sinalizava Marx. Trata-se da mentira mais bem-sucedida que passamos ao outro. Quem aparenta ter muitas posses reveste-se de uma espécie de sacralidade e passa a ser tratado, por seus súditos, com consideração e distinção. Não importa, para a lógica do sistema, quais foram os caminhos adotados pelo "vencedor" para angariar fortuna, fama e *status*.

Comprar, consumir, poupar, guardar, perder, ganhar, trocar configuram atos de despojamento ou de avareza que não podemos considerar como mera característica da moeda corrente, mas como algo que

---

122 Freud, 2014, vol. 17, p. 303.
123 Kehl, 2004.
124 Morano, 2003, p. 247.

foi previamente "incorporado" simbolicamente na vivência dos afetos. Dinheiro é afeto, e pode representar relações saudáveis, cordiais, com fortes traços de gratuidade e generosidade, mas também pode ser vivido com gestos de mesquinhez, retenção, avareza e controle. O desprendimento auxilia o sujeito a governar as organizações com transparência e democracia. O dinheiro é um símbolo que, se bem observado, pode dizer muito da vida humana, bem como da questão do poder. Em um contexto institucional, transforma-se em excelente analisador, revelando muito da relação afetiva entre as pessoas.

O mundo contemporâneo tem acelerado o par contrário ou invertido entre **avareza** e **prodigalidade**. Ambas estão alinhadas no mesmo plano, ou seja, estão presentes em amantes do dinheiro. A primeira controla o gasto, enquanto a segunda representa o descontrole do gasto. Os lados opostos de determinado eixo, geralmente, representam um complexo mecanismo de defesa denominado "formação reativa", através do qual sentimentos inaceitáveis são modificados. Por exemplo, o excesso de abstinência reverte-se em seu contrário, o desequilíbrio. É bem ilustrativa a fábula "A cigarra e a formiga", recontada por Jean de La Fontaine, que narra os dois lados de uma mesma moeda: a cigarra cantora e pródiga e a formiga prudente, avarenta e obstinada.

Em Lc 15,1-32[125] há uma parábola muita rica em símbolos, composta por três personagens: o irmão mais velho, avarento, o filho menor, pródigo, e o pai, misericordioso. O filho caçula sai de casa com uma quantidade de dinheiro do pai e gasta tudo com uma vida devassa, enquanto o primogênito persiste trabalhando na propriedade da família, cheio de cólera, invejoso e avarento. O pai permanece em casa trabalhando e zelando por todos. Toda tarde, ele olha pela janela, esperando que o filho volte. Quando, após longa espera, isso ocorre, o pai recebe-o com festa.

---

125 Bíblia Sagrada.

O que impressiona nas narrativas acima é sua ambivalência: de um lado, há uma personalidade controlada, comedida, parcimoniosa. De outro, uma personagem razoavelmente gastadora, maníaca, desinibida. A fábula e a parábola inspiram interrogações. Primeiramente, parece que a humanidade sempre conviveu com esses três personagens: o pródigo (o filho mais novo), o avarento (o filho mais velho) e o pai. Até que ponto, com o avanço da sociedade de consumo, a febre consumista tem incrementado a subjetividade febril, eufórica e maníaca? Talvez por isso, o pai misericordioso vem declinando. Gradativamente, decai de sua função enquanto função da lei. O sujeito está desbussolado, solto, à deriva. O pródigo, dissipador de bens e seduzido pelo mercado, dilata suas ideias de grandeza e produz sintomas de avidez. É a negação do vazio que enlaça as relações. Ora, a sociedade pós-moderna vem saturando a vida do consumidor e desenfreando os sujeitos, produzindo experiência psíquica de falta como narcótico, fazendo aumentar a ansiedade de preenchimento interior. Esse é um extraordinário dispositivo de alienação, personificado na mercadoria e no excitante fetiche de gozo.

5 A qualidade do eu

A tentação de ter sempre mais dinheiro assenta-se no pânico produzido pela insegurança, na angústia de incompletude. O dinheiro passa ser a imagem substitutiva do eu desamparado e incompleto: substituto artificial ou prótese para sustentar o eu inseguro.

Há muito mais loucura associada ao dinheiro do que à manifestação explícita de sexo. O dinheiro representa vários aspectos particulares do relacionamento interpessoal: a relação de dependência; a necessidade de afirmar potência e virilidade; o símbolo de propriedade e de posse; a autoafirmação narcisista; a compensação sádica pelos sofrimentos; a atitude perversa pelo prazer de levar vantagem no contrato social; as fixações acumulativas para evitar as fantasias persecutórias da carência e o sentimento de culpa.

Freud relacionou o excesso de ordem e acumulação ao controle dos esfíncteres na fase anal. Curiosamente, na Idade Média, havia associação entre a tentação do demônio e as fezes. Vejamos algumas reflexões sobre isso: "O dinheiro é a merda do diabo. Quando o diabo o tenta, ele usa o dinheiro. Depois de consumir sua alma, ele defeca mais dinheiro"[126].

Freud pondera algo semelhante, quando afirma que as polaridades entre erotismo/sadismo, expulsão/retenção são expressas em conflitos relacionados à ambivalência atividade/passividade, dominação/separação e individuação: "Excesso de ordem, parcimônia e obstinação são traços característicos do caráter anal"[127]. Ambivalência, desmazelo, teimosia e tendências masoquistas representam conflitos oriundos desse período. Vários aspectos da neurose obsessivo-compulsiva sugerem fixação anal. Nesse estágio, os significados simbólicos de dar e recusar, atribuídos à atividade de defecação, são condensados por Freud na equação: fezes, presente, dinheiro.

6 À maneira de conclusão: do fetiche do bezerro de ouro ao fetiche da mercadoria

Concluo este capítulo com duas reflexões importantes de pensadores da atualidade. A primeira é da psicanalista Maria Rita Kehl:

> O mundo capitalista, em sua fase consumista, é organizado pelo fetiche. O que já estava em Marx, com o conceito de fetiche da mercadoria, passa a incluir a dimensão freudiana do fetiche, que diz respeito às modalidades perversas de gozo. A publicidade acrescenta às mercadorias o fetiche da imagem e da marca, que se oferecem à identificação de todos, independentemente

---

126 Tickle, 2005, p. 90.
127 Freud, 2015, vol. 8, p. 353.

do poder aquisitivo. Neste mundo, os publicitários seriam os mestres do gozo, cujo poder se assemelha ao fascínio que os perversos exercem sobre os neuróticos comuns[128].

A segunda reflexão é de autoria do Papa Francisco, na Exortação Apostólica *Evangelii Gaudium*, considerada um dos melhores documentos apostólicos dos últimos séculos. A adoração ao dinheiro, ele mostra, provoca um dano ao outro, levando a uma falta de moderação nos afetos:

> Criamos novos ídolos. A adoração do antigo bezerro de ouro (cf. Ex 32,1-35) encontrou uma nova e cruel versão no fetichismo do dinheiro e na ditadura de uma economia sem rosto e sem um objetivo verdadeiramente humano. A crise mundial, que investe as finanças e a economia, revela os seus próprios desequilíbrios e sobretudo a grave carência de uma orientação antropológica que reduz o ser humano apenas a uma das suas necessidades: o consumo[129].

Esses dois autores registram mudanças na subjetividade nas dimensões do sagrado, do psicoafetivo, do antropológico e do econômico. Há uma versão imaginária do ser humano e uma nova forma de viver a transcendência, visando a apaziguar seu vazio, enquanto boa parcela da humanidade constrói o acessório, o fetiche do dinheiro movido pela publicidade do consumo. O avaro dos tempos áureos do capitalismo foi substituído por seu negativo, o pródigo do neocapitalismo. O olhar embasbacado pelo brilho fetichista do "bezerro de ouro" foi deslocado pela ditadura de uma economia sem rosto. No *glamour* da cultura atual, todos devem gozar, sempre e intensamente, não importa como. O discurso do pródigo capitalista pós-moderno faz crer que o gozo, reduzido ao máximo de prazer possível, não deve ser interditado. Declina o pai misericordioso e assume o pai ausente, cuja lei é viver o "fascínio da necessidade de gozar", promovendo uma

---

128 Kehl, 2004, p. 1.
129 Papa Francisco, 2013.

satisfação alucinatória, estranha e paradoxal. O destino do gozo puro é sempre sustentado pela cultura da morte. Não estou seguro de que o pródigo neoliberal esteja atormentado ou flagelando-se pela culpa. Tudo indica que seu grande movimento é a desculpabilização e o consumo desenfreado.

5
Ira

1 Introdução

A palavra "ira" vem do latim *irae*, com o sentido de "cólera, fúria", nomeando um intenso sentimento de ódio dirigido a si mesmo (autoagressividade) ou ao outro (heteroagressividade). A ira é um dos sete pecados capitais que mais causa sofrimento, sendo também difícil de ser escondido. A vermelhidão do rosto, a aflição, a sudorese ou o ritmo cardíaco acelerado, o olhar tenso, as mandíbulas cerradas e a inquietação traduzida em movimentos bruscos do corpo denunciam a fúria interior. O corpo apresenta diversos sinais da cólera interior, expondo a intimidade do sujeito e tornando-se seu algoz.

As imagens subjetivas da ira são angustiantes e manifestam-se em forte sentimento de culpa, sensação de aniquilamento e pavor. Tais fantasias psíquicas são fruto de crenças religiosas e do excesso de controle social, que associam a ira à influência demoníaca ou à loucura manifesta em atos de violência. Tais perturbações psíquicas provocam ameaças de retaliações interiores ou impulsos contra o outro.

Por outro lado, a agressividade é uma energia vital, a serviço da, revelando um lugar de autonomia diante da injustiça e das ameaças de abusos e humilhações. A ira é um fato político-psicológico que move muitos acontecimentos desde o início da civilização, também gerando violência racial, religiosa, etária, ecológica, de gênero e de espaço territorial. É, portanto, motor dos processos históricos.

2 Manifestações de ira

Para a biologia, a agressividade entre os seres irracionais é sustentada pela força inata do instinto, cuja fonte é biologicamente exata, regulada e da ordem da necessidade. Sua satisfação é inadiável, visando a diminuir a tensão do organismo, gastando as disponibilidades de reservas orgânicas e produzindo uma urgência de reposição anabólica (assimilação) de algo que se encontra no objeto de instinto. Tal urgência é cíclica, porque a cada período de anabolismo segue um de catabolismo inadiável, que põe em risco o organismo.

Os animais manifestam a agressividade por instinto de sobrevivência, por procriação (machos disputam fêmeas e também territórios de influência e dominação sexual), por autodefesa, por liderança do bando/domínio de certa extensão geográfica ou por síndromes neurológicas desenvolvidas através de intoxicações ou infecções.

Para os seres humanos, contudo, a manifestação da ira é mais complexa. Há aspectos biológicos, antropológicos, socioeconômicos, religiosos, e sobretudo psíquicos, regidos por pulsões eróticas e agressivas. O humano é o único ser vivo que é capaz de destruir ou de perverter (dominar ou possuir eroticamente) os seres animais.

No cotidiano da cultura popular, há inúmeras expressões que nomeiam a fúria, tais como: "sair dos trilhos", "estar por cima da carne seca", "chutar o balde/o pau da barraca", "botar fogo em tudo", "soltar os cachorros", "virar bicho", "deixar o circo pegar fogo" e "trepar nas paredes/tamancas".

Somam-se a isso as expressões que se referem diretamente a estados do corpo: "perder a cabeça", "sofrer dos nervos", "arrancar cabelos", "bêbado de raiva", "ranger os dentes", "cuspir marimbondo", "borrar de fezes", "colocar fogo pelas ventas" "cagar de medo", "ferver o sangue", "babar de raiva", "derramar o veneno do fígado" e, nas competições de poder: "exibir os músculos do bíceps".

O corpo irado produz doenças psicossomáticas, como gastrite e úlcera estomacal, insônia, fibromialgia, herpes e tiques nervosos, processos alérgicos, sudorese, dificuldades respiratórias e cardiopatias, enxaqueca e quadros de depressão. Em várias patologias sexuais, é frequente encontrarmos as formas de ira resistente ou recalcada que se transformam em ódio erotizado.

Chico Buarque retrata a aflição da ira na canção "Gota d'água"[130]. Suas metáforas mostram a dor psíquica e a manifestação fisiológica do corpo, como o sangue fervendo, a voz que resta, a veia que salta, a gota d'água que transborda um pote de mágoa.

A ira, de fato, é um modo de se reafirmar quanto aos próprios valores. Nas estruturas institucionais, temos a manifestação da ira como forma de masculinidade, coragem, força, diferença salarial e *status*. Nos modos urbanos de se viver, temos também o domínio irado do homem sobre a mulher.

Várias lutas pelo poder, no interior dos campos políticos e sociais, são também lutas de grupos que trouxeram à luz muito do ódio formado pelo obscuro lado inverso do amor.

3 A ira na história

Para Evágrio Pôntico (383 d.C.), a ira da alma está entre as paixões que devem ser purificadas pela ascese. O Monge do Deserto recomendava o exercício espiritual para distanciar o pensamento das paixões. Para Pôntico, a ira escurecia a alma e provocava agitação, tristeza e vingança, sendo legítima somente quando direcionada às tentações do demônio.

No período medieval, quando as terras agrícolas eram fixadas em feudos, o fazer era marcado pela dimensão do trabalho da plantação. Nessa base geográfica, o relacionamento afetivo e a agressividade

---

130 Holanda & Pontes, 1975.

eram controlados por forte estratificação social, do rei ao servo. O rei, no exercício do poder soberano, era o senhor da vida e da morte. Nas mãos de seu poder supremo, concentravam-se a região territorial, seus produtos, o controle da existência física, os corpos, a vida e a morte dos súditos. A vida comunitária prevalecia entre as diversas camadas sociais como forma de unidade e nivelamento dos sentimentos. A intimidade pública era mais expressada do que a intimidade privada. A sociedade feudal funcionava visando à segurança afetiva e ao controle repressivo dos impulsos agressivos, por meio dos poderes alternados da hierarquia monárquica e da Igreja Católica.

A concepção filosófica clássica e o cristianismo referiam-se à ira como produto da paixão e do apetite desordenado de vingança. Os estoicos afirmavam que a ira era algo não natural porque contrariava a essência racional do homem. Recomendavam a resignação frente às perturbações das paixões desregradas, que afastavam da direção correta o homem ideal e virtuoso. A meta da filosofia estoica e, posteriormente, do cristianismo, era o controle de si por meio do apaziguamento do furor terrível dos demônios do descontrole.

Para Tomás de Aquino, na Idade Média, a ira era uma espécie de ímpeto de ânimo, uma paixão (*pathós*), que impulsionava o ser humano na direção do desabafo, da explosão – como uma "válvula de escape" – e da vingança diante de uma injustiça recebida. Ou seja, tratava-se de uma reação a uma injúria sofrida "*ira sit appetitus vindictae*"[131].

A origem da ira pode representar, em última análise, a relação com a falta de respeito à dignidade daquele que sofreu a injúria. Ela é causada pela confluência de diversas paixões: nasce da dor ou da tristeza e do desejo de responder a elas (vingança). A cólera pode ser encontrada nos apetites intelectivo ou sensitivo.

---

131 De Malo, q. 12, a.1.

De caráter "ambíguo", ela pode ser ao mesmo tempo justa ou injusta, boa ou má[132]. Ou seja, quando endereçada à justiça (como força de vida) pode ser vista como uma virtude; quando a vingança é buscada de maneira desordenada, fora da lei, buscando o extermínio daquele que cometeu a injustiça, é um vício, um pecado[133].

Aquino reconhece a ambivalência da ira. De um lado, baseada na razão, ela responde à injúria, a fim de buscar reestabelecer o bem e a ordem. Contudo, entre todas as paixões, é aquela que mais facilmente pode levar o ser humano à "perda da razão". Na irracionalidade, ela perturba não só o pensamento, mas a totalidade humana, levando à melancolia, à falta de alegria, à misantropia, à cólera contra o ser humano[134].

A partir do século XIX, o espaço de trabalho típico da Modernidade eram as fábricas, onde se reuniam os operários em torno das máquinas, produzindo mercadorias em série. A estratificação social da Idade Média declinou com o surgimento de novas classes sociais. Os relacionamentos afetivos e as manifestações agressivas passaram a ser contidas por agentes estatais, parentes, professores, pastores, gerentes de sessões de trabalho e diversos territórios urbanos. A rotina cotidiana servia para estruturar e manter o estabelecido sob forte controle disciplinar de instituições como família, escola, fábrica, Igreja, quartel, penitenciária, hospício, hospital, Estado etc. A mecânica usada era calcada em fortes hierarquias, disciplinas, hábitos, exercícios, saberes, verdades e regras. E embora houvesse uma separação clara entre o privado e o público, o controle institucional era tão "natural" que cartas íntimas, por exemplo, eram passíveis de serem violadas. Pela atuação em excesso do sistema jurídico e da racionalidade, o afeto e a agressividade foram con-

---

132 SmTh II-II q. 158, a.2.
133 Ibid., I-II q. 46, a.2.
134 Ibid., I-II q. 48, a.1-4.

gelados "numa gaiola dura de aço", segundo Max Weber, em sua crítica ao Iluminismo.

Uma das grandes invenções da revolução científica e industrial foi a criação da subjetividade dos submissos à lógica da hierarquia e do dispositivo disciplinar da fábrica do capitalismo emergente. Surgiram, então, trabalhadores que, pelo trabalho repetitivo e pelas leis verticais, recalcavam suas pulsões em troca do ideal da segurança do capital.

Um novo personagem, o neurótico obsessivo[135], cria uma religião privada, onde o pensamento é resultado das proibições. A sexualidade desloca-se e passa a libidinizar a atividade racional, impregnando-a da questão do prazer, da angústia e da culpa.

A neurose obsessiva é a patologia da fidelidade absoluta à lei, à ordem, ao perfeccionismo, às fatalidades e às obrigatoriedades do sistema capitalista. É a vivência da "loucura da dúvida", das desconfianças e inseguranças de que sofre o obsessivo.

Os obsessivos manifestam-se através de ritos de tipo religioso, do corpo dócil, à imagem e semelhança de si. Vive-se à custa da ruminação permanente, na qual intervêm dúvidas e escrúpulos que inibem a ação, fazendo dele um morto-vivo.

A constituição do sentimento de culpa explica-se pelo mecanismo da formação da consciência moral rígida a partir do *super- -eu*. Ela apresenta-se como resultado de uma tensão entre o *super-eu* e o *eu*. A tensão divide o sujeito entre um acusador (que atribui a culpa ao objeto de amor) e um acusado (que se volta contra si mesmo, sob a forma de autorrecriminação e queixas dirigidas ao objeto desaparecido)[136].

O conteúdo desses pensamentos é geralmente sexual e de ódio, relacionado ao conflito interno básico de superexigência moral. O obsessivo permanece com a dúvida sobre ter consentido com o

---

135 Freud, 2013, vol. 9, p. 13-112.
136 Freud, 2013, vol. 12, p. 170-194.

pensamento ou não, que é seguida pela insegurança de ser culpado, pecador, louco, irascível.

O neurótico obsessivo impressiona pelo caráter íntegro, pelo controle exato da agressividade, por correção e pontualidade, ideal de perfeição que os torna auxiliares preciosos do modelo industrial capitalista. Adaptam-se bem a tipos de trabalho em que essas qualidades são exigidas, como funções econômicas e burocráticas. Os chefes amam funcionários obsessivos.

Contemporaneamente, o fazer humano sai do modelo fabril e adquire novo paradigma: o hiperespaço cibernético, simultâneo e multiplicado por meio das tecnologias de informação e comunicação. Aumenta a importância do espaço e encolhe-se o tempo. Privilegia-se a velocidade como sinônimo de eficiência e a pressa como pragmatismo. Multiplicam-se e diversificam-se espaços lisos e soltos, em detrimento dos espaços estriados e fixos. Rompem-se, assim, com as demarcações, as fronteiras entre as nações, os territórios étnicos e os centros institucionais.

Na Pós-modernidade, as manifestações afetivas tendem a se distanciar das formas institucionalizadas modernas, como as amplas e resistentes identidades: capitalista, marxista, cristã, judaica, masculina, feminina e um território geográfico fixo. Os afetos e as manifestações de violência se tornam mais fluidos.

Cria-se a sociedade de controle[137] transformando, contínua e rapidamente, variadas subjetividades. Privatizam-se os espaços públicos

---

137 Nas versões foucaultiana e deleuziana vivemos uma ambivalência entre a sociedade disciplinar e a sociedade de controle. Cf. Foucault, 1997; Deleuze, 1992. A sociedade **disciplinar** funciona enquanto mecânica do poder calcada em disciplinas, hábitos, exercícios, saberes, verdades e regras instituídas. Rígida separação entre o privado e o público, exemplo, cartas privadas. Tempo das instituições fortes, como o Estado, a penitenciária, a escola, a fábrica, o exército, a igreja e a família patriarcal que, preconizando a vigilância permanente dos sujeitos por alguém que sobre eles exerce seu domínio, produz subjetividades e corpos dóceis, individuais e totalizantes. A sociedade **de controle**, funciona transformando, contínua e rapi-

e novos modos de dominação: poder disperso, distante e interpenetrado por microgrupos sociais e espaciais. Escancara-se a intimidade e domina-se o reino da automação. Produzem-se imagens efêmeras e de veiculação instantânea pelos sistemas de simulacro, metonímia.

Assim, a forma de vigilância disciplinar cede espaço para o controle midiático-cibernético pelo micro sistema de domínio digital e transmissão de informação. Temos infinitas "tornozeleiras virtuais": cartão de crédito, GPS, celular, internet e câmeras móveis. Os espaços de controle exacerbam as pulsões afetivas e agressivas. Não há pele, não há rosto, não há mãos: as personagens são intocáveis. Não dialogam presencialmente, deixam mensagens. Disfarçam-se em codinomes secretos: e-mail, Facebook, Instagram, portal, aplicativo. A manifestação da afetividade torna-se anônima.

4 Por que nos iramos?

Várias teorias sobre o tema da ira ou da agressividade ocupam boa parte das pesquisas em psicanálise. A primeira baseia-se na teoria do narcisismo[138] enquanto imagem especular, projeção, no outro, de afeto ou hostilidade. O ser humano não existe como sujeito em si, não é capaz de sentir-se como unidade, inteiro, completo. Na fase do espelho, o bebê, diante do Outro, reconhece imagens e não pessoas. Entre elas, uma é a sua, que ela contempla fascinada, assegurando-se de sua unidade corporal, apoiando sua noção de eu em um alicerce visível.

---

damente, o sujeito em outros moldes, impedindo a identificação dos modelos de moldagem. É um novo modo de dominação: poder disperso, distante e interpenetrado nos interstícios espaciais por supostas ausências de limites, por exemplo, bisbilhotar a intimidade. Apresenta-se no reino da automação, das subjetividades mass-midiáticas enquanto imagens efêmeras. Funciona transformando, contínua e rapidamente, o sujeito em outros moldes nos espaços da cidade. Privatização dos espaços públicos.
138 Freud, 2013, vol. 12, p. 13-170.

O eu constitui-se como centro imaginário do ideal perfeito, formando o que se chama, em psicanálise, de narcisismo. Por exemplo, temos grandes paixões pelo que é nosso: nossa família, nosso partido político, nossa Igreja, nosso time de futebol. Somos capazes de agredir e ser agredidos por essa paixão narcísica, que é, com efeito, a mola propulsora da agressividade. Desse modo, a ira constitui uma reação imediata toda vez que essa imagem é insultada.

A segunda formulação sobre a agressividade foi descrita também por Freud, no texto "Psicologia das massas e análise do eu", em 1921, para explicar como são conflitivas as relações entre eu e outro, produzindo sentimentos ambivalentes de aproximação/afeto e aversão/ódio. Para ilustrar essa dualidade, Freud utilizou o famoso conto schopenhaueriano dos porcos-espinhos:

> Um grupo de porcos-espinhos ajuntou-se apertadamente em certo dia frio de inverno, de maneira a aproveitarem o calor uns dos outros e assim salvarem-se da morte por congelamento. Logo, porém, sentiram os espinhos uns dos outros, coisa que os levou a se separarem novamente. E depois, quando a necessidade de aquecimento os aproximou mais uma vez, o segundo mal surgiu novamente. Desta maneira foram impulsionados, para trás e para frente, de um problema para o outro, até descobrirem uma distância intermediária, na qual podiam mais toleravelmente coexistir[139].

A relação humana é uma arte. A convivência pode ser uma maneira de reproduzir qualquer reação ao próximo que impulsiona o desejo. Entretanto, o destaque em algum dos cônjuges aguça o aspecto competitivo entre ambos e produz rivalidades e violências. Toda relação humana é fonte de conflitos e realização. O amor próprio ferido, nos orgulhosos, pode ser fonte de ira. O sujeito humilhado e ofendido decepciona-se com sua imagem vista pelo outro.

---

139 Freud, 2013, vol. 15, p. 56.

Buscamos o outro porque temos solidão. Porém, a busca por aproximação pode provocar sufocamento e invasão: dói e machuca. Há dois ensinamentos em um relacionamento: a dimensão da solidão e o isolamento. Como podemos experimentar a dimensão da solidão sem viver "só"?

A solidão é uma experiência essencial para o relacionamento humano. Ela é a experiência do vazio, que potencializa e proporciona o encontro e a comunicação com o outro. Não é idêntica à vivência de isolamento, uma vez que o viver "só" é tentativa de negar a fantasia psíquica de dependência, ou seja, defesa contra precisar demasiadamente do outro. Trata-se, então, de tentativa gritante de obter do outro amparo e proteção. O sujeito "só" amarga ódio e abandono. Seu fechamento pode levá-lo à autodestruição: "não é bom que o homem viva só" (Gn 2,18)[140].

A experiência de solidão remete à individuação e a uma ruptura com o estado de fusão com o outro. Trata-se da capacidade de amar com independência e autonomia, elaborando a dor do hiato entre o eu e o outro. Sustentar a solidão é ter consciência de si e buscar no outro uma realidade diferente, o outro como companheiro, aquele que aponta para a diferença, não como avalista do meu desejo. A sustentação da solidão diminui a agressão.

A terceira proposição de Freud para explicar a ambivalência entre o afeto e o ódio está na perspectiva ampliada do Complexo de Édipo[141], que permite expandir a simbologia da peça escrita por Sófocles sobre a tensão da dinâmica familiar até tensões não reveladas, que borbulham no cotidiano das instituições sociais.

Os agentes hierárquicos das instituições – pais, professores, pastores, Estado e opinião pública – representam a lei e exercem função de apaziguamento, segurança e referência para os membros da or-

---

140 Bíblia Sagrada.
141 Freud, 2013, vol. 15, p. 60.

ganização. Têm a função de incentivar a participação na vida social. Com frequência, a figura da autoridade hierárquica acolhe amorosamente, aconselha, faz lembrar acordos e normas e até pune, quando necessário, os componentes da instituição, visando ao compromisso de aliança entre a autoridade e os cidadãos.

Assim, envolvida em poder, a figura hierárquica pode fascinar filiados da irmandade (filhos, crentes, alunos e cidadãos), criando a ilusão de que todos são radicalmente iguais, irmãos e irmãs, unidos e fortes. Entretanto, sob o peso da rotina e das contradições sociais, essa ideia começa a ruir. A agressividade, a mágoa e a decepção são proporcionais ao tamanho da crença em um vínculo construído apenas de forma imaginária. As pessoas tornam-se infelizes, pois buscaram felicidades super-humanas. Tais construções carecem de moldura simbólica, regrada pelo diálogo e pelos princípios da sociedade democrática.

As instituições sociais, embora ofereçam apoio afetivo e efetivo a seus membros, também são extremamente rígidas e controladoras. Muitas vezes, sua representação psíquica é a de uma figura infalível, possessiva, estimuladora da uniformidade e intolerante à diferença. Aqueles que aceitam a sedução de não pensar e não criticar são tomados por elitismo, protecionismo e carreirismo em nome da passividade do voto de subserviência. Abrem-se novos canais concorrentes, à espera da aprovação especial das figuras de autoridade.

Como consequência, no subsolo institucional, surgem fortes tendências ocultas de ansiedade e inquietação ora ignoradas, ora silenciadas pelo recalcamento. São invejas e raivas latentes por parte daqueles que foram preteridos pela figura deísta da autoridade. Para esse grupo descrente e frustrado, o alívio pode ser buscado em comportamentos destrutivos como apatia, desinteresse, dependência, alcoolismo, sintomas físicos e processos de fuga ou exclusão. Para outro grupo, tal conflito abre uma crise subjetiva, provocando dúvidas quanto a si mesmo em termos de identidade, consciência de si, alteridade e liberdade. O reconhecimento e a aceitação do conflito inconsciente do estado de fusão com seu superior institucional proporcionam a dor da separação da figura parental e de seus substitutos.

O desejo de ser como a autoridade é substituído pelo alívio da descoberta de si e das infinitas possibilidades de projetos de vida. Nessa angústia da busca da alteridade, a coragem e a esperança são testadas, a agressividade é conclamada e a fecunda solidão é convocada a seguir a caminhada da vida: o sujeito precisa resolver seu conflito edipiano encontrando a coragem de ser pessoa de si enquanto permanece um sujeito cidadão, livre da dependência e da insegurança adolescente.

É raro encontrarmos psicanalistas que, em público, digam-se cristãos e sejam capazes de fazer uma leitura hermenêutica dos textos bíblicos à luz da psicanálise sobre o tema da separação edípica enquanto elaboração da agressividade. É também raro encontrarmos sacerdotes que, em público, declarem a importância da psicanálise no desenvolvimento das pulsões agressivas enquanto geradora de singularidade e autonomia.

Há muitos anos, deparei-me com a psicanalista Françoise Dolto[142] realizando essa tarefa, e, recentemente, com o Pe. Cozzens. Distantes um do outro, ambos dialogaram virtualmente sobre os evangelhos e a psicanálise. O que leram nos evangelhos, do ponto de vista da psicanálise, parece ser a confirmação da dinâmica viva do psiquismo e da força inconsciente, aí onde o desejo nasce, de onde parte em busca do que lhe falta. Para eles, os evangelhos são questionamentos da vida cotidiana. Diz Cozzens[143]: "como nós em tudo com exceção do pecado, a psique inteiramente humana de Jesus de Nazaré esteve sujeita ao modelo de conflito edipiano".

---

142 Dolto, 1979.
143 Cozzens, 2001, p. 88.

Para Dolto e Cozzens, Cristo espelhou muito bem as tensões entre o desejo de viver seu projeto de Redenção e a angústia de separação. A própria mãe lhe disse: "meu filho, por que agiste assim conosco? Vê, teu pai e eu, nós te procuramos cheios de angústia" (Lc 2,48-52)[144]. A vida dos pais e da criança encontrava-se bastante imbricada, mas o próprio menino coloca limite neles: "não sabíeis que devo estar junto do meu Pai?" Cristo assume que não é mais criança, e eclode assim o Homem, revelando seu projeto de desejo. Sentindo-se imantado por um ideal, deixa de lado as matrizes sedutoras da proteção e da dependência e caminha para a vida autônoma, livre e responsável. Nessa perspectiva, diz Cozzens, "Jesus era um homem de si mesmo como ninguém jamais foi. Nada poderia dissuadi-lo de seguir seu destino, agrilhoar sua liberdade como Filho amado de Deus".

Nessa mesma análise, afirma Frei Bernardino Leers:

> Jesus rompe com muitos costumes e normas do *ethos* familiar judaico. Ele mesmo não se casa; desliga-se da casa paterna e da autoridade de seus pais; trata sua mãe à distância; chama os que ouvem a palavra de Deus e a praticam, sua mãe e seus irmãos; [...] subverte a hierarquia familiar, pondo as crianças como exemplos, pois na nova família de Jesus não há poderosos patriarcas que mudem e dominem, mas escravos humildes que servem, atendem às necessidades dos outros e lavam-lhes os pés[145].

Afinal, o que fazer com a ira ou a agressividade? Como podemos entender a relação entre ira, cólera e agressividade? O manejo da energia da agressividade é importante para garantir singularidade, autonomia e liberdade do sujeito? O discurso oficial de autoridades diz que a agressividade é uma emoção infantil, rebelde, sinal de fraqueza e desobediência civil. Os donos do poder não utilizam a cólera e nem necessitam de se enraivecer. Dispõem de mecanismos

---

144 Bíblia sagrada.
145 Leers, 2002.

institucionalizados do poder para se protegerem – por exemplo, a polícia. Quanto ao fato de a raiva ser fortemente proibida aos fracos e humilhados, isso nos leva a pensar que talvez ela não seja assim tão prejudicial.

5 Ira e agressividade

Na psicopatologia religiosa do neurótico obsessivo, encontramos uma experiência de Deus extremamente ambivalente. De um lado, o sujeito crê e tem fé em um Deus Pai amoroso. De outro lado, Deus é visto como severo, sádico, que quer fazê-lo sofrer, diante do qual é necessário proteger-se e viver uma religiosidade impregnada de sacrifício, desvinculada da livre-expressão amorosa ou agressiva. É a imagem de um Deus castigador, primitivo, que controla a vida das pessoas e diante do qual, para se proteger, é preciso controlar a si mesmo. Não é levado em conta o prazer na relação religiosa, apenas o sofrimento, que pode ser de caráter masoquista. Esse é o Deus que Freud descreve quando faz a crítica, legítima em vários pontos, da neurose obsessiva religiosa. O obsessivo custa a alcançar uma autonomia que permita a experiência de Deus livre e amorosa. Ele está impregnado de culpa por suas fantasias amorosas e agressivas.

A esse respeito, em seu ensaio "Leonardo da Vinci e uma lembrança da sua infância", Freud associa a excessiva dependência entre a figura de um crente e a imagem de Deus. O sujeito, quando não se liberta da intimidação infantil exercida pelo pai censor, estará mais susceptível a relacionar tal figura à imagem de Deus. Assim Freud se expressou:

> quando alguém, como Leonardo, escapou à intimidação pelo pai durante a primeira infância e desvencilhou-se das cadeias da autoridade em suas pesquisas, muito nos admiraríamos se continuasse sendo um crente, incapaz de se desfazer dos dogmas religiosos. A psicanálise tornou conhecida a íntima cone-

xão existente entre o complexo do pai e a crença em Deus. Fez-nos ver que um Deus pessoal nada mais é, psicologicamente, do que uma exaltação do pai, e diariamente podemos observar jovens que abandonam suas crenças religiosas logo que a autoridade paterna se desmorona. Verificamos, assim, que as raízes da necessidade de religião se encontram no complexo parental. O Deus todo-poderoso e justo e a Natureza bondosa aparecem-nos como magnas sublimações do pai e da mãe, ou melhor, como reminiscências e restaurações das ideias infantis sobre os mesmos[146].

O caso Leonardo da Vinci, apresentado por Freud, oferece-nos possibilidades de conexão entre o valor desmedido dado ao pai censor e a busca de Deus como prolongamento da relação submissa e dependente. Os obsessivos têm uma nostalgia do pai que demanda retorno exagerado à Lei e submissão a qualquer autoridade socialmente constituída. O texto traz, também, a libertação do crente, quando consegue manejar suas pulsões amorosas e agressivas. Freud sinalizou que a arte, por meio da sublimação, foi o caminho que permitiu a Leonardo superar o complexo paterno reprodutivo pelo manejo da agressividade.

Vale a pena analisar a divisão psíquica, apontada aí, entre dois modelos de sublimação: o artístico e o religioso. Para Freud, o primeiro utiliza a criação e a produção nas escolhas objetais, enquanto o segundo emprega repetição e reprodução como formas de fixação infantil nos relacionamentos com figuras de autoridade.

Todavia, não podemos concordar com o criador da psicanálise quando sinaliza que a única opção adequada da sublimação seja a arte. Se há formas religiosas que se assemelham a escrúpulo, remédio e devoção, há também teologias de libertação na religião e em outros campos, como na organização política de grupos e movimentos so-

---

146 Freud, 2013, vol. 9, p. 199.

ciais. Tomás de Aquino, na *Suma teológica*, posicionou-se a favor da ira, enquanto paixão coligada à razão contra as injustiças.

É extremamente importante apontar o lugar do sagrado como dimensão de liberdade, alteridade e até de revolução nas organizações sociais. Para isso, basta consultar a história das civilizações. O religioso, quando alcança a independência afetiva e intelectual, pode relacionar-se afetuosamente com Deus, saindo da posição de temor e submissão. A ilusão religiosa não é um erro. O vocábulo *ilusão* não é sinônimo de engano, pois se refere a uma maneira de realização do desejo, sendo um motor para ele. A vertente propositiva da ilusão seria ter em mente que aquilo que o sagrado não nos pode dar, podemos buscar em outro lugar, como na arte ou na ciência. Em *O mal-estar na civilização*, Freud cita os versos de Goethe referindo-se à relação da religião com a arte e a ciência enquanto valor na vida do ser humano: "aquele que tem ciência e arte, tem também religião: o que não tem nenhuma delas, que tenha religião"[147]. Em outra parte do mesmo texto, Freud reconhece a possibilidade sublimatória do sagrado:

> [...] talvez São Francisco de Assis tenha sido quem mais longe foi na utilização do amor para beneficiar um sentimento interno de felicidade. Além disso, aquilo que identificamos como sendo uma técnica para realizar o princípio do prazer foi amiúde vinculado à religião[148].

Com respeito à busca de felicidade, o religioso perseguirá o caminho da liberdade na medida em que elaborar sua pulsão agressiva enquanto energia que possibilita a separação da imagem paterna castigadora ou opressora. A agressividade, se colocada como indignação frente à autoridade deísta, faz surgir a sublimação como o mais elevado caminho da libido. Essa foi a conclusão de Freud no caso de Leonardo da Vinci. A agressividade a serviço da vida – Eros – abre

---

147 Freud, 2010, vol. 18, p. 27.
148 Ibid., p. 65.

a dialética entre o eu e o outro enquanto alteridade. Ora, a ausência completa da vertente agressiva nas relações imobiliza-as e submete um dos lados a uma posição desumanizante, passiva, dependente.

Ainda sobre a complexa problemática do pai, Freud relaciona a ausência paterna na vida de Da Vinci à busca substitutiva de uma figura de autoridade mítica e imaginária. Essa ausência produz excessiva rigidez no sujeito, obrigando-o a superar o modelo do pai. Daí sua fixação em figuras de autoridade religiosas e a necessidade imperativa de ultrapassá-las. Assim comenta Freud: "a responsabilidade por estes gostos não deve ser atribuída somente à sua sensibilidade ao belo; reconhecemos neles também uma compulsão a copiar e ultrapassar seu pai"[149].

O obsessivo serve-se de vários segmentos da civilização, inclusive a religião, para bloquear suas pulsões. Vive a prática da oração recitativa como relação obrigatória, talvez para permanecer tranquilo com sua consciência exigente. O sentimento de culpa[150] converte-se em exercício de piedade controlado, meticuloso e angustiante. Falta espontaneidade, sobra ritualismo e esquema, daí a necessidade de abandonar os ritos escrupulosos das orações para se sentir livre. No caso clínico do Homem dos Ratos, Freud chama a atenção para essa ambivalência crônica de amor e ódio orientados para uma mesma pessoa:

---

149 Freud, 2013, vol. 9, p. 114.

150 Freud, em *O mal-estar da civilização*, relaciona o sentimento de culpa com a agressividade: "o que acontece neste para tornar inofensivo seu desejo de agressão? Algo notável, que jamais teríamos adivinhado e que, não obstante, é bastante óbvio. Sua agressividade é introjetada, internalizada; ela é, na realidade, enviada de volta para o lugar de onde proveio, isto é, dirigida no sentido de seu próprio eu. Aí, é assumida por uma parte do eu, que se coloca contra o resto do eu, como super-eu, e que então, sob a forma de 'consciência', está pronta para pôr em ação contra o eu a mesma agressividade rude que o eu teria gostado de satisfazer sobre outros indivíduos, a ele estranhos. A tensão entre o severo super-eu e o eu, que a ele se acha sujeito, é por nós chamada de sentimento de culpa; expressa-se como uma necessidade de punição" (FREUD, 2013, vol. 18, p. 112).

o conflito entre amor e ódio revelou-se em nosso paciente também por meio de outros sinais. Na época em que estava envolvido com a religião, se impôs a obrigação de rezar, e o tempo que ele dedicava foi sendo cada vez maior, prolongando-se até uma hora e meia, pois sempre se introduzia em suas orações algo que as convertia em seu contrário. Se, por exemplo, dizia: "Deus o proteja", o espírito maligno imediatamente insinuaria um "não". Em outra ocasião, teve a ideia de blasfemar, seguro de que também ao fazê-lo se introduziria em suas frases algo que as converteria ao contrário. Sua intenção original, que fora reprimida por sua prece, forçava uma saída para sua dificuldade deixando de lado as preces e substituindo-as por uma pequena fórmula forjada pelas letras ou sílabas iniciais de diversas preces. Recitava então essa fórmula com tanta rapidez que nada poderia intrometer-se nela[151].

Na vida social e comunitária, o obsessivo pode manifestar certo distanciamento aparente devido à dificuldade de espontaneidade nas expressões afetivas, exagerando esse aspecto especialmente por atos mágicos de separação, ritos tolos, estratégias a serviço de uma vigilância sem trégua. Quando ocupa cargos de autoridade, dificilmente tal sujeito delegará a outros suas funções. É tão fiel que tem que ter tudo controlado, não pode confiar nos demais. Relaciona-se com os colegas confundindo responsabilidade com controle. Talvez seja rígido consigo mesmo a respeito da obediência à lei e, consequentemente, com os demais. Há legisladores obsessivos de matérias no âmbito religioso, no campo do Direito, em diversas empresas, optando por caminhos mais seguros em questões referidas à moral, dando lugar a ideais difíceis de cumprir, mesmo considerando-se uma mente sã. Podem também concorrer características como as que se manifestam nas organizações de grupos sectários e fundamentalistas que divulgam opiniões extremamente rígidas, violentas e morais

---

151 Freud, 2013, vol. 9, p. 13-112.

sobre diferentes segmentos: etário, racial, religioso, de gênero e de engajamento sociopolítico.

6 À maneira de conclusão: indignação das minorias

No combate à epidemia do ódio, da ira ou da agressividade tem predominado a estratégia de se reprimir as energias psíquicas e políticas que constituem o sujeito e os grupos sociais. Essa repressão é uma espécie de quarentena radical, que sufoca qualquer sentimento ou manifestação de potência que circula no psiquismo. Tal modelo tem inspiração nas formas institucionais hierárquicas e de manutenção da divisão econômica de classes sociais, visando à perpetuação do controle do poder, do prazer e da riqueza.

Há, contudo, quem pense que deve haver maior circulação dos sentimentos pulsionais de afeto e de agressividade entre sujeitos, independentemente de classe social, diferença racial, etária, de credo religioso, de gênero e de movimentos artísticos e sociais. Fazem parte desse setor movimentos sociais vinculados aos indígenas, organizações antirracismo, grupos feministas e LGBTs, artistas, portadores de necessidades especiais, segmentos de idosos, imigrantes, ambientalistas e religiosos indignados contra as injustiças. Há séculos, esses movimentos diferenciam as manifestações de ira enquanto *indignação*, do ódio enquanto cólera e ressentimento.

A cólera é uma energia que não possui racionalidade. Acende de repente e apaga facilmente. Carece de predicados e estratégias de sustentabilidade. Está a serviço da revolta e não da revolução. Sua energia perde força rapidamente e tem como referência a vingança obstinada contra o inimigo.

A cólera é uma qualidade precária de agressividade ou de ira, talvez por sua forma pragmática, veloz e inconsequente. É uma emoção apaixonada, de manifestação brutal, em que a perda súbita do controle de si leva à agitação desordenada, à violência verbal e, muitas vezes, física. Ela tem tempo curto, geralmente seguido por um longo período de vazio desesperado, sentimento de culpa difuso, submissão, cansaço e arrependimento. Muitos de seus aspectos levam ao desejo de destruição. A impulsividade, quando encontra saída na cólera, como intolerância absoluta às frustrações, facilita personalidades antissociais, fundamentalistas, racistas, homofóbicas e xenofóbicas.

E o que será da cólera dos psicopatas? Infelizmente, o sistema sociopolítico construiu paradigmas para enquadrá-los em diagnósticos psiquiátricos ou de condenados as prisões. Estão predispostos ao suicídio, aos acidentes, às rixas entre famílias, ao alcoolismo e ao uso de drogas. Tais comportamentos são impulsionados pelo namoro do sujeito com a morte. A cólera é uma energia necrófila, uma atração pela morbidez.

Entretanto, a ira – ou a agressividade – deve ser, também, considerada uma paixão. São da mesma origem pulsional dos afetos, energia fundamental e indispensável ao enfrentamento dos obstáculos da vida. A agressividade nasce junto com a experiência do narcisismo: *o amor a si*. A ira está a serviço da defesa dos interesses de si e do outro.

O fogo da violência que cresce sobre os excluídos e faz dos fracos riqueza é que transforma o oprimido em fortaleza e potência. A fisionomia do opressor e o olhar ameaçador do tirano despedaçam o oprimido. São experiências de violência que atingem a sexualidade, a pele negra, o saber do analfabeto, o capital econômico do pobre, a criação do artista, o corpo do portador de deficiência física e a história dos idosos. O risco é o oprimido introjetar o opressor, como dizia Paulo Freire. É possível que um oprimido se autoagrida, ao escutar a voz do opressor e passe a condenar a si mesmo. Quando se evita a angústia da separação do opressor, opta-se pela identificação ao tirano. É o desejo mimético – cópia ou imitação do opressor. Uma longa história de opressão acaba transformando a tristeza, a apatia e a indiferença em cólera.

Nesse caso, a ira surge da consciência da tristeza e reacende a esperança de transformação do sistema vigente. A ação é animada pela esperança de poder intervir na dor dos excluídos. A esperança é um elemento estritamente vinculado à paixão da ira. A esperança é utopia que, juntamente com a ira, movimenta os sujeitos. Os afetos e o intelecto não são opostos, mas tendem a potencializar a vontade. Ambos criam estratégias, construções do pensamento, paciência histórica e ternura entre as minorias. O reconhecimento da ira, da esperança e da ternura abrem perspectivas multilaterais, fazendo do objeto da ação política uma invenção de inúmeras trincheiras de luta contra a opressão. Essa é a origem dos movimentos sociais e das organizações não governamentais (ONGs), da Doutrina Social da Igreja, dos Direitos Humanos, de sindicalistas e partidos políticos que desejam o *bem comum*.

Platão, em seu diálogo *A república*[152] (428-347 a.C.), descreve a importância da consciência do sujeito no processo de libertação. O filósofo faz alusão a um grupo de pessoas acorrentadas e oprimidas que se contentavam com as sombras projetadas na parede de uma caverna, vindas da luz do sol do ambiente externo. A mistura de luz e sombra produzia uma falsa visão do mundo concreto e, portanto, a alienação desses escravos. Quando um dos oprimidos livra-se das correntes e avista a luz na entrada da caverna, vê pela primeira vez não a sombra, mas a luz da liberdade. Encantado com a claridade, enche-se de agressividade e esperança, corre até o grupo para anunciar a força da irradiação da utopia. Boa parte do grupo tenta contê-lo, incrédula, mas uma pequena parcela percebe com lucidez política que **a vida é uma luta.**

---

152 Platão, 2000.

6
Inveja

1 Introdução

O vocábulo "inveja"[153], com raiz no latim *invidia -ae*, significa desejo violento de possuir o bem alheio, tristeza pela felicidade ou prosperidade do outro. A estranheza dos afetos, ao ver o rival arruinado, faz com que a inveja seja sempre negada por qualquer ser humano. Ninguém admite publicamente que seja invejoso, a não ser por brincadeira ou falsa admiração alheia. A inveja deve permanecer secreta, dissimulada e sorrateira. A vaidade exige publicidade, mas a inveja requer discrição. A inveja provoca no sujeito um sentimento de menor valia, aprofundando a dor por sua autoimagem. A autoacusação atinge o âmago do caráter do sujeito, depreciando-o e desqualificando-o. Muitos classificam-na como a tristeza da alma. As raízes ocultas de sua origem atingem profundamente o narcisismo, provocando uma crise. Já que o invejoso funciona em segredo, o desconhecimento de seus atos desequilibra as relações afetivas. A percepção de sua inadequação faz com que ele se isole, enquanto a cobiça do sucesso do outro lhe provoca angústia.

---

153 Ferreira, 1990.

Vários autores[154] levantam a hipótese de que, ao contrário da luxúria, do orgulho, da avareza, da preguiça e da gula, a inveja seria o único pecado que não proporcionaria prazer ao sujeito. Particularmente, discordo dessa premissa. Considero que o movimento do invejoso é o de degradar o objeto admirado, desqualificando-o, visando ao gozo sadomasoquista. Esse ritual de adoração e depreciação é degustado e festejado com maledicência, fofoca, difamação, chistes e piadas de ódio.

Os humanos negam a inveja e classificam-na entre dois polos: a inveja "do bem e a do mal". A ação de dividi-la tem como propósito aliviar a consciência moral. De um lado, "a santa inveja" ou "admiração". De outro, a inveja como sentimento de aniquilação do outro. O mecanismo de defesa denominado "racionalização" acabará funcionando precariamente, pois permitirá apenas envernizar os limites da destrutividade. Além do moralismo das duas expressões, há ainda a classificação apressada da inveja, nos campos teológico, psicológico e psiquiátrico, como pecado ou transtorno psiquiátrico. Ela é uma posição do olhar entre o sujeito e o outro. Como sinaliza Caetano, em sua música "Sampa": "Quando eu te encarei frente a frente, não vi o meu rosto. Chamei de mau gosto o que vi, de mau gosto, mau gosto. É que Narciso acha feio o que não é espelho"[155.]

2 A inveja enquanto sofrimento do olhar

É próprio do imaginário cultural analisar as manifestações de inveja entre os seres humanos: "a inveja é irmã gêmea do ódio", "a inveja é a admiração da malevolência", "inveja sempre atina lugares", "o número dos que nos invejam confirma as nossas capacidades", "as pessoas não querem beleza, elas querem o que é dos outros", "o

---

154 Epstein, 2004, p. 80. • Galimbert. In: Cucci, 2008, p. 97. • Savater, 2012, p. 139. • Rawls, 1984, p. 125-129.
155 Veloso, 1978.

invejoso emagrece de ver a gordura alheia", "aos olhos da inveja, todo sucesso é crime", "a inveja causa uma sensação de asfixia na garganta, arranca os olhos de suas órbitas", "ao invejoso, emagrece-lhe o rosto e incha-lhe o olho", "o invejoso tem olho gordo". Essas expressões mostram dois traços. O primeiro, que o sentimento de inveja se constitui enquanto *sofrimento do olhar*. O segundo, que o invejoso tem a convicção de que algo lhe foi roubado pelo outro e, perseverantemente, tem direito de reconquistar, com cólera, o que imagina ser seu.

Quanto ao primeiro, o "mau olhado" faz parte da cultura dos seres humanos. A crença folclórica de que a inveja de alguém teria poderes superiores no outro, interfere e ocasiona importantes situações de perseguição e superstições na vida habitual. Produz a sensação de fritura de olhares. Existem numerosas histórias sobre o mau-olhado enquanto ficção: sentir-se incomodado pelo olhar de vizinho, colega de trabalho, membros do clero, componentes da família e até atribuição a alguém de possíveis fracassos financeiros e prejuízos materiais. A invenção de estigmas ou estereótipos para classificar pessoas más e possíveis causadoras de danos a outrem faz os grupos criarem a figura do "bode expiatório".

Num ambiente hostil e pleno de ambição, mistura-se tudo: o sagrado, o psíquico e o cultural. Por exemplo, os jogadores de futebol fazem o sinal da cruz, pedindo proteção, antes de colocar o pé no gramado. A espécie humana cria rituais obsessivos através do sincretismo religioso e da tradição folclórica: benzeções, banhos de ervas pra limpeza espiritual, chás de plantas e objetos sagrados, na tentativa de eliminar o "quebranto" ou "mau olhado".

A segunda característica – a sensação de ter sido roubado – produz, no invejoso, um importante mecanismo de defesa denominado "projeção". Insatisfeito consigo mesmo, sente-se incompleto e inadequado e, ao defrontar-se com sua carência, parte pra cima do outro, reivindicando o que é seu. A projeção é uma complexa trama inventada pela falsa premissa produzida pela inveja. Enfurecido, ao ver no outro um inimigo, procrastina, o que há anos deveria ter realizado. A maledicência e as intrigas são inevitáveis, enquanto instrumentos de destruição do adversário fascinante. O invejoso é dependente e contemporiza seus desejos em tempos longos de procrastinação.

3 Amigos íntimos, rivais perigosos

Onde aparecem mais sentimentos de inveja? Quem sente mais inveja, os homens ou as mulheres? A inveja está presente entre marido/esposa, pais/filhos, colegas ou apenas entre inimigos? Ela atinge pessoas próximas ou distantes? Em que ambientes se evidenciam esses conflitos? Geralmente, a inveja é secreta e ofusca os olhares. Em tese, ela ocorre entre os pares ou no âmago dos grupos de trabalho, família, religião e agremiações políticas e sociais. Os locais complexos de se viver a inveja são os espaços geográficos em que os sujeitos projetam seus conflitos. A inveja aparece no interior das íntimas relações afetivas, dificilmente entre seres distantes. O invejoso elege seu próprio lugar de habitação ou trabalho como o pior espaço para se viver. Daí a máxima: amigos íntimos, rivais perigosos. Ou: fascinados amigos, adversários invejosos.

A inveja é vivida com quem se ama ou com o possível adversário do cotidiano: do mesmo nível intelectual, do partido compartilhado ou da crença religiosa em comum. Invejamos as pessoas que estão do nosso lado, em determinados tempo e lugar. A inveja ocorre, no mesmo processo, com pessoas hierarquicamente inferiores ou superiores a nós, também por conta dos objetos que cobiçamos. Surge a partir de traços semelhantes entre os indivíduos e de situações em que o sujeito se sente vazio e corre para preencher esse oco.

Provavelmente, o primeiro registro em literatura sobre a inveja se passa entre duas pessoas próximas, Caim e Abel.

Caim falou a seu irmão Abel: "Vamos ao campo!" Logo que estavam no campo, Caim atirou-se sobre seu irmão Abel e o matou. O Senhor perguntou a Caim: "Onde está Abel, teu irmão?" Ele respondeu: "Não sei. Acaso sou o guarda de meu irmão?" Então o Senhor replicou: "Que fizeste? A voz do sangue do teu irmão, desde o solo, clama a mim. E agora, serás maldito, longe do solo que abriu a boca para beber de tua mão o sangue de teu irmão. Quando cultivares o solo, ele te negará seus frutos e tu virás a ser um fugitivo, vagueando sobre a terra" (Gn 4,8)[156].

Mais um registro bíblico sobre a cobiça do invejoso está no Livro do Êxodo, quando Moisés entrega as tábuas da Lei, os dez mandamentos enviados por Yahvé, ao povo escolhido. No décimo mandamento, vemos a norma contra a inveja e a cobiça. O texto bíblico já recomendava o perigo do olhar de cobiça para a mulher do próximo ou os bens alheios. Deus já estava "de olho" no olhar invejoso do ser humano. Yahvé já sinalizava ao invejoso que é proibido cobiçar o que pertence ao outro: "Não cobiçarás a casa do teu próximo. Não cobiçarás a mulher do teu próximo, nem seu servo, nem sua serva, nem seu boi, nem seu jumento, nem coisa alguma que pertença a teu próximo"[157].

Às vezes, as pessoas desejam o objeto do outro apenas para reivindicar o olhar do próximo sobre si. É comum um dos cônjuges ostentar o seu parceiro para ser admirado e, depois, começar a sentir o desconforto da insegurança. Nesse caso, não aparece só a inveja, mas também o ciúme do desejo do outro, que é impossível de se apreender. Quase sempre, o ciúme tem relação com a inveja, mas quem sente inveja daquilo que não tem só pode sentir ciúme daquilo que tem. Em tese, o ciúme ocorre entre três ou mais pessoas, enquanto a inveja acontece entre duas.

---

156 Bíblia Sagrada.
157 Ibid.

Outra narrativa bíblica importante é o "o juízo salomônico" (1Rs 3,16-28)[158].

A mulher que perdeu o filho por negligência olha com inveja para outra mãe e rouba-lhe o filho. O que ela mais almejava era causar a mesma privação à rival. A verdadeira mãe, ao contrário, estaria disposta a ceder o filho para que ele pudesse continuar a viver. A inveja é doença do olhar, cobiça exacerbada daquilo que é do outro, mesmo que, nesse caso, ambos experimentem a morte.

> E discutiam diante do rei. O rei respondeu "Esta diz: Meu filho está vivo, teu filho está morto", e aquela responde: "Não, teu filho está morto, o que está vivo é o meu". Então o rei disse: "Trazei-me uma espada". E quando lhe trouxeram a espada, o rei ordenou: "Cortai o menino vivo em dois, e dai metade a uma e metade à outra". A mulher cujo filho estava vivo sentiu nas entranhas tal angústia por seu filho que disse ao rei: "Por favor, senhor, dai a ela o menino vivo. Não o mateis". A outra, ao contrário, dizia: "Não será nem teu, nem meu. Podeis parti-lo". Então o rei decidiu: "Dai o menino vivo àquela primeira e não o mateis, pois ela é sua mãe".

Nas relações privadas, familiares, é frequente a inveja entre cônjuges, irmãos e entre pais e filhos. Ela aparece sutilmente, nem sempre aberta e perceptível. Os motivos dos olhares de cobiça são variados: beleza, idade, dinheiro, *status*, talento, gestos amorosos e éticos. O nascedouro da inveja é processual, silencioso. A vergonha dissimula o olhar, o trejeito e sua conspiração. O tempo de incubação do veneno é fugaz. Não há relação humana que esteja imunizada contra o "mau-olhado" do invejoso. A inveja é o mais democrático de todos os pecados.

No mundo científico, há inúmeros personagens invejosos de diferentes formas e com variados traços de personalidade, cujas relações foram rompidas drasticamente por dificuldades de ambição e inveja.

---

158 Ibid.

Um bom exemplo é o relacionamento entre Sigmund Freud e Carl Gustav Jung, grandes amigos e mútuos admiradores e, posteriormente, rivais perigosos. O desfecho do relacionamento, no qual o rompimento se deu por completo, muito além de desacordos teóricos, foi marcado por rivalidade e inveja.

Contemporaneamente, a competição do novo mercado publicitário enfraqueceu os limites da ética nas relações produtivas. O excesso publicitário tem produzido desenfreada competitividade e estimulado perversões com efeitos no campo da cobiça, da destrutividade e da corrosão do caráter entre colegas. A inveja transformou-se em desmedido gozo. Parece que houve um afrouxamento do décimo mandamento. Para os que defendem o livre-mercado, a inveja transformou-se em meta a ser seguida. A maneira de não ser observado pelo "olho gordo" do outro é, afinal, possuir mais do que ele. A publicidade, aliada ao mercado neoliberal, transformou-se em intrincada máquina de produção da subjetividade do invejoso. A censura de Deus deixou de ser escutada. O mercado, enquanto exigência divina, "liberou geral" a ganância, a inveja inflamada, a qual aposta, em última instância, na imortalidade. A grande pergunta é: *Por que é ele quem tem aquilo, e não eu?* A resposta da filosofia do "novo mercado de consumo" é: *Eu também posso. E terei aquilo a qualquer preço.*

4 A inveja nos contos de fada

Os contos de fadas são universais e fazem parte do inconsciente dos humanos. Suas narrativas são carregadas de simbolização de afetos e agressividades. Os contos, muitas vezes, são rejeitados pelos adultos, pois tocam os subsolos dos sete pecados capitais e dos sofrimentos psíquicos. Muitos de seus personagens encarnam o cotidiano de espécies exóticas: bruxas, monstros, fadas, rainhas, príncipes, bicho papão, selvagerias, bondade, veneno, perfume, o mal e o bem.

Os contos de fada trazem fantasias inconscientes, escapadelas, simbolizações e o consolo do mundo entre o "não dito" e o "bem dito" dos humanos. As historietas aliviam, pela via da literatura, as pressões exercidas pelos conflitos morais e ideais; favorecem acesso e diálogo interno entre anjos e demônios; possibilitam experiências de apaziguamento frente à dor psíquica do viver. Os contos de fada promovem o "*fazer as pazes*" com nossas origens da infância e adolescência.

Uma das parábolas que revela a fantasia do mal e a inveja/admiração do talento do outro é a história do escorpião e do sapo. O escorpião convenceu o sapo a lhe dar carona para atravessar uma lagoa, com o argumento de que não iria ferroá-lo, pelo risco de ambos se afogarem. O sapo acreditou nisso e viu lógica no combinado. Porém, no meio da travessia, o escorpião picou o sapo que, agonizante e sem acreditar, virou-se e disse: "Então, escorpião, tu prometeste que não me irias picar!" E o escorpião, justificando-se: "Essa é a minha natureza". Ambos morrem, ninguém ganha nada com isso, exceto a lógica da imortalidade do desejo que o escorpião ambicionava, ou seja, "o fascínio do mal". Essa pequena história resume o diálogo entre a cobiça do olhar do invejoso, que se sente fascinado pelo talento do outro e opta pela destruição de ambos. A mordida da inveja é certeira. O veneno é mortal: tudo ou nada. O que aflige o invejoso é o objeto que deseja: o talento do sapo, sua capacidade de atravessar a lagoa a nado. Não conseguindo seu objetivo, envergonha-se, pois, e revela a verdadeira razão de sua inveja. O veneno mortal, que o escorpião não quer manifestar, permanece escondido em seu interior. O caminho da inveja é buscar subterfúgios e motivos fúteis, para golpear o outro.

O famoso conto "Branca de Neve", por sua vez, é o relato de uma linda adolescente admirada pela figura paterna e pouco tolerada pela materna, lutando pela independência da invejosa madrasta, buscando romper com seus olhares invejosos. Cabe interrogar: a inveja envolve somente pessoas do mesmo sexo? A resposta é complexa. A inveja caminha atrás de olhares. Homens importantes podem não invejar uma mulher pelo dinheiro ou pelo poder, enquanto invejam outro homem capaz de atrair o afeto das mulheres. Uma mulher pode invejar outra mulher com quem se identifica. A inveja surge, imaginariamente, como na brincadeira de "passar o anel". Os olhares voltam-se para o sujeito anônimo que irá ou não receber a preciosa joia: "com quem está o anel?" Todos, ambiciosamente, desejam recebê-lo. Quem possuí-lo será o mais amado. Compete questionar: o que ele significa?

Em "Branca de Neve", a madrasta percebe que o "anel" escapa de sua mão e desloca-se para a jovem, sente-se ameaçada em seu narcisismo e busca a confirmação de sua beleza junto ao espelho mágico. Geralmente, o crescimento dos filhos é motivo de júbilo e ameaça. Os pais desejam ter uma segunda chance para grande parte de sua vida: os caminhos não percorridos, as oportunidades perdidas ou sequer vislumbradas, quando se apresentaram. Pelo retrovisor da independência dos filhos, enxergam que estão envelhecendo, que não sabem tudo e estão desobrigados pelo amadurecimento da prole.

A madrasta, ameaçada pela beleza (o anel que já não lhe pertence) da jovem, tenta destruí-la, mas o amor da jovem por si mesma é suficiente para ofuscar o espelho da rainha. Essa história edipiana repete-se nas instituições, com personagens da alta hierarquia da Igreja, do Governo, da Escola, que não toleram os que estão "abaixo" de seus olhares narcísico-invejosos. Na raiz da inveja, existe uma tristeza que surge com a visão do bem-estar do outro. Daí a estreita conexão entre inveja, tristeza e mau-olhado.

5 A inveja para a psicanálise

Em 1937, já no final de sua vida, Sigmund Freud, escreveu "Análise terminável e interminável". Nesse texto, mais uma vez, ele analisa o conceito de angústia de castração. A recusa do sujeito à castração seria semelhante ao terceiro tombo vivido pela humanidade, o corte na ferida narcísica enquanto constatação que o eu não é dono de si, tampouco o epicentro das relações afetivas. Essa lesão em sua imagem proporciona também a dor de saber que seu barco é mais um qualquer, que trafega nos oceanos da vida.

A angústia de castração é vivida pelo bebê em diversas fases de sua infância. A primeira experiência nesse sentido é quando a criança percebe não ser o objeto absoluto de amor da mãe, separação que pode oscilar entre os sentimentos de desamparo e abandono. A sensação de abandono faz desabar a autoconfiança e provoca um colapso no sujeito, aprofundando a dependência do outro e o processo de rebaixamento de si. A criança vai minguando suas potencialidades. Já a sensação de desamparo é uma experiência de separação que oferece abertura à diferença, primeira condição de crescimento e emancipação do sujeito.

A segunda experiência de angústia de castração ocorre quando, ambos, menino e menina, são convocados a reconhecer a diferença sexual. Ao olhar para a menina, o menino observa que ela não tem o órgão masculino e sente-se angustiado com a possibilidade de perder o seu. A experiência da menina é direta: ao ver o menino, conclui que não tem o órgão sexual masculino, que representa o falo ou o objeto da brincadeira de "passar anel". O falo é um símbolo de potência e valor psíquico e está associado ao sentimento de inveja. O invejoso é incapaz de ter consolo terapêutico, pois vê aí o espelho da experiência de angústia de castração – a inveja do pênis. O falo é invejado por sua potência nos progenitores e deslocado para a função do analista. Assim, descreve Freud:

> A supercompensação rebelde do homem produz uma das mais fortes resistências transferenciais. Ele se recusa a submeter-se a um substituto paterno, ou a sentir-se em débito para com ele por qualquer coisa, e, consequentemente, se recusa aceitar do médico

seu restabelecimento. Nenhuma transferência análoga pode surgir do desejo da mulher por um pênis, mas esse desejo é fonte de irrupções de grave depressão nela, devido à convicção interna de que a análise não lhe será útil e de que nada pode ser feito para ajudá-la. E só podemos concordar que ela está com a razão, quando aprendemos que seu mais forte motivo para buscar tratamento foi a esperança de que, ao fim de tudo, ainda poderia obter um órgão masculino, cuja falta lhe era tão penosa[159].

A experiência de angústia de castração é uma dificuldade grave na vida dos neuróticos, que relutam em renunciar à configuração da imagem narcisista, onipotente, dos pais da infância. Contraditoriamente, o sujeito só pode se tornar independente quando é capaz de escolher a ruptura do modelo de dependência infantil: pais da infância, pai Deus castigador, pai psicanalista, pai Estado Populista/Totalitário, pai patrão, pai latifundiário e tantos outros.

Se, de um lado, a primeira ruptura possibilitou ao sujeito um enorme amparo (imagem narcisista), por outro lado, impede-o de atuar como um verdadeiro ator, ativo e participativo, na construção de seu cotidiano. Há necessidade de se conceber essa ruptura como meio e não fim, de modo a colher dela seus ensinamentos, sem renunciar à exigência de romper com ela em favor da construção de um novo poder, nesse caso, a formação reativa.

Portanto, realizar a primeira ruptura não desconhecendo o desamparo e a segunda ruptura enquanto afirmação do mesmo, que se encontra na emancipação política, faz com que o desamparo não seja algo contra o qual se lute, da ordem da inveja, mas que se afirma positivamente[160]. A experiência de abandono gera medo e angústia, mas o desamparo é energia ou potência libertadora, é deixar-se abrir aos afetos na descoberta de predicados, algo que o sujeito possui, modo

---

159 Freud, 2018, vol. 19, p. 321-326.
160 Safatle, 2016, p. 18.

privilegiado de reconhecimento da pessoa. Contraditoriamente, é a partir do desamparo que nos abrimos para o outro, evitando o medo enclausurante da dependência e dos olhares de inveja.

O desamparo, enquanto angústia de mudança, cria desejo de vínculos. Seu reconhecimento produz contingências de mudanças, enquanto o medo, produtor de isolamento e resistência a vínculos, provoca afetos infantis – inveja, fragmentação, culpa – e as formas regressivas da violência.

6 Subjetividade do invejoso

A partir dos relatos teóricos acima descritos, é possível pontuar quatro características marcantes no relacionamento entre o invejoso e o outro: dependência, procrastinação, indiferença e ressentimento.

O que caracteriza a dependência? Podemos percebê-la quando as relações afetivas concentram-se na mitificação exagerada de alguém. O indivíduo sente-se desprovido de liberdade, de pensamento, de ação e de produção. O grau de submissão à figura idealizada produz precários níveis de afetividade, criatividade e espontaneidade. A pessoa não se desenvolve no direcionamento próprio, pelo contrário, ela volta a circular na rotatória do desejo do outro, transformando o modelo idealizado no grande avalista de sonho, opinião e decisões. O modelo de economia psíquica escolhido pelo invejoso é semelhante ao cheque especial: o sujeito contrai do grande banqueiro grande soma de dinheiro e paga sua dívida com onerosa taxa de juros. Essa é a equação do invejoso: excessiva admiração e, posteriormente, amarga degradação do objeto admirado.

Como afirmava Freud:

> Às vezes se constata que o EU pagou um preço alto pelos serviços que eles lhe prestaram. O dispêndio dinâmico necessário para mantê-los, assim como as restrições do Eu que eles normalmente implicam, revelam-se um fardo pesado para a economia psíquica[161].

---

161 Freud, 2018, vol. 19, p. 304-305.

A inveja do sujeito dependente não é uma espécie de vírus que se contrai pelo ar. Ela é histórica: passa pelos caminhos da relação com os pais da infância até chegar aos grupos político-sociais. A tradição das organizações familiares burguesas, escolas, Igrejas, meios de comunicação e organização do Estado mostra que a formação da sociedade em grupos dependentes tem suas raízes na ideologia das instituições hierárquicas, patrimoniais e mitificadas. É óbvio que as instituições preferem grupos dependentes, pois isso torna mais fácil o exercício da dominação e a exploração da força de trabalho de seus participantes. Esse tipo de grupo paralisa os conflitos e as contradições internas do sistema institucional, anula a potencialidade de seus membros, criando pessoas invejosas, frágeis e culpabilizadas. Tais traços e arquétipos fazem parte da longa história política brasileira, do Brasil Colônia até os dias atuais, marcada por coronelismo, clientelismo e paternalismo. A figura patriarcal estabelece um discurso da intimidade familiar, que desarticula a potencialidade e a participação da sociedade, diminuindo o capital político e social do território de seus atores sociais.

A autoridade de um grupo dependente mantém seu favor por meio de sua capacidade de atender a interesses e demandas individuais clientelistas. No Brasil, conhecemos a cultura do "jeitinho brasileiro", que confunde cordialidade com vícios públicos e benefícios privados. Assim, produzem-se relações "dóceis", recheadas de resignação, conformismo e ressentimento. Geralmente, figuras autoritárias preferem relações individuais e não em grupos. Ouvem as lamentações e dizem que farão tudo para ajudar a cada um. Na medida em que conseguem uma solução para um problema específico, criam relações de dependência ou favor, administradas com habilidade. É próprio das estruturas psíquicas dependentes: a) a subordinação de suas necessidades às dos outros, dos quais são dependentes, e a aquiescência aos desejos desses; b) o desconforto ou o desamparo por conta de medos exagerados e de incapacidade de se auto-cuidar; c) a capacidade limitada de tomar decisões cotidianas sem excesso de conselhos; d) a autoproteção e a avaliação positiva sobre si. Por esse motivo, a autoridade do tipo patriarcal evita atender às demandas coletivas. Ela prefere atender às pessoas individualmente, criando uma relação afetiva primária caracterizada pela fidelidade absoluta, por forte sentimento de culpa, infantilismo, inveja e terror. Seu poder alimenta-se dessa cumplicidade regressiva e familiarista.

O que caracteriza a procrastinação?

O verbo "procrastinar" tem o sentido de adiar, prolongar ao máximo uma tarefa ou negligenciá-la. A procrastinação é um hábito frequente entre os seres humanos. Popularmente, chamamos essa prática de "empurrar com a barriga". A dependência invejosa do olhar de um grande outro não só cega o sujeito como o paralisa na busca pela aceitação incondicional do avalista. Essa espera de garantia de amor e aprovação do outro produz sujeitos procrastinados. A procrastinação funciona como tramela que inibe a produção do sujeito, que posterga a realização de desejos e, consequentemente, produz sintomas de ansiedade, *stress* e angústia. A procrastinação é a somatória desse trajeto histórico e é acrescida do sentimento de culpa e autopunição. Não é raro o sujeito invejoso apresentar graves sinais de psicossomatizações, enquanto moeda de troca da autoimagem apagada e desvitalizada.

O momento contemporâneo tem produzido um estilo de vida que se manifesta na desoneração do outro e, ao mesmo tempo, no ideal do fechamento de si, em uma espécie de quarentena social. Assim, é notório o desenvolvimento de uma cultura da globalização da indiferença. De forma quase imperceptível, vários sujeitos negam sofrimentos próprios e alheios, sentem-se incapazes de se solidarizarem, pouco se interessam por causas justas e éticas. A cultura da indiferença tem provocado um bem-estar anestésico, fruto da publicidade do mercado, que torna tudo semelhante a um espetáculo. Ou, como menciona Dunker, "o amor não acaba no momento em que passamos a odiar, mas quando nos tornamos indiferentes a ele; aí surge o narcisismo de alta periculosidade"[162].

Boa parcela da humanidade adia e nega esse mal-estar. A negação enquanto mecanismo de defesa é o recurso psíquico de colocar o enredo da angústia fora do campo da consciência. Porém, esse expediente fracassa. O adiamento de compromisso leva, inevitavelmente, à experiência de ressentimento, que é uma forma de viver a emoção atrasada, ou seja, de perder boa parte de realização da vida. O ressentimento é demorado, penetra na personalidade, tornando-se parte do caráter do sujeito. É uma escravidão e o *escravo* é o símbolo daquilo que a humanidade pode produzir de pior. O ser humano, privado de sua potência e separado daquilo que almeja, viverá como pedinte. O invejoso, atrofiado ao olhar o outro, alinha-se à dependência, refugia-se no casulo da indiferença e coleciona ódios e ressentimentos.

7 À maneira de conclusão: onde termina a sensação de injustiça e começa a inveja?

Determinados autores[163] analisam a inveja enquanto narrativa que possibilita a mudança social. Afirmam que ela é uma virtude democrática e que, através dela, é possível manter a igualdade ou a divisão dos bens na sociedade. Defendem que a inveja é um mecanismo que os grupos sociais utilizam para evitar que uns tenham muito e a maioria não tenha o suficiente. Apregoam que ela é, em certa medida, a origem da própria democracia e serve para vigiar o correto desempenho do sistema capitalista. Onde há inveja democrática, os donos do capital não podem fazer o que querem, conforme apontou Adam Smith, ao cunhar a expressão "mão invisível do mercado".

---

162 Dunker, 2014.
163 Epstein, 2004, p. 80. • Savater, 2012, p. 139. • Rawls, 1984, p. 125-129.

Há, ainda, concepções que afirmam que a inveja é uma questão de graus: uns agradáveis, outros violentos, alguns moderados, outros excessivos. Como na classificação dos pecados: original, mortal, venial. Existem correntes na psiquiatria que sustentam que há o invejoso crônico e o eventual, a inveja fugaz, normal, e a anormal. Os ideólogos consideram a avareza o pecado do capitalismo e a inveja, o dos socialistas, enquanto o cristianismo ficaria do lado da temperança.

As premissas acima apresentam a hipótese de uma versão *light* da inveja. A boa qualidade de inveja seria suficiente para a mobilização dos cidadãos no sentido de abolir diferenças de classe, desigualdades sociais e concentração de renda. Ao invés de ser erradicada, a inveja seria canalizada como força revolucionária, responsável pelas mudanças econômicas e sociais.

A expressão *in video* significa "aquele que não pode ver". No sentido social, refere-se à pessoa submetida ao olhar (*video*) de outra, à pessoa alienada. Etimologicamente, a palavra alienação vem do vocábulo latino *alienatione*, de *alienare*, que significa "transferir para outrem". Essa clivagem leva o indivíduo a um estado de não pertencimento, à ausência do controle de si, de seus direitos fundamentais: um estado de coisificação (reificação) enquanto estrangeiro de si, do outro e do social.

Na história antiga dos gregos, havia uma diferença entre aquele que voltava o próprio olhar para si (*idios*) e aquele que dirigia o olhar para a cidade (*polis*), sendo, portanto, *político*. A inveja é uma demanda excessivamente privada, enquanto a política é uma demanda pública de justiça. Não existe possibilidade de a inveja ser considerada fator de mudança social. O invejoso olha no outro aquilo que ele não tem, mas, sobretudo, aquilo que ele gostaria de ter, em uma interminável ambição que destila veneno.

A sociedade só pode ser justa se for constituída de pessoas políticas, livres, cidadãs e plenas de consciência crítica. A distribuição de bens não é uma dádiva aos olhos de invejosos. A repartição justa e equitativa da riqueza é fruto de conquistas de seres humanos livres e críticos. É questão de Direitos Civis, Sociais e Humanos: a opção pelo bem comum, a destinação universal dos bens, a primazia do trabalho sobre o capital, a subsidiariedade e a solidariedade. Em vários documentos da Doutrina Social da Igreja Católica, está escrito que "sobre toda propriedade pesa uma hipoteca social".

Há múltiplos olhares sobre a *polis*: os olhos dos invejosos e os dos injustiçados. Esse tema retoma o poema do francês Charles Baudelaire, escrito em 1864, intitulado "Os olhos dos pobres", do livro *Pequenos poemas em prosa*, que é um flagrante das contradições sobre os olhares em uma cidade. O poema começa com o narrador, numa tarde, na cama com sua namorada. A cena não é descrita em detalhes, mas ele diz: "nós tivemos um dia muito bom, muito íntimo, só nós dois aqui... E após um dia desses, vamos sair e repartir a nossa felicidade e amor com o público". Ambos saem pelo *boulevard* parisiense. Os amantes querem sair, repartir seu amor com a natureza, a topografia, as pessoas. Trata-se de um movimento do privado, apesar de ser um privado repartido com a amante, para um momento de comunicação com o social, com o público. Eles saem, caminham até acharem um café que lhes parece bem confortável. O narrador descreve o serviço de prataria, os copos de cristais, os vitrais e os murais, deuses gregos com pratos de frutas, carnes, frangos, queijos, até o ponto em que os deuses helênicos se transformam em garçons que servem as mesas. Os amantes, no interior desse elegante bistrô, olham um para o outro, quando, de repente, percebem na rua um homem de rosto cansado, barba por fazer, tendo numa das mãos um menino e sobre o outro braço um pequeno ser. A mãe não está lá e nunca saberemos sobre ela. Três rostos e seis olhos contemplam o café com admiração. O pai não está hostil ou bravo com a cena... parece estar deslumbrado! Mas o filho diz: "Eu sei que tipo de lugar é esse! É o tipo de lugar em que pessoas como nós não podem entrar!" O bebê está muito contente... fica sorrindo, como os bebês costumam fazer. Depois de estabelecer o contato visual com a cena pública, o rapaz olha para sua namorada e pergunta: "O que você está pensando?" Ela responde: "Eu não consigo suportar essas pessoas mal vestidas com seus grandes olhos! Você não pode chamar o garçom e pedir a ele que afaste daqui essas pessoas?" O casal burguês, com sua consciência moral rígida, não suporta a troca de olhares.

A atitude da namorada do poema é muito importante. Ela prefigura todas as pessoas, daquele século XIX até hoje, que querem segregar a cidade sob um extrato de classes, para que as classes nunca tenham que olhar umas para as outras. A cidade coloca em xeque as cenas dos olhares de inveja e de justiça.

7
Gula

1 Introdução

O vocábulo gula[164], com raiz no latim *gula -ae,* significa tanto a boca e os órgãos da deglutição – esôfago, goela, garganta – quanto a ânsia imoderada de comer, beber e devorar.

A comida é a droga mais aceita no convívio social. Evágrio Pôntico (345-399 d.C.) considera a gula como a primeira tentação, sendo a luxúria a segunda. O eremita dividiu os oito vícios entre duas categorias: gula e luxúria, considerados impulsos da carne, e os demais vistos como perturbações do espírito – vaidade, cólera, inveja, acídia, tristeza e avareza. Pôntico considerava os prazeres da carne os mais complexos, e recomendava moderação frente a essas tentações arcaicas do ser humano.

Já para Gregório Magno[165], são cinco as tentações da gula:

> O vício da gula nos tenta de cinco modos, a primeira é comer antes da hora, a segunda é procurar carne e bebida delicadas; a terceira é comer exageradamente; a quarta é curiosidade em cozinhar e temperar as carnes; a quinta é comer gulosamente. Esses são os cinco dedos da mão do diabo, por meio dos quais ele atrai os homens ao pecado. O que se resume no seguinte

---

164 Ferreira, 1990.
165 Apud Delumeau, 2003, p. 392.

verso: "**inoportuno, luxuoso, requintado, demasiado e ardente**".

Nos primeiros séculos da vida monástica, ressaltavam-se duas palavras de origem grega sobre a gula: *gastrimargia*, loucura do ventre, e *laimargia*, loucura da boca. As autoridades eclesiais atentavam para o conteúdo deslocado do prazer espiritual (gozo psíquico) da gula, mais do que para o ato de ingestão propriamente dito. O maior perigo da gula era "o olhar e a veneração de seu próprio umbigo como a um Deus". No campo da espiritualidade, não estava implícito a psiquê, a personificação da alma?

De todos os pecados capitais, a gula talvez seja o único que ninguém tenha vergonha de assumir. Tornou-se o maior vício do capital no mundo neoliberal. Nos dias atuais, a mesa deixou de ser referência de espiritualidade e migrou para a paixão do *fast food*. Da santa bulimia à profana bulimia. O ato de comer transformou-se na paixão de devorar-se, drogar-se e consumir.

Em diversos idiomas, "comer" é sinônimo de "copular", sentido revelado de forma às vezes mais suave – "comer com os olhos", "ela engoliu-me todo com sua faminta boca" – ou agressiva – "cair de boca" e outras revelações de caráter vulgar. Essas manifestações sinalizam a mudança do corpo biológico (o instinto da fome) para o corpo erógeno (o desejo). O ato de comer é, também, demanda de amor de um outro para eliminar a insatisfação. Na ausência desse outro ocorre crises de ansiedade geradora da busca compulsiva pela comida.

Em Mateus, é muito clara a tentação de Cristo no deserto:

> Jesus tendo jejuado durante quarenta dias e quarenta noites, teve fome: o tentador aproximou-se e disse-lhe: "Se és o Filho de Deus, manda que estas pedras se tornem pães!" Ele respondeu: "Está escrito: O homem não vive somente de pão, mas de toda palavra que sai da boca de Deus"[166].

---

166 Bíblia Sagrada.

Em seu *Manifesto antropofágico*[167], Oswald de Andrade vai dizer que "só a antropofagia nos une. Socialmente. Economicamente. Filosoficamente". Por "canibalismo" e "antropofagia", o autor compreende o fenômeno tipicamente brasileiro da pluralidade, da incorporação do outro ao que já é próprio do sujeito, produzindo um novo elemento, distinto de ambas as partes. Essa "nova identidade", pelas inúmeras possibilidades de combinação de fragmentos constituintes, não se torna fixa e imutável, mas fluida, sensível às alterações de quaisquer de suas partes. Falamos, aqui, da absorção da cultura alheia sem que, para isso, seja preciso submetê-la, fazê-la sumir. Ao contrário, a "antropofagia positiva" é a própria criação, pois incorpora o que o outro pode oferecer em sua singularidade. Nisso o Brasil obteve o sucesso que outros países não conseguiram: nossa grande riqueza é exatamente a mistura da oralidade sensual, da religiosidade, das culturas culinárias, das raças e línguas. No entanto, isso não imprime ao país, nem à sua imagem, algo que possamos compreender como uma "identidade da mistura". Simplesmente porque toda identidade é constituída de um imenso caleidoscópio de possibilidades de combinações.

2 Fragmentos da história da comida

A história de alimentação se alinha com a história das religiões, da tradição da cultura popular e dos diferentes modos de produção econômica das sociedades. As práticas alimentares escolheram a mesa como sacramento das paixões do encontro, das regras de convivência, dos códigos morais e dos ritos religiosos. Nas **sociedades ancestrais**, os seres humanos imaginavam que os deuses tinham fome e comiam. Herdeira dessa ancestralidade, nas práticas do candomblé[168], a cultura

---

167 Andrade, 1990 [Disponível em www.ufrgs.br/cdrom/oandrade/oandrade.pdf – Acesso em 04/12/2019].
168 Barcelos, 2017, p. 98-99.

afro-brasileira oferece alimentos às divindades: quiabo e rabada, caruru, doces, frutas e várias outras oferendas. Também é rica a oferta de comida e objetos carinhosos a Iemanjá: de maçã a boneca, balaio de uva, melão, espelho, perfume, flor, batom, pente. Assim, o alimento permanece sinalizando sustento e partilha não só entre os humanos, mas também entre homens e deuses.

Na cultura **greco-romana**, no centro do templo havia uma mesa, antigo altar, onde eram realizados os sacrifícios aos deuses. A palavra sacrifício significa "estar próximo", e a refeição tinha dois momentos importantes: abençoar, previamente, os alimentos e, posteriormente, agradecer aos deuses por sua dádiva. A tradição **judaico-cristã** perpetuou essa memória da ceia, em torno da mesa, como símbolo da fraternidade e da presença de Deus: do Cordeiro Pascal, para os judeus, à Última Ceia de Jesus, para os cristãos.

Na mitologia greco-romana, os vícios e as virtudes misturavam-se ao cotidiano político, artístico, social e religioso das cidades. Os gregos clássicos idolatravam o corpo e representavam-no com arte em estátuas belas e tonificadas. Os deuses humanizados estavam em diferentes templos, compartilhando os prazeres da nudez e do paladar. Com a ampliação do Império Romano, a atividade culinária expandiu-se também, com uma grande variedade de iguarias exóticas sendo associada à luxúria. Há lendas que relatam pessoas interrompendo o banquete da corte para ir ao "vomitório", o que ilustra bem o pecado da gula. Não existe comprovação histórica sobre o fato, mas o que importa, aqui, é a fantasia popular. Foi nesse contexto de turbulências morais, ao final do século VI, que o Papa Gregório retomou os escritos do Monge Evágrio Pôntico, ressignificando-os em sete pecados capitais.

Na **sociedade medieval,** o processo monástico é um contraponto às práticas exacerbadas dos cinco sentidos do corpo – que sustentam os sete pecados capitais. O pecado representa o excesso, algo que não se regula e sobra, gerando sintomas na relação com o outro. Aquilo que transborda produz o mal-estar. Homens e mulheres optam pela experiência sóbria, fraterna, enclausurados em mosteiros, a fim de viver a experiência de Deus com regras austeras para dormir, rezar, trabalhar, comer e beber. Para conter as tentações, surgiram inúmeros escritos sobre o tema do pecado e das virtudes. As obras teológicas de Santo Agostinho e São Jerônimo, a catequese dos sete pecados capitais elaborada pelo Papa Gregório Magno e a *Suma Teológica* de Santo Tomás de Aquino, por exemplo, refletem a necessidade de a moderação e a razão andarem aliadas frente aos desafios das vontades.

A ascese sacrificante e as teses recomendadas pelos teólogos não garantiram o fim das tentações da gula. Seu maior perigo era o de transformar-se numa espécie de idolatria[169]. A escassez das refeições era a advertência buscada por homens e mulheres dos mosteiros, em privações variadas: o jejum, a alimentação restrita à base de pão e água, ou a comunhão – união com a hóstia consagrada. Alguns misturavam cinzas ou outra substância detestável aos alimentos como forma de rejeitá-los. A anorexia mística era atitude exigida para se aproximar de Deus. O ascetismo, principalmente para as religiosas, tornou-se uma das únicas formas de empoderamento do feminino. As mulheres consagradas obtiveram elevada espiritualidade e fortalecimento de si no seguimento de Jesus com as santas teólogas místicas e anoréxicas: Santa Vilgefortis, Santa Clara de Assis, Santa Catarina de Siena, Santa Madalena de Pazzi, Santa Rosa de Lima e Santa Verônica Giuliani.

A prática de jejum, orações e penitências cresceu entre a população. Artistas, fora dos conventos, preenchiam suas telas com imagens de punição dos pecadores da gula. A pintura italiana representava os glutões nus diante do julgamento do juízo final. Dante Alighieri, na *Divina comédia*, retrata a gula no sexto terraço do purgatório. Obras

---

169 Prose, 2004, p. 11.

de arte vinham acompanhadas de textos bíblicos com reflexões de teólogos, como Santo Agostinho, Papa Gregório Magno e Santo Tomás de Aquino. Os padres do púlpito utilizavam, pedagogicamente, recursos artísticos para prevenir glutões sobre o fogo do inferno. Centenas de obras literárias, pinturas e gravuras religiosas eram oferecidas ao povo visando ao maior controle das tentações da gula: algo parecido com os livros atuais de autoajuda.

A partir do século XVI, no período **renascentista**, o crescimento do comércio e da arte, a introdução de uma economia monetária, o surgimento da navegação e das cidades proporcionou os meios para se romper os laços que prendiam o mundo ao modelo medieval. A gula deixou de ser imaginada como pecado e condenação e, ao contrário, deu lugar a jantares finos, tornando-se símbolo de *status*, prato predileto do sistema capitalista. O novo deus surgia com talheres e apetites requintados, refeições coordenadas com *chefs*, roupas finas em salões, mesas compridas e baixelas de prata.

Entre os séculos XVI e XVIII, a construção de um novo modelo de **sociedade capitalista** e de indivíduo burguês intensificava os requintes renascentistas. O novo padrão afiançado pelos reformadores protestantes Lutero e Calvino compactuava com a austeridade no discurso alimentar, com a mesa moderada e sem excesso, símbolo da modéstia e da sobriedade protestantes. Em oposição ao glutão, "indolente e anormal", criou-se a figura do *gourmet*, personagem educado, regrado e de bons costumes. O ritual das refeições, o domínio alimentar, a ordem, a limpeza e a estética eram ideais de educação e adestramento dos filhos. O controle sobre o corpo e o apetite auxiliava a disciplina no desempenho do trabalho fabril. As famílias e as escolas preparavam preleções e cartilhas de como se portar à mesa: como manusear os talheres, inclinação do corpo, apoio do cotovelo, hábito da mastigação, quando e como falar durante as refeições e solicitação para servir. A refeição burguesa casava com a pedagogia iluminista e o discurso médico higienista. A gulodice já não era bem vista pelos olhares burgueses. Surgem, gradativamente, estigma e preconceito sobre o gordo, visto como alguém inapto e preguiçoso. A subjetividade daí originada estimulava a produção das qualidades ascéticas do "novo monge gourmet" fiel ao prazer da temperança alimentar – o monge/cidadão moderno, comedido e regrado à mesa.

No **mundo contemporâneo**, o caráter ascético e comedido transforma-se no sujeito compulsivo. Declina a figura do monge moderado e regrado à mesa. Aliás, a mesa vem sumindo das refeições e, em seu lugar, surge a comida rápida e individual – *self-service, fast-food, McDonalds*. O relógio de cuco que regulava as refeições familiares burguesas foi substituído pelo micro-ondas impessoal.

Como sinaliza Sergio Campos:

> Hoje, vivemos num paradigma científico da dieta, que busca a saúde e o padrão estético ao tentar dissociar o alimento de todo seu valor simbólico, tornando-o asséptico, desconhecendo sua tradição histórica e cultural da mesa, reduzindo-o apenas ao seu valor calórico-nutricional. Assim, mesmo diante desse arranjo complexo, não podemos estranhar que as consequências do crepúsculo da cultura à mesa, da perda das tradições familiares e sociais, sejam os transtornos alimentares, fruto do paradoxo de um gozo com o excesso em virtude da abundância, mas ao mesmo tempo em que submetidos ao imperativo da estética do esbelto e da comida saudável[170].

Surge a figura do monge compulsivo por atuação, não mais preso à escassez de alimentos, mas à abundância das ofertas: marcas calóricas, valor de custo, *light*, *diet*, transgênico, *marketing*, importado, industrializado, natural. O glutão por desempenho sente-se angustiado, apressado, com olhos embaralhados frente à multiplicidade ofertada. Trata-se de um sujeito empreendedor, indiferente aos princípios éticos e voltado para um ideal infinito de prazeres. Esse modelo de

---

170 Campos, 2016, p. 329.

desempenho desafia os limites do tempo, do espaço e do corpo. Tudo é ilusão e provisoriedade. Trata-se de um monge exigente e devotado à imagem narcisista do espetáculo, em que a administração dos bens e a gula são o grande fetiche. A obesidade já é a epidemia do século XXI. Segundo Campos,

> a estimativa é que, em 2020, haja cerca de 200 milhões de obesos no mundo. A obesidade se propaga rapidamente no mundo contemporâneo e tem ganhado espaço, cada vez mais, na mídia e na sociedade, tornando-se foco da atenção no meio médico, psicológico e nutricional. [...] No Brasil, cerca de 27 milhões de adultos, ou seja, 32% da população adulta, apresentam algum grau de excesso de peso; destes 27% são homens e 38% são mulheres[171].

O mercado transformou-se em goela devoradora, diante da qual o sujeito encontra-se prestes a ser abocanhado, aspirado, engolido. Essa boca insaciável tanto se mostra na oralidade desmedida, expressa nas formas atuais de anorexia e bulimia, quanto no devorar por meio do consumismo, da toxicomania e do sexo compulsivo, que nega a alteridade.

3 A gula: da ascese sacrificante à ascese compulsiva do desempenho

Há pelo menos três concepções filosóficas de "educação" – ou modos de o sujeito lidar com seus apetites, como a gula – pela via da ascese. A primeira baseia-se na ascese sacrificante, a outra, na ascese compulsiva do desempenho e a terceira, na emancipatória. Etimologicamente, *ascese* vem do grego e significa "exercício" – exercício físico dos atletas, acompanhados de rigorosa dieta e concentração visando às competições. Posteriormente, o ascetismo ganhou destaque na vida espiritual medieval, sobretudo no campo dos vícios e das

---

171 Ibid., p. 325.

virtudes. Constituía-se no investimento do sujeito na autodisciplina e no ideal. O ser humano convive em contínuo limite: no exercício físico, na prática de um idioma, na atividade culinária, artística, intelectual e até no amor. A formação do asceta monástico era sustentada num tripé: exercício espiritual, vida comunitária e trabalho agrícola. Como todo exercício, exigia experiência metódica. É como aprender qualquer arte. No contexto espiritual do tempo medieval, o importante era o método, a atitude de oração, a abstinência, a disciplina e a experiência de Deus.

A finalidade da ascese sacrificante era a perfeição. No critério sacrificante, o modelo de perfeição canalizava as luzes e excluía as sombras. Lidava, dividido, com os conflitos básicos do ser humano: a afetividade e a sexualidade, a comilança e o jejum, a agressividade e a rivalidade entre irmãos e superiores. As consequências de tudo isso eram a exclusão e a negação das paixões, consideradas tentações do demônio.

A ênfase do critério de avaliação espiritual era exterior e visível: observância de horário, número de participantes, tom de voz, jejum, abstinência da carne, privação de sono, hábitos gestuais, aparência física devocional, código de normas iguais ou manuais comuns de piedade.

Estavam presentes nesse modelo o nivelamento de tudo e de todos, a desatenção a singularidades e diferenças, a monotonia e a ausência de criatividade. Tais características promoviam, ao longo do tempo, o sofrimento psíquico entre os monges. Conviviam a santa anorexia, o conformismo, a acídia, o cansaço e a anemia espiritual. Era assim que viviam algumas santas místicas e anoréxicas.

Ora, a energia que serviria para viver os ideais possíveis da pessoa no Coração de Cristo (*corde* – coração, afeto) era gasta com a negação de elementos importantes da humanidade. A vida poderia tornar-se dramática e inútil. Os ritos litúrgicos transformavam-se em obrigação, meros preceitos a serem cumpridos e executados. Naquele tempo, a Igreja recomendava a ascese sacrificante, que compreendia anulação do desejo do sujeito, uso obrigatório de cilício enquanto autossacrifício do corpo e ritos obsessivos de oração fortalecidos por fantasias persecutórias e posição masoquista.

Parafraseando Byung-Chul Han[172], os humanos substituíram os "ascetas sacrificantes" pelos "ascetas compulsivos de desempenho – de competição". Eles creem que são empresários de si, com poder ilimitado. A cultura das empresas é atender a demanda do mercado, da busca de excelência e da "falha zero". No lugar da observância de horário regular, do jejum, da abstinência da carne, da privação de sono, do código de normas, optaram por projetos motivacionais e de autoajuda visando o mais gozar. O asceta de desempenho é rápido e desafiador dos limites. Ao contrário do sacrificante, dominado pelo medo e pelo limite, o asceta compulsivo de desempenho nega qualquer possibilidade de obstáculo e lança-se compulsivamente no entorno de si enquanto imagem total. Ao suprir a moral do dever do asceta sacrificante, o asceta compulsivo do desempenho opta pelo desregramento de um eu à deriva.

Há algum tempo, o novo templo do mercado vem recomendando aos noviços da ascese compulsiva do desempenho a anulação da alteridade, a autoafirmação de si, o comer em demasia, o culto ao corpo e os ritos obsessivos de trabalho, sem limite, fortalecidos por fantasias de que tudo podem e nada é impossível, numa posição sadomasoquista.

O novo asceta é um ser de competição e do desempenho. Empreender de si é um ser feito para "ganhar", ser "bem-sucedido". O esporte radical ou de alto risco tornaram-se o modelo idealizado dos dirigentes do mercado, das empresas, das escolas, das famílias e

---

172 Han, 2017, p. 23-30.

das Igrejas. O grande teatro social[173] revela os deuses, os semideuses e os heróis de resultados: o número e durações das práticas sexuais, os aprovados no Enem, as publicações compulsivas de artigos científicos, as *performances* do corpo e as cifras de curtidas nas redes sociais. O *coaching* ou *personal trainer* são marcas de colocarem pessoas em forma física, sexual, intelectual ou direção espiritual emotiva. O lema é o aprimoramento de si mesmo, a procura de sensações fortes, o fascínio e a superação idealizada dos limites. Exige-se do "novo ser humano" que produza "sempre mais" e "goze sempre mais". Eis o slogan da moda: "Nós somos os campeões". "Não há lugar para perdedores".

Contemporaneamente, nasce um contraponto entre as duas asceses: a ascese emancipatória. Esse modelo de espiritualidade, ou modo de viver, considera a pessoa como potencial que se integra na realização corpórea, psíquica, social e espiritual. A ascese emancipatória convida o sujeito a voltar-se sobre si, como condição de estender-se em direção ao outro. Existe uma qualidade de ascetismo religioso que grandes obras testemunham em todos os períodos da história. Trata-se, como diz Papa Francisco[174], de "uma santidade ao pé da porta, daqueles que vivem perto de nós e são um reflexo da presença de Deus" – pessoas da categoria comum do povo, santos do cotidiano. Este movimento constitui-se pelo diálogo quanto a dons e dificuldades que habitam cada ser humano: elementos de luzes e sombras.

A segunda recomendação da ascese emancipatória é o compromisso com o dom da vida, que pressupõe a responsabilização com o outro, lembrança constante do rosto de Deus que não deseja sacrifícios e, sim, misericórdia. "Misericórdia eu quero, não sacrifício" (Mt 9,13)[175]. Coração que reconhece a própria miséria e se solidariza com a miséria do outro, que sofre com o outro: "cuidado com a vida".

---

173 Dardot & Laval, 2016, p. 354-355.
174 Papa Francisco, 2018, p. 12-13.
175 Bíblia Sagrada.

A misericórdia não anula a vontade humana de fazer o mal ao outro e a si mesmo, nem renuncia a combatê-lo. A misericórdia recusa-se eticamente a somar ódio ao ódio, egoísmo ao egoísmo, cólera à violência. A misericórdia não modifica a estrutura psíquica do sujeito, como se percebe na vida de alguns santos e místicos que conviveram com sombras e luzes. A misericórdia escuta com afeto as lacunas humanas, proporciona espaço de consolação e de transfiguração de sujeitos. A misericórdia não é uma virtude imposta. É uma escolha de homens e mulheres livres e responsáveis. Acontece pelo distanciamento e a possibilidade, que dele provém, de uma análise menos emotiva e mais realista das situações. A misericórdia traz para o cotidiano a **Palavra**, que desliza nas experiências de amor, ódio, rivalidade, e elabora angústias e frustrações.

A ascese emancipatória pode tornar as pessoas mais apaziguadas, agradecidas, profundas, tolerantes, abertas afetivamente e receptivas aos relacionamentos. A experiência espiritual exige recursos psíquicos e teológicos. O espiritualismo, na prática do asceta, pode levar a inumeráveis desvios ou autoenganos[176], como alienação, delírios de perseguição, mutilação física, submissão, fundamentalismo intolerante e fechamento narcísico. A ascese emancipatória exige humildade, conhecimento e apaziguamento da história pessoal, silêncio, descoberta amorosa de si, do outro e de Deus.

O sofrimento psíquico do sujeito também está relacionado à sua concepção filosófica, educacional e teológica de fé. A organização do asceta contemporâneo só será verdadeiramente humana se for consequência do alargamento, e não do estreitamento, do coração e da prodigalidade. Caso contrário, o asceta não passará daquilo que, hoje, lamentavelmente, presenciamos: uma vivência de sofrimento psíquico. Para alguns ascetas, trata-se de um fardo intolerável, só suportado por força da autodisciplina, de desastres pessoais, ou de algu-

---

176 Morano, 2003, p. 110.

ma vantagem, quando não é expressão de soberba e autossuficiência. Por outro lado, há silenciosas experiências saudáveis, possibilidades humanas de vida, belíssimas chances e severos riscos, já que alguns ascetas apostam em uma ascese emancipatória.

4 O alimentar: aspectos psicossociais

Pretendo, aqui, dialogar com escritos de dois autores que se defrontaram, em seus textos, com a temática da alimentação: Sigmund Freud, em "Três ensaios sobre a teoria da sexualidade" (1905) e "Psicologia das massas e análise do eu" (1921), e René Girard, antropólogo e filósofo, no livro *Anorexia e desejo mimético* (2008).

Freud assim aborda o sugar da criança: "O ato de chupar ou sugar, que aparece já no lactante e pode prosseguir até o fim do desenvolvimento ou se conserva por toda a vida, consiste na sucção, repetida de maneira rítmica, com a boca (os lábios), sem a finalidade da alimentação"[177].

Sugar é o primeiro ato de alimentação de todos os mamíferos. Contudo, o ser humano é o único mamífero que abdica da exclusiva meta de ingerir algo nutritivo, para investir, primordialmente, no prazer. O mamífero humano distancia-se da força do instinto por conta do afluxo de leite morno, passando, então, à pulsão. A pulsão é a neonecessidade de vida que se distingue da nutrição e escolhe o caminho desviante do desejo. Ela utiliza o corpo biológico como apoio e transforma-o em corpo erógeno. Diz Freud: "Quem vê uma criança largar satisfeita o peito da mãe e adormecer, com faces rosadas e um sorriso feliz, tem que dizer que essa imagem é exemplar para a expressão da satisfação sexual na vida posterior"[178].

Para Freud, o conceito de sexualidade está apoiado no corpo biológico e, ao se desviar dele, inaugura o corpo erógeno – o mundo

---

177 Freud, 2016, vol. 6, p. 82-83.
178 Ibid., p. 86.

inconsciente. Freud constata, enquanto psicanalista, que muitas de suas pacientes com distúrbios de alimentação, histéricas com sintomas como constrição no trato digestivo e vômitos, foram enérgicas "sugadoras" na infância[179].

Em *Psicologia das massas e análise do eu* (1921), Freud não trata especificamente da tradição de alimentação entre crianças e adultos. Sua intenção é explicar as relações entre o sujeito e seus pais, irmãos e diversas autoridades. Outras indagações formuladas por ele, no texto, são: o que é a relação interpessoal ou grupal? De que maneira ela adquire a capacidade de influir tão decisivamente na vida psíquica do indivíduo? Em que consiste a modificação psíquica que ela impõe à pessoa? Para a psicanálise, o hábito de comer é fruto da relação entre a criança e a mãe. Posteriormente, a rotina da alimentação é ampliada dentro do grupo familiar. O que une as pessoas em torno da mesa? Para Freud, não é a fome de pão, mas a fome de desejo, denominada por ele de "libido", ou seja, amor. Assim Freud define o que ele entende por libido:

> O que constitui o âmago do que chamamos amor é, naturalmente, o que em geral se designa como amor e é cantado pelos poetas, o amor entre os sexos para fins de união sexual. Mas não separamos disso o que partilha igualmente o nome de amor, de um lado o amor a si mesmo, do outro o amor aos pais e aos filhos, a amizade e o amor aos seres humanos em geral, e também a dedicação a objetos concretos e a ideias abstratas[180].

Para Freud, além da contribuição do campo do amor, há outro mecanismo que vincula afetivamente as pessoas, denominado processo de identificação. A identificação entre duas ou mais pessoas ocorre quando o sujeito incorpora traços que qualificam a imagem do outro. A identificação é a mais antiga e original maneira de

---

179 Ibid., p. 87.
180 Ibid., p. 43.

relacionamento, ocorrendo primeiro entre a criança e a mãe. Na fase oral, é tão significativa que se assemelha à incorporação do objeto amado como afeição devoradora. O canibalismo é um ritual mítico – ao devorar o inimigo, a intenção do sujeito é introjetar a figura idealizada, herdando e eternizando suas qualidades. Evágrio Pôntico já havia chamado a atenção para a proximidade da gula com a luxúria, sendo ambas prazeres da carne: ardilosos desejos de comer, devorar e possuir o outro.

Freud sinaliza que "é digno de nota que nessas identificações o eu às vezes copie a pessoa não amada, outras vezes a amada"[181].

Para a psicanálise, o ato de alimentação é sustentado pela força da pulsão, cuja fonte é desnaturalizada do corpo biológico para o corpo erógeno. Essa excitação não é exata e não pertence à ordem da necessidade. Ela é uma produção do mundo das fantasias psíquicas, que almejam, inicialmente, a realização do eu através do autoerotismo e o vínculo com o outro, sustentado pela libido e reabastecido pelos processos de identificação entre o eu e os objetos. O eu é construído por identificações superpostas, como camadas de olhares do outro, um guarda-roupa cujas peças levam marcas de grifes e raras combinações. Os sujeitos passam a vida acreditando imaginariamente na unidade identificatória que os define.

A identidade surge, portanto, não tanto da plenitude de um *logotipo* que já estaria dentro de nós como pessoa, mas de uma carência de inteireza que é "preenchida" a partir de nosso exterior, pelas formas através das quais imaginamos estar sendo vistos pelos outros. Psicanaliticamente, continuamos buscando a "identidade" e construindo biografias que buscam agregar as diferentes partes de nossos *eus* divididos numa unidade. Procuramos recapturar o prazer fantasiado da plenitude – o narcisismo perdido. Somos um caleidoscópio de sucessivas e cambiantes metamorfoses que ocorrem de acordo com

---

181 Ibid., p. 63.

tempo e espaço, em múltiplos movimentos e combinações psíquicas e sócio-históricas.

René Girard[182] reconhece o ato de comer como necessidade natural do ser humano, embora haja algo ampliado na alimentação, que ele denomina desejo mimético. O antropólogo afirma que o desejo se expressa através do rival: *todo desejo é rival e toda rivalidade é desejo*. Rivalidade com quem e com quê? Primeiro, a rivalidade consigo mesmo, com a própria imagem corporal, ascese em que o próprio sujeito se autodesafia na busca de autodomínio de um ideal. Em segundo lugar, o rival é o outro que impõe ao sujeito um imperativo, utopia da moda, do corpo, do intelectual, da saúde ou do cardápio alimentar. A recusa a atender à demanda é uma forma de protesto, rivalidade e luta de poder. Na sociedade, há inúmeros espelhos de corpos que são rivais e também modelos[183]. Por exemplo, o desejo mimético é esperado entre duas jovens rivais que se identificam em torno do mesmo objetivo. Não há estranhamento entre identificações rivais. O estranho é familiar e provoca rivalidade mimética.

Na Idade Média, o ideal entre as religiosas, era o de passar mais tempo em sacrifício, jejuando – a santa anorexia. Para atingir a maior nota de corte de jejum, era necessário rivalidade entre as santas ascéticas. O jejum não era um sacrifício penoso, mas um desejo mimético entre as santas, visando à maior glória a Deus. Santo Tomás fez várias advertências sobre os excessos dos glutões e as obsessões de jejum na vida monástica. As autoridades eclesiásticas previniam sobre esses excessos, alertando para o pecado da soberba. A autossatisfação não era bem vista pela dor e pelo desconforto heroico. Os primeiros papas estavam atentos ao pecado da luxúria do espírito.

Contemporaneamente, entre as garotas, vivem-se as rivalidades miméticas de perturbações alimentares. Trata-se de uma escalada de

---

182 Girard, 2009, p. 30-35.
183 Ibid., p. 34.

violência que leva adolescentes à automutilação ou ao exagero nos investimentos corporais: dietas, academias, cirurgias, medicamentos, literatura de autoajuda, aplicação de produtos estéticos. As jovens criaram rivalidades como as jejuadoras. O jogo é mantido com forte concorrência entre as vítimas. *A vítima que pesa menos pesa mais e ganha o troféu*[184]. Declinaram as santas anoréxicas em torno de ideais de santidade e aumentou exponencialmente o círculo infernal da futilidade mimética.

5 À maneira de conclusão: o banquete pós-moderno

Em algum momento do ano 416 a.C. na casa do poeta Agatão houve um importante banquete. Vários convidados compareceram: Sócrates, Fedro, Pausânias, Erixímaco, Aristófanes, Alcibíades e Platão[185]. Na lista de convocados, não havia nenhuma mulher ou criança. No canto da sala havia apenas uma garota executando uma música. Os escravos estavam presentes, logicamente, para servir. A tradição desses jantares – em grego, *simposion*, espécie de banquete festivo – era servir primeiro a comida. Ao final, os servos retiravam os talheres, o restante dos alimentos e lavavam as mãos dos presentes. Por último, o mestre de cerimônia ordenava a bebida. Terminado o ritual do jantar, iniciava-se uma espécie de roda de conversa, o "banquete de discursos". Os temas eram matérias sobre amor, estrutura da família, força, beleza, riqueza, virtude, sabedoria, justiça, coragem, ocupação e realizações.

A alimentação é um tema transdisciplinar. Envolve um emaranhado de saberes antropológicos, socioeconômicos, religiosos, medicinais, psicológicos. As tradições, os costumes artísticos e a cultura alimentar confundem-se com a história da civilização humana ocidental: desde a sociedade primitiva, passando pela filosofia clássica e

---

184 Ibid., p. 21.
185 Platão, 2017, p. 9.

Idade Média, desembocando nos períodos renascentista/moderno e até os dias de hoje. Quando alterações nos padrões de beleza passam a exigir que mulheres e homens sejam esbeltos, os conselhos e discursos da cultura transformam o ritual do "banquete pós-moderno" em ameaça. Na pauta, estão a fixação com a estética do corpo, o fascínio do olhar obsceno exigente do outro, os exercícios físicos compulsivos e a transformação da alimentação em perseguições demoníacas da magreza, além da obrigatoriedade voraz do comer.

No banquete atual, as categorias de tempo e espaço foram drasticamente alteradas pela rapidez (*fast-food*) e pelo hiperespaço enquanto lugar nenhum. A escassez foi substituída pela abundância. A fome de hoje é consequência da injusta distribuição de alimentos. Alarga-se a promiscuidade, há limites como horário de refeição, rodas de conversa, rituais de aperitivos fraternos, das tradições culinárias e receitas caseiras. No banquete de Platão, havia uma severa distinção entre homens, mulheres e escravos. Nos banquetes modernos, há uma indistinção cada vez maior entre os homens e as mulheres. Os novos manequins masculinos são também femininos.

Hoje em dia, existe opção por relações interpessoais e horizontais diferentes das relações hierárquicas da casa de Agatão. Há mais relativização de valores, de tradições e escolhas culinárias, sem critérios absolutos. Anseia-se por realizar o momento presente. Os temas como amor, justiça, coragem foram substituídos por assuntos fúteis da moda. O monge ascético, em vez de ofender a Deus, transformou-se no atleta de desempenho, que paga alto pelos efeitos da transgressão: *fashion vistims*, obesidade, transtornos alimentares, bulimia, anorexia, automutilações, quadros de depressão – semelhante ao artista kafkiano da fome.

No tempo de Gregório[186], como vimos no início deste capítulo, havia cinco modos de tentações do pecado da gula:

---

186 Apud Deluneau, 2003, p. 392.

O vício da gula nos tenta de cinco modos, a primeira é comer antes da hora, a segunda é procurar carne e bebida delicadas; a terceira é comer exageradamente; a quarta é curiosidade em cozinhar e temperar as carnes; a quinta é comer gulosamente. Esses são os cinco dedos da mão do diabo, por meio dos quais ele atrai os homens ao pecado. O que se resume no seguinte verso: **"inoportuno, luxuoso, requintado, demasiado e ardente"**.

E no momento contemporâneo?

A alimentação de hoje, em certo sentido, não é inoportuna, muitas vezes é aceita e estimulada pelo mercado; não é regida pelo tempo cronológico, pelo contrário, ela é desregulamentada; o ímpeto de comer não implica transgressão a uma norma, tipo pecado, hoje, se come enquanto permissão obscena *de poder tudo*. Há uma ausência do outro e um transbordamento de prazer de comer sozinho – gozo autoerótico. O isolamento aprofunda as quatro repetições compulsivas: frustração, angústia, gula e culpa. O mercado publicitário tornou-se o grande ideal a ser seguido: referência corporal, marcas sofisticadas de produtos alimentícios, hábitos e costumes da moda. O deus do mercado tem sido muito mais inegável do que o Deus de Tomás de Aquino. O que se resume no seguinte verso: **"oportuno, tudo pode, autoerótico, demasiado e exigente"**.

8
Preguiça

1 Introdução

O vocábulo preguiça, com raiz no latim *pigritia*, de *piger*, define o sujeito indolente, moroso na ação e preguiçoso. Há, também, outro termo latino, *pinguis*, que significa pesado, gordo, expressando a característica física da pessoa pejorativamente associada ao preguiçoso. De forma semelhante, o termo *akedia*, do grego clássico, indica desinteresse, indiferença e falta de atividade, tendo o mesmo sentido do vocábulo latino *acedia*. Evágrio parece ter sido o primeiro a identificar o demônio da acídia como "demônio do meio-dia". O período da tarde e as práticas de jejum, provavelmente, teriam influenciado mais a indolência dos monges do que as tentações do demônio[187]. Na tradição da Igreja, Delumeau[188] percebe a acídia como *sonolência espiritual, dificuldades dos exercícios religiosos, tristeza que apagava da alma o desejo de servir a Deus.* Santo Tomás de Aquino, em complemento, enfatizava o termo "tristeza" – *tristitia – enquanto vazio da alma ou tédio profundo em face do bem espiritual.*

No início da Idade Média, os provérbios hebreus[189], que são parte integrante da Bíblia, estimularam o imaginário social e os ditados

---

187 Wasserstein, 2005, p. 54.
188 Delumeau, 2003, p. 432.
189 Ibid., p. 434-435.

populares sobre a indolência: "a indolência não assa sua caça", "Todo labor dá lucro; o falatório só produz penúrias", "A alma indolente terá fome", "Sobre aquele que cruza os braços e se estica virá a indigência como um vagabundo e a miséria como mendigo", "Preguiçoso na juventude, sofredor na velhice".

A Igreja Católica não seguia os ensinamentos da cartilha leiga. Havia resistência da hierarquia em associar a acídia à repugnância ou à preguiça ao trabalho. A vida monástica compreendia-a como tédio espiritual. Com o tempo, os ensinamentos da cartilha leiga foram incorporados aos credos da Igreja. Três semelhantes caminhos contribuíram para essa síntese.

A primeira porta de assimilação dessa doutrina veio da concepção moral da ociosidade. A Igreja passou a pregar a dedicação constante à oração para combater a atividade livre, o que, atualmente, pode ser traduzido pelas máximas: "a ociosidade é a mãe de todos os vícios" ou "mente vazia, oficina do diabo".

O segundo espaço de condenação da acídia, enquanto preguiça, criou-se na associação da pobreza ao horror, à condição de desprezo, à suspeita e ao temor. O marco visível da laicização da preguiça ganhou, na Igreja, a ideia de condenação da pobreza enquanto mal. Os leigos chamavam de preguiça o que os clérigos chamavam de acídia. A imagem de pobreza equiparou os conceitos de preguiça e acídia.

A última entrada deu-se pela alteração da concepção do tempo. O tempo medieval, rural, longo, foi declinando e cedendo lugar ao tempo acelerado mercantilista.

A cartilha de vigilância do tempo foi reescrita com novas concepções: "nada é mais precioso do que o tempo", "perda de tempo" e "prestar contas do tempo". Modernamente, essas prescrições resultaram no famoso pensamento capitalista do físico americano Benjamin Franklin, no século XVIII: "tempo é dinheiro".

Evágrio Pôntico deu especial destaque ao desânimo entre os Eremitas do Deserto. Dos oito pecados capitais, selecionou dois com o mesmo significado: acedia (acídia) e tristeza. A preguiça era considerada pecado silencioso e de aparência tranquila. Contraditoriamente, era muito preocupante e inspirava cuidados pois escondia, sorrateiramente, sintomas de tristeza ou melancolia. Para Evágrio e Cassiano, a vida monacal era propícia ao surgimento da acídia, pois lá viviam, sobretudo, pessoas solitárias, devotas do silêncio e da meditação enquanto busca de Deus.

2 A preguiça é um sintoma de monges?

A preguiça é um sintoma de monges? Diria que não necessariamente. Poderia ser uma diferente escolha de vida, algo próximo daqueles que vivem opções distintas da cultura dominante: artistas, poetas, ciganos, andarilhos, prisioneiros, moradores de rua e místicos. Não lugares. Parafraseando o cineasta chileno Patrício Guzmán[190], a vida no mosteiro é o deserto do tempo, a nostalgia da luz. O deserto é árido, tem um ar fino, libera frio e calor, apresenta secura e fecunda solidão. *As estrelas parecem ao alcance das mãos no céu do deserto*. O eremita, como o astrônomo, vasculha o espaço interior em busca de sinais da experiência de Deus. Para o astrônomo, "o presente não existe, vivemos atrasados, o agora ocorreu no passado". No eremitério, o monge conversa com a história passada. *O diálogo ocorre numa fração muito pequena de segundo, pois a velocidade da luz é muito rápida e demora um certo tempo para chegar*. Não existe informação objetiva. A linguagem é constituída por associações livres, fragmentos de memória. A estrutura monacal composta de muito longe no espaço e no tempo ilumina o muito perto no tempo e no espaço – a intimidade com Deus. No deserto do convento, talvez seja

---

190 Guzmán, 2010.

possível a *nostalgia da luz* – o lugar privilegiado para mergulhar no tempo enquanto portal do passado, experimentando ou não a Deus.

As iniciativas de monges, poetas, artistas e andarilhos utópicos, portadores de pensamentos e práticas críticas, poderão ser sempre interrompidas tanto pelos grandes aparelhos de Estado como pelo milhão de microcumplicidades que integram pessoas e estruturas institucionais (desde mecanismos psíquicos de boicotes até as mais altas maquinações estruturais das instituições).

As recordações imaginárias relatadas acima são vitoriosas mas, em algum momento, poderão ser derrotadas. Não é grave. Suas imaginações fazem parte da vida, de revoluções moleculares e utopias ativas. As ideias não morrem e fazem parte do todo da existência, que sempre renascerá das cinzas.

3 Ambivalências: ânimo e desânimo

Os Monges Eremitas do Deserto eram humanos e estavam sujeitos às intempéries da vida: alegrias e tristezas. A acídia fazia parte do cotidiano monacal, relacionada a tristeza, enfado, irascibilidade, negligência, torpor da mente, prostração de ânimo ou preguiça que afasta a vontade de fazer ou de iniciar algo – flácida beatitude.

Os fundadores dos eremitérios preocupavam-se muito mais com a acídia enquanto possibilidade de morte do amor a Deus do que como negligência. Tratava-se de não perder o primeiro amor. Evágrio mostra que *a preguiça tem o terrível poder de apagar a luz de Deus nos olhos do homem*[191]. Para os primeiros papas, o amor excessivo de si era o esfriamento do amor a Deus, sintoma preocupante que, quanto mais escondido e invisível, mais perigoso se tornava para o espírito. Segundo Gregório Magno, eram seis as filhas da acídia: *malícia*, enfado pelos bens espirituais, *irascibilidade* contra quem tenta

---

191 Cucci, 2008, p. 335.

persuadir o sujeito a fazer o bem, *medo* para o qual não se aceitam remédios, *desânimo* geral, indolência na observação de preceitos, *fuga* para coisas ilícitas e *entrega aos prazeres* dos sentidos e do mundo. A acídia, curiosamente, poderia ser resumida como excessivo amor próprio (*philautia*) – raiz da soberba e instrumento de redução do amor a Deus.

4 Moisés: o bom samaritano desiludido por compaixão[192]

No Livro do Êxodo[193], Moisés já apresentava um quadro de acídia, profunda desilusão e desmotivação no exercício da liderança do povo hebreu. Seu sogro, chamado Jetro, percebendo o esgotamento psíquico de Moisés resolveu intervir e disse:

> Que é que fazes com o povo? Por que tu te sentas sozinho, com tanta gente em pé junto a ti, de manhã à tarde?" Moisés respondeu ao sogro: "É que o povo vem a mim para consultar a Deus. Quando têm alguma questão, eles vêm a mim para que eu julgue entre eles e lhes dê a conhecer os preceitos e as leis de Deus". Mas o sogro disse a Moisés: "O que está fazendo não está certo. Acabará esgotado, tu e também este povo que está contigo. Esta tarefa é pesada demais para ti. Não poderás executá-la sozinho. Agora, escuta-me: vou dar-te um conselho, e que Deus esteja contigo. Tu deves representar o povo diante de Deus e levar suas causas a Deus. Esclarece o povo a respeito dos preceitos e das leis; dá-lhe a conhecer o caminho a seguir e o que deve fazer. Mas quanto a ti, procura entre o povo homens de valor, que temam a Deus, homens de confiança e inimigos do suborno, e estabelece-os como chefes de mil, de cem, de cinquenta e de dez. Eles julgarão o povo de modo geral. As causas maiores, as levarão a ti; as menores, porém, eles mesmos as julgarão. Assim, tu ficarás aliviado, e eles assumirão a

---

192 Ronzoni, 2008.
193 Bíblia Sagrada.

tarefa contigo. Se assim procederes, e Deus te mandar, serás capaz de manter-te, e o povo irá para casa em paz" (Ex 18,14-23).

A síndrome do bom samaritano desiludido, de Moisés, mostrou-se na forma de governar o povo hebreu. O tipo de governança escolhido foi o de centralizar toda a decisão sobre seus ombros. Além disso, Moisés sentia-se frustrado pela impossibilidade de realizar os desejos da população e de organizar a sociedade hebraica nascente como ele desejava. Ele poderia dizer não ao povo, mas parecer-lhe-ia que, fazendo isso, se sentiria pior. A finitude causava-lhe culpa. Ter que repartir o poder e o saber jurídico gerava impotência e insegurança. O excessivo amor próprio (*philautia*), raiz da soberba, fez Moisés diminuir o amor a Deus e aumentar o mal-estar, a irascibilidade, a prostração.

Aos poucos, os sintomas falaram mais alto e Moisés procurou ajuda terapêutica junto ao sogro, Jetro, o qual exerceu a dupla função de orientador espiritual e psicólogo. O diálogo entre os dois produziu em Moisés novas estratégias de enfrentamento do enfado pelos bens espirituais e a indignação com o povo. Com a mudança na forma de fazer as coisas, Moisés obteve novidades no relacionamento com os pequenos grupos dos hebreus. A organização social e religiosa em pequenas tribos produziu diferentes formas de subjetividades cooperativas e amistosas.

A síndrome do bom samaritano desiludido por compaixão existe, mas pode ser produção e escolha de modos de relacionamento entre o sujeito e os grupos sociais. Qualquer organização pode gerar, ambivalentemente, relações autônomas ou dependentes, subjetividades produtivas ou reprodutivas, em diferentes tempos históricos.

Antes mesmo da mudança de Moisés, o povo hebreu já apresentava reclamações, descrença, cansaço e atitudes agressivas para com Deus. A apatia ou as manifestações de oposicionismo popular eram fruto do excesso de zelo paternal. Muitas vezes, a preguiça constitui apenas sintoma da apatia, do desinteresse e das reclamações infantis: "a saudade das cebolas e alhos que comiam de graça no Egito". Assim, nos relatos dos hebreus, no Livro dos Números, observa-se a relação conflituosa entre Deus, Moisés e o povo:

> O povo começou a queixar-se amargamente aos ouvidos do Senhor. Ao ouvir, o Senhor inflamou-se de ira, e o fogo do Senhor irrompeu contra eles e devorou uma extremidade do acampamento. [...] "Quem nos dará carne a comer? Lembramo-nos dos peixes que, no Egito, comíamos de graça, dos pepinos, melões, verdura, cebolas e alhos! Agora a nossa garganta se resseca, nossos olhos nada veem, senão o maná".[...]. Moisés ouviu a lamúria do povo, família por família, cada qual à entrada de sua tenda. [...] Moisés disse a Deus: "Acaso fui eu que concebi ou dei à luz este povo, para que me digas: 'Carrega-o no colo – como uma ama leva uma criança – até o solo que juraste dar a seus pais?' Onde eu encontraria carne para dar a todo este povo? Pois se lamentam para mim, dizendo: 'Dá-nos carne para comer'. Eu não posso carregar sozinho todo esse povo: é pesado demais para mim. Se queres tratar-me assim, peço-te que me mates de uma vez, se encontrei graça a teus olhos. Que eu não veja mais minha desgraça" (Nm 11,1-15)[194].

São Francisco também lidou com o tema da indolência entre os frades conventuais. Ele foi um apaixonado pela vida, carregado de ideais de amor e de fraternidade. Ao romper com qualquer bem material, buscou uma concepção de partilha e liberdade entre os confrades. A ele se juntaram outros idealistas, na busca do Evangelho de Jesus. Diz Francisco: "Não queiramos possuir nada neste mundo além da santa pobreza, em virtude da qual o Senhor nos proporcionará alimentos corporais e espirituais e nos dará a herança celestial"[195].

---

194 Ibid.
195 Celano, 2000, p. 286-446.

A vida de São Francisco aparece como um dos temas de reflexão nas obras de Friedrich Engels, Antônio Gramsci e Sigmund Freud. Para os marxistas Engels e Gramsci, havia no século XII dois tipos de movimentos religiosos: burguês e popular. O movimento religioso popular distanciava-se do primeiro pelo caráter, ao mesmo tempo mítico, revolucionário e próximo do cristianismo primitivo. Quando Francisco prega a volta às origens do cristianismo, é considerado

> iniciador de uma nova religião, provocando enorme entusiasmo, como nos primeiros séculos do cristianismo: [...] a Igreja não o perseguiu oficialmente, porque isto teria antecipado em dois séculos a Reforma. Francisco foi um cometa no firmamento católico. Seu movimento foi popular enquanto viveu a recordação do fundador[196].

Para Freud, Francisco é exemplo de amor de si mesmo e pelos outros: "Nessa utilização do amor para o sentimento interior de felicidade, quem mais avançou foi talvez São Francisco de Assis"[197].

Francisco tem a dizer qualquer coisa de essencial e atual. Parece ter sentido e compreendido antecipadamente o drama contemporâneo, dizendo previamente muito do que diria depois a teoria de Félix Guattari[198] com *As três ecologias* – natural, humana e social – ao estabelecer aliança entre o cuidado com a mãe Terra, a fraternidade entre os humanos e as causas sociais em favor dos pobres.

Francisco enfrentou um conflito com um frade indolente. Os religiosos medievais recorriam ao trabalho rural, ao qual acrescentavam a oração: *ora et labora*. Havia um religioso que não frequentava os momentos comunitários de oração, não realizava trabalho manual no convento e não ia à rua, como os demais, pedir esmolas para a sustentação do grupo. Entretanto, comia muito bem. Francisco percebeu que a indiferença e a ociosidade do irmão produziam vergonha

---

196 Gramsci, 1978, p. 43.
197 Freud, 2010, vol. 18, p. 65.
198 Guattari, 1990.

e culpa. A atitude de Francisco não foi protetora. Reconheceu que o frade estava se comportando como um homem excessivamente indiferente e manifestou seu descontentamento:

> Vá pelo teu caminho, irmão mosca, porque queres comer o trabalho de teus irmãos, e queres ser ocioso na obra de Deus, como irmão zangão, que não quer produzir e trabalhar e come o trabalho e o lucro das boas abelhas[199].

Outra passagem bíblica sobre tristeza, acídia ou angústia envolve Jesus. Segundo o evangelho de Lucas, Cristo "esqueceu" por alguns minutos que era Deus, ou, melhor, mostrou-se divino na extrema humanidade. No Monte das Oliveiras, colocou-se frente à morte, dialogou com a finitude, teve medo e angústia, produziu sintomas de depressão, como a hematidrose. De tanto pavor, suas veias capilares, por baixo das glândulas sudoríparas, romperam-se e fizeram com que o sangue se misturasse ao suor e derramasse sobre sua pele gotas que caíam no chão.

> "Orai, para não cairdes em tentação". Então, afastou-se dali, à distância de um arremesso de pedra, e, de joelhos, começou a orar: "Pai, se quiseres, afasta de mim este cálice, contudo, não seja feita a minha vontade, mas a tua!" Apareceu-lhe um anjo do céu, que o confortava. Entrando em agonia, Jesus orava com mais insistência. Seu suor tornou-se como gotas de sangue que caíam no chão (Lc 22,39-46)[200].

As quatros considerações analisadas acima – de Moisés, do povo hebreu, do frade ocioso e de Jesus Cristo no Monte das Oliveiras – têm aspectos semelhantes. A acídia de Moisés manifestava sua aspiração exagerada no exercício da liderança, levando-o, talvez, à compulsão por desempenho. A insatisfação do povo hebreu tem a ver com o sentimento de abandono, de dependência e fúria para com Deus. A indolência do frade franciscano, provavelmente, estava relacionada

---

199 Celano, 2000, p. 286-446.
200 Bíblia Sagrada.

à perda de sentido da vida fraterna conventual. Quando perdemos a paixão por uma pessoa, projeto ou objeto, é possível ocorrer a apatia ou a preguiça. Francisco auxiliou o frade ocioso a decidir os rumos de sua vida. A insegurança da separação, proveniente de Francisco e da comunidade, estava acarretando sofrimento, humilhação e culpa no indolente frade.

Jesus Cristo estava vivendo a experiência de finitude, dor e aniquilamento ligada à morte. Cristo sente medo. O medo apavora e desafia a esperança. Faz suar sangue, despedaça a identidade e deprime. Os sintomas desses quatro personagens poderiam ser chamados de "síndrome de *burnout*" – tristeza ou depressão.

5 Síndrome de *burnout*

A palavra "*burnout*" designa uma síndrome que esvazia as forças afetivas do sujeito, produzindo enfraquecimento pessoal e dificuldade de realização de um projeto de vida. Em sua origem, a palavra inglesa é o resultado da junção de *burn* (queima) e *out* (fora), indicando algo que já não está queimando, que foi perdendo energia, cujo fogo se apagou. A palavra caracteriza um sofrimento psíquico acumulativo, fruto de desgaste orgânico, principalmente nas relações interpessoais. Usa-se também o termo *worn-out* para designar coisas gastas ou pessoas exauridas, cansadas.

Em 1970, o pesquisador Herbert Freudenberger[201] e sua colega Gail North dividiram a síndrome de *burnout* em vários estágios[202], que podem se alternar, a saber: necessidade de se afirmar; dedicação intensificada; descaso com as próprias necessidades; recalque ou ne-

---

201 Gilmonte, 2006, p. 98. Herbert J. Freunderberger (1926-1999), nascido na Alemanha e naturalizado norte-americano, utilizou o vocábulo *burnout*, pela primeira vez, em 1974, em seu livro *Burn-out:* the high cost of high achievement (*Burn-out:* o alto custo da alta *performance*).
202 Leal, 2010, p. 6-11.

gação de conflitos; desvalorização dos valores; baixa autoestima; negação de problemas e possibilidades de resoluções; recolhimento ensimesmado; aprofundamento do vazio interior; depressão sob a forma de comportamentos de indiferença, exaustão, prostração física, moral e agitação até a apatia. A vida perde o sentido, surgindo a síndrome de esgotamento total, colapso físico-psíquico e alta incidência de pensamento suicida.

Já o modelo teórico de Edelwich e Brodsky[203], desenvolvido na década de 80, explica a síndrome de sofrimento psíquico a partir de quatro fases: entusiasmo, fase de excesso de ânimo e ilusão; estancamento, com mudanças radicais de foco; frustração, sob a forma de obsessivas dúvidas e perguntas repetitivas; apatia, como mecanismo de defesa frente à angústia da frustração.

Outro modelo de síndrome de sofrimento psíquico é de Price e Murphy, teorizado em 1984[204], que se baseia na questão da perda ou do luto: perda de ilusão, perda de benefícios, perda de amor ou prestígio, perdas relacionadas à competência, experiências de finitudes, separação, abandono e morte. Segundo os autores, há seis fases sintomáticas: desorientação – sensação de sentir-se aquém das possibilidades de viver o problema; instabilidade emocional, isolamento e distanciamento; culpabilidade – fortes sentimentos de culpa; solidão e tristeza – com graves traços de depressão e intensas somatizações; solicitação de ajuda terapêutica.

Os primeiros autores citados assumem a linha evolucionista do entusiasmo, seguida da lenta, consciente ou inconsciente, desilusão do sujeito frente ao enfrentamento da vida. Cresce a tristeza, decorrente da gradativa percepção de uma realidade que não corresponde à expectativa, levando à experiência da exaustão. Já o terceiro autor procura enfocar o sofrimento psíquico na questão do

---

203 Gilmonte, 2006, p. 108.
204 Ibid., p. 109.

luto ou do rosário de perdas que o sujeito é convocado a reelaborar durante o percurso da vida: perda da competência, do olhar do outro, da imagem do corpo, as dificuldades no relacionamento afetivo, a baixa autoestima, a perda de *status* e prestígio e a experiência de finitude – a morte. As perdas geram inseguranças, consequentemente mais perdas, num processo descendente. Com o correr do tempo, a emoção é sepultada e expressa como sintoma. O corpo é simbolicamente afetado numa lista de sintomas intermináveis.

Nas três abordagens, a tensão afetiva ou o sofrimento psíquico são nitidamente perceptíveis nos sujeitos, sem nenhuma análise em relação às condições da instituição em que eles vivem. A pesquisa dos autores descreve com precisão os sintomas, mas esconde os segredos dos "não ditos" e das paixões adoecidas no entorno das organizações: família, escola, fábrica, Igreja, meios cibernéticos e mecanismos do Estado.

Foram observados, nos primeiros estudos sobre a síndrome de *burnout*[205], sua incidência predominante em profissionais com relações interpessoais de forte intensidade afetiva. Os sentimentos passam a se transformar em "repulsa". Ou seja, a síndrome desenvolvia-se em pessoas que, antes, faziam da ajuda aos outros seu grande ideal e esperavam o mínimo retorno amoroso: professor, assistente social, médico, enfermeiro, psicólogo, pastor, padre, religioso, freira e funcionário público. A empatia seria o requisito básico de tais profissões, que demandam sensibilidade emocional.

Esse esforço para perceber a estrutura de referência do outro exige altruísmo, ascese de si e distanciamento pessoal dos próprios pontos de vista. Evidentemente, tal esforço gera angústia e encontro com a dor, que se fundamenta nos laços afetivos e amorosos e tende a se

---

205 No Brasil, a "síndrome de *burnout*" integra a Lista de Doenças Profissionais e Relacionadas ao Trabalho (Ministério da Saúde, Portaria 1.339/1999), além de estar registrada nos Anais da Classificação Internacional de Doenças, 10ª revisão, CID-10, com o seguinte código e descrição: "Z 73.0 – Sensação de estar 'acabado'".

consolidar, gerando sofrimento. A construção do vínculo afetivo, o compartilhar da singularidade, alicerçada no espírito de compaixão, conduz a um envolvimento absolutamente inevitável, que interfere no dia a dia do sujeito, produzindo angústia, emoções e fragilidades. Seu oposto seria o distanciamento emocional, a indiferença, o esforço por se manter insensível e não se envolver. Tal comportamento desumanizante é também exaustivo. A sensibilidade solidária promove um relacionamento, aproxima, leva ao convívio e ao diálogo.

6 Os deprimidos são preguiçosos?

Os primeiros teólogos – Agostinho, Gregório Magno e Tomás de Aquino[206] – viam na preguiça um complexo de sintomas próximos da tristeza. Atrás da aparência de preguiça, existiriam verdadeiros sofrimentos: apatia da alma (interioridade), ausência de prazer, excesso de agressividade (autoagressividade), letargia, alienação, pusilanimidade (covardia para agir e divagação mental).

Na Modernidade, a tristeza e seus sintomas ganham estatuto científico e mudam de nome. Com a psiquiatria, a tristeza vem colecionando uma série de terminologias: psicastenia, neurastenia, abulia, apragmatismo, anedonia, depressão e transtorno de humor. Atualmente, o conceito de depressão designa tanto um sintoma quanto um transtorno[207]. Ela é vista como resultado de múltiplas causas: biológicas, psicológicas e socioculturais. O sujeito deprimido apresenta exaustão emocional, despersonalização e baixo desempenho cognitivo e afetivo – baixa autoestima. Aportam somatizações: cansaço físico, mal-estar geral, fadiga, dores, alteração alimentar e do sono, aumento

---

206 Aquino, 2004, p. 91-94.
207 Segundo a Organização Mundial de Saúde, em 2017, 322 milhões de pessoas estavam afetadas pela depressão, quase a população dos Estados Unidos. No Brasil, esse mal atinge 11,5 milhões – praticamente o número de habitantes da cidade de São Paulo [Disponível em https://tab.uol.com.br/depressao#tematico – Acesso em 01/01/2020].

dos batimentos cardíacos, desordens gastrointestinais, fibromialgias. Surgem dificuldades no comportamento: irritabilidade e frequentes conflitos interpessoais, quadros persecutórios, distanciamento afetivo, absenteísmo, variação de humor. É possível que haja condutas aditivas e transtornos alimentares. O diagnóstico psiquiátrico exige que vários desses sintomas estejam presentes por um período mínimo de duas semanas, e que tal quadro não seja explicado apenas por perda ou situação estressora recente. É necessário rever a história do sujeito: episódios semelhantes, quadros familiares, elementos genéticos, sintomas orgânicos recentes e contingências imprevisíveis.

Quanto à escolha do medicamento para o tratamento da depressão, deve-se levar em conta uma série de fatores: a gravidade do episódio depressivo, os diversos sintomas, a história de tratamentos anteriores, o perfil de efeitos colaterais e até mesmo o custo dessas medicações. Em geral, a atuação dos medicamentos antidepressivos envolve a inibição da recaptação de neurotransmissores cerebrais (serotonina, noradrenalina e dopamina), de forma mais ou menos seletiva, dependendo da classe estudada. Há, ainda, outros mecanismos de ação específicos de determinados psicofármacos.

O tratamento envolve não somente a terapêutica medicamentosa, mas também a psicoterapia, tanto como apoio quanto para o esclarecimento das origens e dos acontecimentos desencadeantes do sofrimento psíquico. O tratamento medicamentoso abrange as fases aguda, de continuação e manutenção e costuma levar de 1 a 3 anos, sendo que, em alguns casos, precisa ser mantido ao longo da vida.

O deprimido sofre duplamente. Primeiro, pelo quadro físico e mental dos sintomas. Segundo, pelo olhar preconceituoso das instituições. O deprimido passa a conviver com a ideia de que não tem nenhum valor, de que não chegará nunca a nada – será o eterno preguiçoso. A preguiça pode ser uma explicação simples para as pessoas que convivem com ele. Aliviados de suas culpas, institucionalmente, passam a entender o quadro a partir de uma perspectiva moral, ou como escolha medíocre de vida. O deprimido, pelo sentimento de culpa, vê seu retrato refletido enquanto humilhação. É o termo de pagamento de seus pecados, a dor de autoagressão à sua imagem indolente, de sujeito incapaz de se esforçar. Esse é o enredo do teatro do oprimido que, ao introjetar os olhares dos opressores, sente-se purificado pela dor da culpa, ataca a si mesmo e padece dos olhares cruéis do outro imaginário.

7 A dor da gente não sai no jornal

Parafraseando Chico Buarque, quando ele interpreta que a "dor da gente não sai no jornal"[208], diria que a dor da gente não sai também em protocolos médicos. O diagnóstico e o tratamento da depressão continuam mal conhecidos e complexos. A depressão é uma doença de todo o grupo – ela é social. A princípio, para se compreender a queixa de um deprimido, que nomearei "deprimido **A**", faz-se necessário ir além, ultrapassar a noção de sintoma advindo do modelo médico da ciência.

A noção que apresentamos aqui se opõe ao paradigma da clínica médica psiquiátrica, vai além do dito do paciente, entendendo a queixa como um modo de dizer, que evidencia aspectos do "não dito" – como dizia Lya Luft: "Mas não me consolem, da minha dor sei eu"[209]. Sem necessidade de fixar-se nas palavras exatas, um olhar que sonda além delas não examina apenas o corpo, mas percebe o que está sendo comunicado através da dor. O sofrimento é uma reação ao que é percebido. Talvez fosse possível uma abordagem que pudesse gentilmente favorecer uma oportunidade para o paciente sentir-se confiante, que o ajudasse a compreender suas queixas, encontrar as palavras exatas para nomeá-las.

---

208 Barbosa & Reis, 1960.
209 Luft, 1991.

Situando-nos melhor, podemos dizer, ainda, que o que foi informado ao médico pelo "deprimido **A**" é apenas uma parte da situação. É necessário dar lugar à palavra para nos aprofundarmos na questão. O que está no entorno da insônia, da dor e da irritabilidade? Qual processo fez com que o "deprimido **A**" chegasse à situação de desânimo, apatia ou preguiça? Que cenários da instituição – Estado, empresa, Igreja, escola e família – se juntam para que o corpo comece a dar sinais de que algo não está bem?

O que há na palavra de tão amedrontador para que o ser humano, frequentemente, escolha o caminho do sintoma? O que representa a escolha dessa expressão não verbal? O que o paciente tem a dizer, mas não pode, pela insistência do protocolo médico? Ele não consegue dormir porque há muito barulho onde trabalha? Não é aceito pelos colegas ou pelos chefes? Há pressão desumana quanto a horário, entrada, saída, produção, uso adequado das máquinas, resultado que está além de sua compreensão ou capacidade física? Há perda de prestígio, competência, *status*, situação econômica ou realização que não são vistas pelo coletivo? Problemas afetivos? História de pobreza, humilhação econômica, racial ou orientação sexual? São as marcas desse sofrimento que deslizam para o corpo e o psiquismo. O sujeito pode tornar-se hetero ou autoagressivo por problemas invisíveis ou recalcados. A indolência tem o sabor de quem perdeu alguma coisa que apenas tocou e nunca saboreou profundamente. Os deuses também adoecem e tornam-se ressentidos e preguiçosos.

Cobranças e pressões injustas, geradoras de sentimentos de inadequação e ineficiência; incompreensões devido a uma comunicação distorcida ou mal articulada; uma estrutura poderosa demais, estabelecendo modelos a serem imitados; valores culturais que não combinam com o padrão proposto; desnível social e/ou intelectual; sentimento de rejeição; conflitos familiares ou internos; violências sofridas; perfil em desacordo com a função ou estagnação do potencial: os sintomas e suas causas vão além da insônia e da dor. Eles falam mais alto. A busca por fazê-los cessar só pode ser porque, obviamente, esse é o lugar mais confortável e menos desafiante para o sujeito. A visão simplista dos diagnósticos é resultado de uma estrutura que tem seus próprios interesses, nem sempre coerentes com os do sujeito. Originalmente, os diagnósticos são elaborados para exercer um domínio escondido, protecionista, criando dependência. Adotando a supressão dos sintomas, o problema passa a ser apenas do sujeito. No mínimo, quer-se ignorar o quanto o caminho pode ser mais complicado ou acidentado.

O sintoma só poderá ser lido corretamente se vier junto à causa desencadeadora: "minha cabeça dói porque está explodindo de mágoa do meu chefe! Alojei dentro de mim toda a exigência e a cobrança do meu superior". Ou seja, "a dor da gente não sai no jornal".

O sintoma pode ser transformado em vida e energia se for escoado pela palavra consciente e autônoma. Como dizia São João, "a palavra se fez carne" (Jo 1,14)[210]. O sofrimento exige atenção, sabemos que algo está errado quando estamos machucados.

A psicanálise tem leituras que vão *além do dito* e são da ordem do *mistério*. Quando se usa o termo "sintoma", é preciso ouvir as palavras "insônia e dor" como "signo e sinal" e saber que isso vai bater em outra porta, passar do biológico ou anatômico para o psíquico, em forma de "irritabilidade", "autoagressividade", "depressão". Por causa desse "sintoma", também conhecido como "significado" de uma situação, o sujeito busca o médico e diz sem distinguir signo/sinal: dor de cabeça e insônia + sintoma = agressividade ou tristeza.

Esse sintoma pode ser tratado de duas maneiras. Primeiro, pela clínica disciplinar, em que o profissional acolhe o paciente, investiga a natureza da doença e classifica o estado patológico em um quadro nosográfico. A clínica também se propõe a estabelecer o prognóstico

---

210 Bíblia Sagrada.

da doença e escolher o tratamento apropriado. Para isso, o profissional da saúde dispõe de um sistema de investigação multivariado, ou seja, uma "investigação protocolada", destinada a reunir informações por exame direto do doente, com a ajuda dos mediadores técnicos, instrumentais, biológicos etc.

Também se pode encaminhar o paciente para a clínica psicossocial institucional, modelo que também acolhe e cuida, mas, através de uma escuta atenta, analisa as fontes do sintoma. Ora, o espaço da palavra está carregado de equívocos e não ditos, é onde o sujeito dá testemunho de sua própria cegueira, já que não sabe o que diz do ponto de vista da verdade de seu desejo. Por essa razão, o estabelecimento do diagnóstico reduz-se a dados empíricos e objetivamente controláveis. Em uma clínica psicossocial, far-se-á uma análise do contexto em que o sujeito está inserido, investigando-se os fatores que predominam no entorno das relações: as relações de poder e afeto, as condições materiais de trabalho, as leis e as normas, o grau de realização, o rendimento econômico, as condições físicas e orgânicas, as potencialidades e criatividades que envolvem os sujeitos.

O sintoma, nessa perspectiva, não se produz sob as regras de um restrito funcionamento corporal, neurológico, fisiológico ou anatômico, mas fala de um corpo representado psiquicamente, um corpo erógeno, fraterno e imaginário. A manifestação física da dor acoberta um desejo psíquico. Em suma, "minha cabeça dói" pode ser lido como "meu corpo explode de mágoa": ora, a palavra só tem sentido na frase, e a frase, no contexto em que é dita. Portanto, o sintoma é a síntese do corpo biológico, histórico, cultural, racial, trabalhador, "ativo" ou "preguiçoso", constituindo a ligação entre o mal funcionamento físico e o que dele o sujeito pode extrair, simultaneamente, de prazer e desprazer. Em um sintoma, encontramos elementos encobertos, que são desconhecidos pelo sujeito e pelo equipamento da clínica disciplinar. A dor da gente não sai em um programa de diagnóstico, sem a palavra, a qual *pode ser a gota d'*água.

8 À maneira de conclusão: o bicho-preguiça e o preguiçoso Macunaíma

Os primeiros teólogos da Igreja Católica compreendiam a indolência, a apatia e o desinteresse pelo nome de "acídia", que significava o apagamento da vitalidade da alma em busca de Deus. Alma triste e melancólica. Posteriormente, assume-se o conceito leigo de *preguiça* enquanto algo moral, hábito do pobre indolente, resistente ao tempo rápido da produção mercantilista. O capitalismo viu na preguiça um grande inimigo. Em oposição ao capitalismo, a classe operária ostentou a "preguiça" como bandeira do ócio, da folga semanal, da diminuição da jornada de trabalho, das férias, dos passeios e do tempo livre. Despontava o *direito à preguiça*, que intitulou o livro escrito em 1880 por Paul Lafargue[211]. De lá pra cá, a preguiça passou por diversas nomenclaturas, sendo vista como pecado ou atitude de pobre indolente, vagabundo procrastinador, louco andarilho, visionários poetas e artistas, "místicos loucos" e "loucos místicos" e, recentemente, ganhou *status* de transtorno mental – depressão.

Nas Américas Central e Latina, especificamente no Brasil, surgem dois personagens simbólicos que passam a representar o pecado da preguiça e o contexto socioeconômico capitalista: o bicho-preguiça e o personagem Macunaíma[212], do livro de Oswaldo de Andrade, publicado em 1928.

Em depoimento para este capítulo, o biólogo Assis[213] explica que os primeiros bichos-preguiça da América do Sul eram do gênero *Megatherium sp*, conhecidos popularmente como "preguiça gigante".

---

211 Lafargue, 2016.
212 Andrade, 1976.
213 Vinícios Barbosa Assis. Biólogo e mestre em Zoologia de Vertebrados.

Estavam entre os maiores mamíferos do mundo, pesando aproximadamente quatro toneladas e com comprimento estimado de seis metros, atingindo uma altura de 4,5 metros quando em pé. Quando os portugueses começaram a chegar ao Brasil, continua Assis, para os seus processos invasivos e exploratórios destinados à obtenção de riquezas, depararam com flora e fauna diversificada e deslumbrante. Embora já conhecida pelos indígenas e pelos imigrantes europeus, a primeira espécie de bicho-preguiça descrita pela ciência foi do gênero *Bradypus sp*, identificada por Linnaeus em 1758, quando, por engano, ele a classificou como primata.

Tanto os indígenas como os primeiros europeus conheciam o animal por "Aique", oriundo dos primeiros troncos linguísticos nativos, e adotaram o nome preguiça por conta de seus hábitos lentos e sono em grande parte do dia. As preguiças são animais solitários, que vivem nos topos das árvores, descendo apenas uma vez por semana para defecar. Quando no chão, cavam um buraco que tampam com sua diminuta cauda, após depositar suas fezes. Acredita-se que executam esse ato arriscado para ajudar a fertilizar a árvore em que passam quase toda a vida.

Na verdade, o vulnerável bicho-preguiça é interpretado erroneamente como preguiçoso, por possuir hábitos lentos devido a um baixo metabolismo, que o ajuda a poupar a energia que adquire dos brotos e plantas de que se alimenta, e também que o ajudam na camuflagem para escapar de seus predadores. Outros vertebrados da fauna brasileira também são chamados de bicho-preguiça pelos mesmos motivos: o camaleão brasileiro (gênero *Polychrus sp*), a cobra preguiçosa ou dormideira (*Sibynomorphus sp*), o ouriço cacheiro (*Coendou prehensilis*), dentre outros, diz Assis.

A obra de Oswaldo de Andrade, *Macunaíma,* tem algo semelhante à humanização, no Brasil, com o bicho-preguiça. Trata-se, também, de construção de subjetividade de sujeitos colonizados diante dos colonizadores. Em nosso entender, a obra é o paradigma brasileiro da preguiça. Em depoimento para este trabalho, o psicanalista Castilho[214] descreve Macunaíma como um personagem inusitado, que se encontra com sujeitos particulares e vai se reinventando. Seus encontros com caminhantes, mágicos e autoritários de diferentes facetas obrigam-no a visitar-se a si mesmo. O personagem se constrói mais no campo de sujeitos fluídos, sem se fixar em um único esquema, e inscreve-se na construção da identidade do modernismo brasileiro. Ele é o herói sem caráter, sem personalidade cristalizada, sem características próprias ou fixas. É filho de uma índia e não conhece seu pai. Disse a primeira frase aos seis anos: "ai, que preguiça!" Índio que nasceu preto retinto, entra debaixo de uma fonte de água mágica e fica branco. A família embarca em um pau de arara e vai parar na cidade grande, onde, mais tarde, Macunaíma veste-se como *hippie*, de acordo com a moda da época. Ao final, Macunaíma morre devorado por uma sereia amazônica.

Macunaíma, o anti-herói, representa o brasileiro do Norte e do Nordeste que acaba sendo seduzido pelos hábitos da metrópole para se adaptar a uma lógica colonial[215]. Essa tentativa de criar uma identidade metropolitana, a partir de uma cultura híbrida, é uma marca que se origina no *Manifesto antropofágico*, de Oswald de Andrade.

O que é a preguiça? É pecado? É acídia? É tristeza? É depressão? Provavelmente, ela se constitui como personagem mítico construído, historicamente, por determinações religiosas, antropológicas, psíquicas, socioeconômicas... que caracterizam pessoas errantes e fragmentadas. Segregamos todos aqueles que elogiam a preguiça, que resistem à colonização e aos predadores hegemônicos. Possivelmente, diria Fanon: os preguiçosos são todos "os condenados da terra"[216].

---

214 Pedro Teixeira Castilho. Psicanalista, doutor pela UFRJ, professor na UFMG, Autor de livros e artigos.
215 Castilho & Lisboa, 2017, p. 119-132.
216 Fanon, 2010.

9
Confessionário e consultório

1 Introdução

Vários séculos se passaram e o grande drama humano continua a ser o diálogo entre a lei e o desejo. A experiência do desejo esbarra com demarcações filogenéticas, ontogenéticas, preceitos religiosos, limites científicos e leis sociopolíticas. Historicamente, o mal-estar entre a proibição e o desejo foi associado ao mal, à bruxaria, a possessões, a forças demoníacas, ao pecado, a distúrbios de doença mental e às infrações do Código Civil do Estado.

A busca do "mal" é uma procura do absoluto, algo que não foi simbolizado daquilo que se pensa receber como "felicidade" e que, por circunstância humana, não têm palavras para sustentar essa aflição. Entretanto, de tempos em tempos, esse mal-estar recebe diferentes nomeações. Os filósofos diriam que a **angústia** é o recurso que o sujeito utiliza como solução para diminuir o mal-estar sobre o real de sua origem. Os psicólogos denominam essa situação de **dissociação cognitiva**, enquanto os psicanalistas compreendem-na como ausência de **castração simbólica**. A ideia que se tem de felicidade e plenitude não corresponde ao que se vive. Os teólogos classificam como **pecado** a maneira diversa de ver e avaliar pessoas e coisas, de abandonar Deus e o próximo em busca da promessa fascinante do gozo. Os juristas, os tribunais e a polícia consideram esses fenômenos como **transgressões às leis** do Estado – o Direito.

Do ponto de vista psicanalítico, o Direito é uma sofisticada técnica do Estado de controle das pulsões psíquicas. O Direito só existe porque existe o "torto". Começando pelos dez mandamentos da lei de Deus. A lei jurídica é a lei externa que existe para significar a lei internalizada. As instituições contribuem no controle dos indivíduos como instrumentos ideológicos de inclusão ou exclusão das pessoas no laço social. Para ilustrar, no âmbito do Direito de Família, até a Constituição de 1988, muitas pessoas e categorias eram excluídas do laço social, sendo condenadas à invisibilidade, à ilegitimidade, como, por exemplo, os filhos nascidos fora do casamento, chamados ilegítimos. Após, a Constituição de 1988 essa designação discriminatória foi abandonada.

Vários espaços têm sido inventados pelos seres humanos para sustentar o drama entre a lei e o desejo: a família como acolhimento afetivo e de limite; a sala de aula como processo de educação de comportamentos e a figura do professor como ideal a ser seguido pelos alunos; o sistema penitenciário para encarcerar pessoas violadoras das normas; as redes sociais de comunicação eleitas como espaço moral; as clínicas psiquiátricas para acolher sujeitos com variação de humor e transtornos agressivos, e, finalmente, o confessionário e o consultório psicanalítico como locais privilegiados para se falar do sofrimento psíquico.

Os ambientes familiares, os métodos pedagógicos, as mídias sociais, os sistemas jurídicos, as práticas médicas, os consultórios psicanalíticos e os confessionários transformaram-se em espaços onde as pessoas se confrontam com a razão e a desrazão, a sanidade e a loucura, ou seja, com os sete pecados capitais. Todos esses espaços foram criados para silenciar, aprisionar e condenar moralmente o peso do real da existência – a angústia do ser humano.

Nesse último capítulo, nos interessa analisar os espaços do confessionário e do consultório psicanalítico tomados como práticas de cuidado de si[217]. Os que as diferencia? Que demandas têm os sujeitos que se direcionam a esses espaços? Há aspectos comuns? Antes de analisarmos as práticas do confessionário e do consultório, é nossa intenção rastrear, nas obras de Freud, as referências e os enfoques que ele traz ao campo da origem da civilização, o drama entre a lei o desejo e a função da religião.

2 A origem do totemismo e da religião do Pai

Freud tratou a questão da religião em vários escritos[218]. Ao analisar o fenômeno do totemismo, o psicanalista vienense parte da explicação etnológica descrita no seu livro "Totem e tabu" (1913). Freud afirma que a religião primitiva era o Totemismo, o culto aos animais, encontrado no clã da horda primitiva da Austrália. A palavra totem se relaciona com parentesco mítico, simbolizando o totem um animal, uma planta, um objeto ou um fenômeno natural. O símbolo totêmico protege o grupo e não deve ser destruído ou tocado.

Na medida em que o clã tende à própria perpetuação e à superação das dificuldades que ameaçam a sua existência, reforça-se a consciência totêmica que termina por afirmar o caráter sacro do totem – o tabu. O vocábulo tabu é originário da língua polinésia que significa marcado, proibido, isto é, perigoso, inquietante, intocável[219]. A crença no poder sobrenatural tornou-se a base de preceitos morais e de leis sociais. As proibições do tabu têm dupla função: proteção e restrição de atitudes antissociais. O totem torna-se tabu quando é considerado algo diverso, fora das vicissitudes da vida co-

---

217 Foucault, 1984.
218 *Totem e Tabu* (1913); *Futuro de uma ilusão* (1927); *O mal-estar na civilização* (1930); *Moisés e a religião monoteísta* (1939, um ano antes de sua morte).
219 Freud, 2012, vol. 11, p. 48.

tidiana. Nasce, através do tabu, a noção do "sacro". Dele nascem os sentimentos de respeito, devoção e os mitos que exprimem o caráter de absoluta e radical alteridade do totem. Criam-se os ritos, que são transposições simbólicas das ações significativas da vida do grupo para o mundo sagrado.

Uma vez ao ano o animal totêmico é ritualmente sacrificado e comido por completo, a fim de que se renovem as forças do clã. Do banquete totêmico, sacramental, surgem o culto aos seres divinos, como a imolação das vítimas, a cerimônia e as proibições fundamentais (incesto e assassinato).

No seu livro, *Totem e tabu*, Freud comenta que o clã primitivo era dominado por um pai repleto de privilégios, muito ciumento, déspota e tirano, que guardava para si todas as mulheres e expulsava da horda os filhos que cresciam e desobedeciam a sua lei. Os filhos experimentavam sentimentos ambivalentes em relação ao pai, que era, na realidade, tido como um modelo porque realizava aquilo que os filhos sonhavam, mas era também considerado um rival porque monopolizava todas as mulheres. Esta relação de amor e de ódio era instável e acabou por romper-se. Certo dia, a frustração tornou-se penosa para os filhos que, cheios de inveja e de ódio reprimido, resolveram colocar fim à concentração de poder, de terras (propriedade privada), de privilégio e de prazer do pai tirano. Assim, mataram o pai e o comeram num ritual de identificação assegurando a si próprios a posse de seu poder.

Mas, rapidamente os filhos desenvolveram, sob a forma de sentimento de culpa, uma nova presença opressiva do pai morto. Aquilo que antigamente era vetado pelo pai, os próprios filhos proíbem-se, agora, de fazê-lo, em virtude da obediência retrospectiva. Negando seu ato, os filhos recusam-se o direito de tomar o lugar do pai e gozar do privilégio de possuir as mulheres de maneira incestuosa. Freud diz, "A religião totêmica desenvolveu-se a partir da consciência de culpa dos filhos, como tentativa de acalmar esse sentimento e de apaziguar o pai ofendido, mediante a obediência a posteriori"[220].

O poder do pai morto é introjetado transformando-o em proibição moral – a formação do *super-eu*. É a lei personificada na figura do *totem*. Surge aí o drama humano, o conflito entre a lei e o desejo. Freud localiza no tabu do incesto seguido ao remorso pelo parricídio, a origem da civilização e da religião. Depois do pai morto os filhos reconheceram a lei. O pai só proíbe o desejo com eficiência após a sua morte. E, nesse sentido, Lacan diz: "Deus está morto, nada mais é permitido. O declínio do complexo de Édipo é o luto do Pai, mas ele se conclui por uma sequela duradoura: a identificação que se chama super-eu"[221].

É pela lei que conhecemos o pecado. Sem a lei não há possibilidade de pecado. Assim São Paulo[222] diz na carta aos Romanos:

> Que diremos então? Que a Lei é pecado? De modo algum. Todavia, foi por meio da Lei que eu conheci o pecado. [...] Sem a Lei, o pecado está morto. Outrora, eu vivia sem a Lei; sobrevindo o preceito, o pecado começou a viver (Rm 7,7-10).

Qualquer que seja o valor etnológico da obra freudiana *Totem e tabu*, ela faz compreender algumas questões antropológicas fundamentais que confirmam a atual realidade sociocultural:

• "A refeição totêmica, talvez a primeira festa da humanidade, seria a repetição e a celebração desse ato memorável e criminoso, com o qual teve início tanta coisa: as organizações sociais, as restrições morais, a religião"[223].

• A sexualidade concorre com a agressividade, às vezes com a violência. Ou seja, as pulsões sexuais estão entrelaçadas com as pulsões agressivas. É ingênuo acreditar na espontaneidade

---

220 Ibid., p. 221.
221 Lacan, 2005, p. 30.
222 Biblia Sagrada.
223 Freud, 2012, p. 217.

ou na pureza do amor como solução absoluta da convivência e do respeito do outro.

• A vida social tem origem na regulação entre a lei e o desejo. A lei garante o desejo e torna a sociedade viável. A lei como consciência de culpa é inevitável, estruturante e garantidora da manutenção da sociedade. É pueril e desumanizante abolir a lei. A permissividade é própria de tiranos, avarentos e incestuosos.

• A diferença entre as gerações – pais e filhos, a diferença sexual e a dimensão do outro constituem as rochas fundamentais para a estruturação da sociedade.

• "A sociedade repousa então na culpa comum pelo crime cometido; a religião, na consciência de culpa e no arrependimento por ele; e a moralidade, em parte nas exigências dessa sociedade e em parte nas penitências requeridas pela consciência de culpa"[224].

• Nem todos os conteúdos religiosos são de origem social ou colaboram para a integração social. Não obstante, sua contribuição é importante porque ressalva o valor religioso como garantia moral; demonstra a profunda ligação do religioso com o social; salienta o aspecto antropológico da crença como expressão popular de um povo; mostra a ligação essencial entre a cultura artística e religião, além da função psíquica no alívio das angústias.

3 O nascimento da religião do Filho

O estudo etnológico freudiano sinaliza que do parricídio primordial originou-se também a Religião Cristã, um dos aspectos universais da cultura ocidental. Metaforicamente, o Pai devorado é Deus. Seguindo a ordem de raciocínio, Freud chega à conclusão de que a revolta original e o parricídio seguido do canibalismo revivem não somente no mito de Édipo, mas, também, no sacrifício

---

224 Ibid., p. 223.

de *Cristo* – a cerimônia eucarística da comunhão dos cristãos com Cristo. Jesus Cristo, com sua morte, libera os homens do pecado original, ofensa contra Deus Pai. Expiando o pecado dos homens, o Filho se torna Deus, como o Pai, aliás, no lugar do Pai[225]. Em consequência, a religião do Filho substitui a religião do Pai e, para comemorar a substituição, é renovado o banquete totêmico na forma de comunhão, na qual filhos e irmãos comem a carne e bebem o sangue, não mais do Pai, mas do Filho, identificando-se assim com Ele.

A união entre os irmãos seguida do assassinato põe fim à predominância do imaginário, como impulso à repetição impossibilitando a simbolização.

A união entre os irmãos e a renúncia do assassinato constitui o início da construção da civilização: o social e o político.

A morte do Pai tirânico é a interdição da política clientelista, coronelista, populista, sedutora. Inaugura-se o lugar do poder permanentemente vazio. O espaço do poder será ocupado por representantes escolhidos periodicamente pelo povo. Confere visibilidade aos espaços: o privado e o público, o singular e o social.

Em outra formulação: a democracia instalada desfaz a noção de corpo político como entidade mítica, tornando impossível ao governante ser o portador da lei, do privilégio, do saber, do poder, da riqueza e da propriedade. Não é à toa que as estruturas de poder social não veem com bons olhos a "união entre os Irmãos". Como expressa Freud[226]: "No fundo, portanto, apenas um indivíduo teria felicidade irrestrita, eliminando-se as restrições culturais: um tirano, um ditador que açambarcasse todos os instrumentos de poder [...]".

---

225 Ibid., p. 235.
226 Freud, 2014: vol. 11, p. 246.

4 A religião como amparo

Em 1913, em *Totem e tabu*, Freud não pretendeu explicar a origem das religiões, seu maior interesse era o totemismo. Mas, há nessa obra uma estreita relação entre o totemismo e a religião. Sua intenção principal foi de ressaltar que no âmbito do totemismo surgiram as duas principais restrições morais: as proibições do assassinato e do incesto.

Em 1927, Freud escreve *O futuro de uma ilusão* para acrescentar algo que segundo ele, poderia ter ficado velado, ou seja, *a relação entre o complexo paterno e o desamparo e necessidade de proteção do ser humano*[227] e a religião. Freud deixa claro no texto que sua intenção não é teológica – de explicar a noção de Deus. Seu objetivo é de estudar o patrimônio das ideias religiosas, tal como a cultura o transmite ao psiquismo do sujeito.

Na concepção freudiana a função materna que satisfaz a fome da criança é a mesma que se transforma no primeiro objeto de amor e, certamente, a primeira proteção contra a angústia do desamparo. Nos primeiros meses de vida, a criança experimenta uma situação de puro desamparo original, uma experiência indiferenciada, de profundo caos. São sensações de fragilidade, de desmembramento, de desagregação, ou seja, **de medo**. A sensação estranha do eu despedaçado é aquilo que nos é mais familiar, pois, é a primeira experiência vivida pelo ser humano. A imagem do corpo despedaçado é profundamente angustiante para o recém-nascido, cuja demanda emergente é um amparo seguro (função materna), visando a apaziguar **o estado de caos, ou seja, a experiência de angústia**.

E assim Freud[228] diz, "nessa função, logo a mãe é substituída pelo pai, que é mais forte e a exercerá por toda a infância". A criança tanto o admira como o teme. Essa ambivalência de sentimentos é a pedra fundamental de todas as religiões como foi descrito em Totem e Tabu:

---

227 Ibid., p. 257.
228 Ibid., p. 258.

a idealização e o temor do pai. A demanda de um pai equivale à necessidade de proteção frente à angústia do desamparo. Essa angústia continua por toda a vida e motivou a demanda de outro pai, agora mais poderoso: a ação da Providência Divina, que é justamente, a formação da religião.

Freud define a religião como um grande alívio para a vida psíquica atormentada; atenua os perigos da existência; assegura a ordem moral entre as pessoas; promete uma vida futura frente ao desconsolo da morte. Vale lembrar que as práticas religiosas contemporâneas têm se pautado pela resposta a demandas imediatas, envolvendo experiências de arrebatamento de fortes cargas emocionais de proteção, amparo, apaziguamento das amarguras e angústia.

Ao aliviar o sofrimento psíquico, Freud demarca que a religião é uma ilusão. Ilusão, para o psicanalista vienense, não significa erro ou algo falso. Sua intenção não era de duvidar das doutrinas religiosas, mas analisar a natureza psicológica do sentido de ilusão[229]. A partir de sua tese, podemos deduzir que Deus é objeto de desejo e não de necessidade – Deus é amor para a humanidade. No sentido grego, *pneuma*: sopro de vida. E assim, afirma Freud[230]:

> Desse modo, chamamos uma crença de ilusão quando em sua motivação prevalece a realização de desejo, e nisso não consideramos seus laços com a realidade, assim como a própria ilusão dispensa a comprovação.

Na perspectiva freudiana, podemos nos perguntar: como a civilização se organiza diante ao desamparo? De que maneira as instituições sociais circulam e criam estratégias que utilizam os afetos

---

229 O aparelho psíquico do sujeito é um dispositivo produtor de representações, imagens, sonhos, ilusões e desejos. É preciso sonhar para ter coragem de lutar. É preciso viver e principalmente ter motivos para viver. Os sonhos dão sentido à vida. Não se deve subestimar a capacidade da ilusão, do ato de sonhar e desejar. A ilusão não é sinônimo de mentira, superstição, ignorância e nem sustentáculo para o surgimento da alienação.

230 Freud, 2014, vol. 11, p. 268.

como forma de apaziguamento das angústias ou do medo visando ao aumento do desamparo das pessoas e dos grupos sociais? A vida humana pode produzir dispositivos fraternos de amparo ou dispositivos de agressão, de violação aos direitos e desrespeito aos predicados do cidadão. Quando isso ocorre a sociedade produz medo e pessoas abandonadas. Quanto mais reduzirmos os grupos humanos a estruturas arcaicas e primitivas tirânicas, mais teremos pessoas dependentes, abandonadas e dominadas pelo abandono fóbico.

Como em Thomas Hobbes[231]:

> De todas as paixões, a que menos faz os homens tender a violar as leis é o medo. Mais: excetuando algumas naturezas generosas, é a única coisa que leva os homens a respeitá-las.

5 Desamparo como emancipação social

Para o sujeito humano tornar-se autônomo é necessário que realize a ruptura com o modelo de dependência infantil: pais da infância, pai castigador Deus, pai Estado/Totalitário, pai patrão, pai policial, pai latifundiário e tantos outros pais... Como afirma Freud[232]: "Mas não é inevitável que o infantilismo seja superado? O ser humano não pode permanecer eternamente criança, tem de finalmente sair ao encontro da 'vida hostil'".

Essa ruptura com o protótipo dos pais da infância, segundo a psicanálise, auxilia o diálogo entre a lei e o desejo. Assessora a elaboração da consciência de liberdade e produz no sujeito múltiplas maneiras de viver frente aos desafios que a vida oferece. A diversidade do pensamento livre descongestiona as fixações dependentes. Toda vez que o sujeito produz formas de vida conscientes e livres, aproxima-se da autonomia (governar a si mesmo com critérios e liberdade). Quase

---

231 Hobbes, 2003, p. 253.
232 Freud, 2014, vol. 11, p. 268.

sempre, a dificuldade com a lei no conflito com o desejo é fruto de uma experiência equivocada, excesso de dependência, carência de discernimento, de liberdade e as contingências injustas e opressoras da sociedade sobre os indivíduos.

Se, de um lado, a primeira ruptura (a experiência de proteção na infância), possibilitou ao sujeito um enorme amparo, por outro lado, essa atitude impediu o ser humano de atuar como um verdadeiro ator, ativo e participativo, na construção de seu cotidiano. Há necessidade de se conceber essa ruptura como meio e não como fim, de modo a recolher dela os seus incontestáveis ensinamentos, sem renunciar à exigência de romper com ela em favor da construção de um novo poder de dominação, nesse caso, a formação reativa, por exemplo, usando a independência para dominar um outro.

Portanto, realizar a primeira ruptura, não desconhecendo o desamparo, e a segunda ruptura, como afirmação do desamparo que se encontra na emancipação política, faz com que o desamparo não seja algo contra o qual se luta, mas algo que se afirma positivamente, como diz Safatle [233]. Viver o desamparo é experimentar a angústia como potência de liberdade.

A consciência do desamparo da infância gera a emancipação, sobretudo quando somos capazes de manejar, minimamente, a angústia frente às crises de mudanças. O desamparo, na forma de angústia de mudança, cria desejos de vínculos sociais. O reconhecimento do desamparo produz entre os desamparados (excluídos) contingências de mudanças sociais. Ao contrário, o medo, como produtor de isolamento (resistência a vínculos), provoca atitudes infantis, dissemina a fragmentação, a culpa, as formas regressivas de violência entre os cidadãos e, sobretudo, a experiência de abandono que se manifesta como exclusão social. Há que se observar as enormes contingências decorrentes de injustiças sociais que recaem sobre

---

233 Safatle, 2016, p. 18.

os ombros de milhares de cidadãos integrantes da sociedade, o que dificulta o manejo da angústia.

6 Abandono como dominação social

A experiência de desamparo é distinta da vivência de abandono. A existência de abandono produz perdas afetivas, sonhos e ideais políticos. Gera impotência, falta de liberdade e medo entre os cidadãos. O medo assimilado amplifica o estado de alerta, demonstra o receio de se fazer algo e de se sentir ameaçado por se expressar com liberdade. O medo também produz a inibição, que se manifesta através do desânimo, da apatia, do desinteresse pelo coletivo. O medo produz pessoas frágeis e, frequentemente, murmurantes. Pode gerar desconfianças, oposicionismos e fugas. Em quadros agudos de ansiedade, quando o indivíduo teme, antecipadamente, o encontro com determinadas situações ou pessoas, amplifica a impotência, a síndrome de *burnout*, a síndrome de pânico e quadros de depressão.

Abandono tem algo de desabamento dos predicados pessoais. Diz respeito ao estado de prematuração do bebê. Dor que não cessa e de acúmulo de necessidades que não obtêm realização. Suspensão radical de interesse pelas pessoas, objetos e ideais. Perda da capacidade de amar a si e ao outro. Inibição da capacidade produtiva. Rebaixamento do sentimento de autoestima. Produção perseverante de recriminação, autoinsulto e, finalmente, expectativa delirante de punição.

O extremo estado de pobreza e vulnerabilidade socioeconômica favorecem o alto índice de abandono e de medo durante o desenvolvimento da infância, de períodos de formação de jovens e de adultos. Quem lucra com a disseminação do medo e a insegurança das pessoas? Quem ganha com a passividade dos mais frágeis econômica e socialmente?

O pensamento marxista sobre a religião coincide, em parte, com o pensamento freudiano, enquanto afirma a possibilidade da religião se tornar um anestésico infantil nos quadros de dependência e nos episódios de depressão. Dele se afasta, entretanto, quando a propõe como uma mera superestrutura derivada diretamente das relações de produção, sem nenhuma expressão própria, semelhante à arte, à moral e à ideologia.

Na sociedade capitalista, afirmam os marxistas, o trabalhador não é dono nem do capital, nem dos meios de produção, nem mesmo da própria força de trabalho e muito menos do produto acabado. A alienação do trabalho se estende a todas as outras experiências humanas produzindo a ilusão religiosa, como projeção da sua situação objetiva de dependência, impotência e frustração econômica. Cria-se, então, a imagem de Deus como uma transposição da realidade opressora. O homem passa a acreditar num relacionamento de escravidão com a Divindade, enaltecendo a escravidão total que experimenta nos confrontos com os donos do capital. Daí, a famosa frase de Marx: "a religião é o ópio do povo e se nutre da ignorância das massas populares"[234].

A religião pode ser um instrumento de poder nas mãos das classes dominantes. Neste sentido, a religião torna-se ideologia, isto é, mistificação, racionalização e legitimação de situação imoral e distorcida. Mediante o apelo de uma realidade extraterrena, torna-se o homem insensível e apático diante da sua exploração econômica pelo opressor. Em outras palavras, a religião é não somente uma conduta alienada, mas também alienante, uma vez que mantém as pessoas na ignorância dos seus verdadeiros problemas e, pelo conformismo que prega, longe da consciência cidadã de liberdade e de mudança social.

---

234 Marx, 1975, p. 100-102. Outras afirmações famosas de Marx sobre religião: "O homem faz sua religião. A religião não faz o homem". "O mundo religioso não passa do reflexo do mundo real". "O cristianismo é a religião especial do capital".

A religião pode se transformar em instrumento de dominação. Como ideologia, assegura a coesão dos homens na estrutura geral da exploração de classe. Destina-se a assegurar a dominação de uma classe sobre as demais, fazendo os explorados aceitarem suas próprias condições de exploração como algo fundado na "vontade de Deus", na "natureza", ou no "dever moral". Tem uma dupla serventia: exercer-se sobre a consciência dos explorados para fazê-los aceitar como natural sua condição de explorados; exercer-se sobre os membros da classe dominante para permitir-lhes justificar como natural a exploração e a dominação. A título de exemplo, basta recordar o período escravocrata quando os negros não eram considerados sujeitos de direito.

7 A religião: consolo ou alienação?

Um dos dados ressaltados pelos estudiosos das Ciências das Religiões é o da importância e o valor da religião para os seres humanos. O que este fato significa? Qual a razão desta importância? Seria este fator propositivo ou restritivo para se viver em sociedade? Não seria a religião uma forma de alienação, de anestesia das necessidades básicas como disseram Marx e Freud? Mais ainda, a religião não ofereceria um "álibi" fácil, um esconderijo para a fuga do povo às ásperas lutas políticas?

O primeiro item a destacar é a natureza da religiosidade na cultura, sobretudo na América Latina. Mohn[235] define-a da seguinte forma:

> A religiosidade popular na América Latina é considerada como um fenômeno existencial. E uma experiência de vida, de cunho religioso, de um povo crente e oprimido. Esta experiência de vida não é absoluta como qualquer outra experiência de vida. Expressa um modo de pensar, sentir e agir limitado, sim, não livre de ambiguidades, mas cheio de valores vivenciais e religiosos.

---

235 Mohn, 1986, p. 64.

Dizer que a religiosidade é um fenômeno existencial é afirmar sua concretude como fato da vida. Para compreendê-lo é necessário mais que observá-lo de fora, é preciso partilhá-lo com as pessoas que sofrem num processo de convivência social. Deste ponto de vista, a avaliação do fenômeno muda de significado e a chave de análise passa a ser a religião como fonte de inspiração para a libertação. Os valores desta religiosidade ultrapassam os símbolos puramente culturais de sua expressão e passam a encarnar o sentir, o agir e o pensar do povo na sua sede de libertação. Assim, por exemplo, a figura do Cristo na cruz concretiza sua autoimagem, dando-lhes forças para superar seus próprios sofrimentos. Introduz-se, aí, o aspecto da dialética social.

O tema da religiosidade, que difere de religião, supõe uma multiplicidade de enfoques. O primeiro é o "ambiental, geopolítico e ecológico": as dimensões de oposição entre o conteúdo rural e urbano. Sob este ângulo, a religiosidade consistiria na tentativa de as populações repetirem, na cidade, sua vivência religiosa e social anterior. Pelo fenômeno da migração, as populações rurais se estabelecem nas periferias e bairros de classe média das cidades, constituindo formas de vida comunitária. Ao chegar à metrópole, tentam reviver seus valores do mundo rural. A conhecida resistência do homem do campo às mudanças leva-o a repetir, de alguma forma, sua experiência religiosa do interior. As formas de solidariedade típicas do mundo rural – como o compadrio, festas dos santos, barraquinhas, quermesses, folclore, feira de arte e o mutirão – permanecem nas periferias e nos bairros médios das cidades, sustentados pelos valores artísticos, éticos e religiosos trazidos do campo como maneiras comuns de resolver os árduos problemas do quotidiano na cidade.

O segundo enfoque é o "cultural paciente" que ocorre geralmente na população periférica dos grandes centros urbanos. Neste, a dialética prevalente é a da oposição entre o especializado e o não especializado. É o valor, no sentido de posse de habilidades. A população de periferia nada possui, exceto uma carência total. Carência de escolaridade, carência de cultura urbana, carência de habilidade para o uso dos equipamentos sociais urbanos etc. No campo profissional, sobretudo, é que esta carência se manifesta mais aguda. As profissões urbano-industriais exigem estudo e treinamento demorados que o subproletariado de periferia não possui. Seu destino torna-se então, o de engrossar a categoria dos trabalhadores braçais, ampliando o exército de reserva dos não especializados. Este fato interfere na sua religiosidade, e o sujeito submetido a tal condição interpreta-a de maneira fatalista como "vontade de Deus" ou "o destino", e que "nasceu para ser pobre".

O terceiro enfoque é "o organizacional": analisa-se este dado a partir da dicotomia entre o instituído e o instituinte. A análise se faz no nível dos conteúdos de organização, do que é determinado e do que é espontâneo. Assim, em termos de religião, poderíamos citar a reza como popular, porque é espontânea e livre, em oposição à missa que é determinada e regulamentada por membros da hierarquia. Da mesma forma é possível citar os movimentos de jovens, casais, encontros formativos e diferentes apostolados laicos.

Sintetizando, pode-se dizer que a religiosidade é aquela que provém dos costumes rurais da maioria da população e dos médios centros urbanos. Trata-se de fenômeno não oficial, espontâneo, fora dos limites governados pela autoridade religiosa e não especializado. É fruto de criação coletiva, sincrética, que usa diretamente as expressões da vida comum, estabelecendo um relacionamento concreto com os símbolos e com Deus. A religiosidade agrega as dimensões internas e externas das pessoas e dos grupos sociais, constituindo-se em ponto de vitalidade na luta pela sobrevivência diária e no enfrentamento dos problemas do quotidiano de um povo.

Afirmar que a religião é alienada ou alienante sem que se situe historicamente seu espaço social é uma afirmação arriscada. Vale sempre perguntar que religião? Em que contexto? Em que circunstâncias? No contexto moderno das lutas sociais de classes, quais são as possíveis posições das religiões? Em especial, quais têm sido as posições ocupadas pela Igreja Católica, objeto de nosso estudo? Diversas têm sido estas posições. Uma delas, muito defendida por certos grupos, é a postura "apolítica". A Igreja declara-se, através de suas lideranças, indiferente às questões políticas, "fora" e "sobre" os interesses partidários, em nome de um interesse superior, absoluto, atemporal: o interesse de Deus. Esta concepção apolítica da Igreja implica uma visão dualista, quase maniqueísta, da história do homem. O discurso sobre as práticas cristãs torna-se abstrato e as posições éticas para a vida são defendidas em tese, no mundo das ideias.

Outra posição encontrada é aquela que afirma a necessidade de a Igreja ser sempre "política" nas suas posições. A separação entre o domínio político e o da fé é puramente imaginário. A Igreja deve, ela mesma, estabelecer seu "poder político". O ponto de partida dessa posição é o fato concreto da própria existência do homem num contexto político. Os cristãos, como os outros, são parte de uma sociedade engajada em lutas políticas inarredáveis. A Igreja é um grupo social coexistindo com tantos outros, influenciando e sendo influenciada pelo contexto social.

Mas, mesmo se admitindo a segunda posição, nem tudo está respondido. É preciso analisar quais são as estratégias políticas empregadas pela Igreja Católica e com que objetivos. Atualmente, a Igreja Católica na América Latina tem afirmado sua "opção preferencial pelos pobres" – a preocupação com os excluídos, os oprimidos e com a implantação da justiça social. O que significa isto, concretamente? Será que a Igreja Católica, após séculos de união e colaboração com as camadas dominantes da sociedade, pretende fundamentar sua ação nas lutas com os segmentos mais sofridos? Como toda prática religiosa coerente exige, necessariamente, estratégias políticas compatíveis com os seus objetivos, torna-se necessário à Igreja a busca de novas práticas com um conteúdo condizente com os valores éticos que afirma.

Segundo Guichard[236], nas estruturas capitalistas atuais e frente à evolução das desigualdades sociais, a Igreja pode se colocar, quanto às práticas políticas e religiosas, nas posições que seguem elencadas em várias situações, por exemplo: Reacionária, Conservadora, Reformista e Revolucionária. No contexto desta tipologia, poderíamos afirmar que a religião abrange um amplo espectro de posicionamentos na sociedade latino-americana – da grande atividade espiritual de corte social até a visão reacionária conservadora.

A Igreja Católica, criando espaços e estratégias na formação do senso crítico social, cria também uma modalidade de vivência religiosa onde o concreto, o cotidiano e o material não se opõem ao ideal, ao divino, ao espiritual. Esta nova forma de pastoral tem sua fonte inspiradora numa teologia latino-americana: a "Teologia de Comunidade de Comunidades"[237], a qual prima pela valorização dos conteúdos da vida do povo através de redes de comunidades. Se, como é costume se afirmar, nenhuma ciência é neutra, também as pastorais não o são. Só uma pastoral enraizada no seio da população pode oferecer "Uma Igreja em Saída"[238] próxima às diferentes demandas da população, através de uma religião que pense em sujeitos de direitos e também em sujeitos de desejo.

Mas, não é somente a religião libertadora, propositiva e saudável que se manifesta na sociedade. Há, também, cristãos tradicionais, sejam católicos, protestantes e evangélicos, que vivem formas arcaicas, alienadas e alienantes de religião encarnando práticas político-religiosas autoritárias, direitistas e centristas. São eles, desde os seguidores

---

236 Guichard, 1972, p. 163.

237 Cf. "Documento 100" da CNBB.

238 Papa Francisco. *Evangelii Gaudium*.

das chamadas "igrejas eletrônicas/midiáticas", com seus programas importados presentes no ar através das rádios, televisões, redes sociais, WhatsApp, Instagram, Facebook até os adeptos das igrejas de curas milagrosas. Tais igrejas manipulam o sagrado no sentido de anestesiar a população no mais infantil misticismo conformista, o qual as deixa paralisadas diante da questão social. Talvez por causa do desespero de ver as soluções sempre adiadas pelo Poder Público corrupto, as pessoas procuram a religião como forma coletiva de fuga, quase como um "psicotrópico social", que as leva ao esquecimento da sua dura condição de vida.

A migração, fruto, dentre outros aspectos, do agronegócio neoliberal, propicia aos familiares desagregação e distúrbios psicológicos como alcoolismo para os pais e "doenças dos nervos" para as mães, fragilidade e desenraizamento cultural, ruptura de laços de amizade, de tradições religiosas e códigos de valores próprios.

Os pais e as mães, ao deixarem as atividades rurais como pequenos agricultores, assumem outras atividades nos centros urbanos cujo exercício exige pouca ou nenhuma formação específica. Tornam-se micro comerciantes, porteiros, motoboy, domésticas, funcionários terceirizados, trabalhadores autônomos, entregadores, vigilantes.

A precarização, provocada sobretudo pelo processo urbano neoliberal globalizado, reduziu o Estado e dispersou pontos de encontro da população provocando a orfandade coletiva. Assim, fez surgir uma reevangelização de massas carismáticas e pentecostais, a "teologia da prosperidade", o *coaching*, a era de especialistas e restauradores da personalidade, dos guias de casamento, dos dispositivos de autoajuda, como tentativa de apaziguar o abandono e a dispersão. Os alicerces da família e da religião têm funcionado como solução de crises de pânico e depressão.

O fenômeno tem se tornado mais intenso, ultimamente, com o crescente aumento do número de casos de doenças mentais e de sofrimento psíquico. Tudo isto leva a crer que urge o estabelecimento de medidas concretas que atendam melhor à questão de saúde mental. Daí, a importância deste estudo sobre os sete pecados capitais como sofrimento psíquico. Frente a essa realidade, quais são as demandas dos confessionários ou dos consultórios psicanalíticos?

8 Confessionário e consultório psicanalítico

8.1 Considerações preliminares

A prática do confessionário tem tradição. Iniciou-se na Idade Média, porém, como diz Lacan[239], "O consultório psicanalítico não tem tradição alguma. É um autêntico recém-chegado". O confessionário acolhe cristãos. O consultório psicanalítico recebe, na sua maioria, cristãos, distintas crenças religiosas e ateus. As duas "práticas de si" aceitam pessoas de diversas classes sociais, níveis intelectuais, gêneros e raças. Os confessionários são gratuitos. Os consultórios psicanalíticos privados, são pagos. Os consultórios psicanalíticos de saúde pública são mantidos pelo Estado, portanto, gratuitos.

Freud, em 1919, em Budapeste, manifestou aos psicanalistas, profeticamente, que no futuro, a prática psicanalítica seria gratuita, sustentada pelo Estado e oferecida às classes menos favorecidas, como direito de cidadania. Nesse congresso, Freud constatou que a ação terapêutica da associação psicanalítica não era muito extensa e de pouco alcance pelo número enorme de pessoas que demandavam tal procedimento clínico. Além disso, o criador da psicanálise[240] reconheceu que as classes mais favorecidas podiam escolher e sustentar economicamente os seus profissionais e pelas "amplas camadas populares, que tanto sofrem com as neuroses, nada podemos fazer atualmente".

---

239 Lacan, 2005, p. 59.
240 Freud, 2010, vol. 14, p. 290-292.

8.2 Demandas e encomendas

Entendemos, a partir dos conceitos do movimento institucionalista[241] que o exercício espiritual religioso – o confessionário ou o da saúde – ou consultório psicanalítico não se concretizaram espontaneamente. Nenhuma demanda é espontânea. Ela é sempre produzida. É necessário analisar cuidadosamente como ocorreram as práticas de si. Como se deu a sua produção? Em que contexto histórico surgiram as ofertas dos acolhimentos espirituais e de saúde que são pedidos? Por que foram solicitados? Quais são as expectativas dos demandantes? São passíveis de ser atingidas? Quais seriam as razões explícitas e implícitas que levam as pessoas a procurarem o confessionário e o consultório psicanalítico? Elas se amparam na solução dos conflitos, nos dramas de angústia entre a lei e o desejo ou nas penúrias socioeconômicas?

Quem oferece tal acolhimento tem, evidentemente, algo a ver com a demanda. Se há demanda por um, deve haver uma estreita colaboração de quem o produz para que seja demandado, o que, por si só, já vale uma análise mais aprofundada. Por exemplo, a atitude de um padre ou de um psicanalista do tipo que diz inconscientemente: *"eu sou a resposta à necessidade gerada por tua carência*[242], provocando no cristão ou no cliente a submissão e aceitação de que o especialista tem o que lhe falta? É, pois, nesse jogo de demanda e de oferta que se podem produzir a dependência, a ignorância e as formas recalcadas que impossibilitam os

---

241 O termo *movimento institucionalista* é usado para definir uma série de teorias, correntes, pensamentos, práticas e experiências de nomes variados, que têm como premissa a autogestão e a autoanálise: "Análise Institucional", "Pedagogia Institucional", "Psiquiatria Democrática" "Sociopsicanálise", "Psicossociologia", "Esquizoanálise", "Grupo-Drama-Institucionalista", "Sociologia Clínica", "Grupo Operativo", "Educação Popular" e outros. Essas escolas objetivam impulsionar experiências coletivas utópicas, criadoras de novos saberes e modos alternativos de viver.
242 Guilhon de Albuquerque, 1992, p. 85.

cidadãos de possuírem seu próprio saber e sua própria posição frente aos dramas de sua vida.

Diríamos, inicialmente, que a solicitação do trabalho de acolhida (espiritual ou clínica) é dirigida a uma figura de autoridade. Essa demanda se apresenta como uma moeda de duas faces: a demanda explícita, formulada com clareza por quem procura acolhida. A esta subjaz uma demanda implícita, que requer uma escuta apurada para que possa ser identificada. A figura de autoridade (padre ou psicanalista) responde à encomenda explícita que lhe é feita? Ou, ele a acolhe, como forma de escuta atenta, para analisar a demanda implícita?

Há que pensar que a demanda explícita é por si mesma conservadora. Uma mera repetição de um mesmo sintoma. De um simples gesto do cristão ou do cliente visando depositar nas mãos da autoridade seu conflito. Ele já traz em si um pedido inconsciente de "conserto de seu desequilíbrio". A autoridade seria um mero "mecânico de ajuste da consciência moral" a serviço das leis conservadoras do Estado e demais instituições. A demanda é um pedido inconsciente de restauração do desequilíbrio do forte sentimento de culpa. Ou, das possíveis agressões internas de sua própria imagem ideal que foi quebrada. Ainda, um pedido às leis sociais de manter as coisas como estão retirando dali os sintomas: alterações físicas no corpo e alterações psíquicas.

A demanda deve, portanto, ser decifrada e é através desse material inicial que se terá acesso à dinâmica do atendimento espiritual ou clínico. Trata-se de um conteúdo rico de aspectos que podem auxiliar na elaboração de um esboço do que se passa na relação daquela pessoa com sua família, trabalho e outras instituições.

8.3 De onde vêm as demandas?

Não é intenção deste estudo realizar uma reflexão sobre o sacramento da confissão, apenas de situá-lo historicamente. Como já contextualizamos, no primeiro capítulo, a concepção de pecado capital inicia-se com Evágrio Pôntico, (345-399 d.C.). Nos anos (590-604 d.C.), Gregório Magno, através de anotações da época institui como dispositivo de catequese os sete pecados capitais: vaidade, luxúria, gula, ira, inveja, avareza e preguiça. Durante toda a Idade Média, sobretudo, após os estudos de Tomás de Aquino, no século XIII, o exercício da compreensão da natureza humana ganha novos desdobramentos através da razão, da moral e da revelação da graça. A base do ensino da religião foi a concepção escolástica. A Igreja Católica, historicamente, apresentou muitas dificuldades para dialogar com a ciência moderna. Não foram poucas as intervenções autoritárias com o saber científico e atrocidades para com os cientistas. A prática do cuidado de si na forma de confessionário, nasceu no contexto medieval e chegou até os dias de hoje, com novas compreensões fruto de novas visões sociais e teológicas.

A clínica da psicanalise é fruto das ideias do final do século XIX, sobretudo, do pensamento Iluminista – base da revolução científica. O grande anseio da ciência era vencer a religião. O mundo das luzes prometia derrotar o mundo das trevas. A vaidade da psicanálise era de triunfar sobre a religião. No último parágrafo do livro "O futuro de uma ilusão", Freud[243] diz: "Não, nossa ciência não é uma ilusão. Seria ilusão, isto sim, acreditar que poderíamos obter de outras fontes aquilo que ela não pode nos dar".

Sigmund Freud era filho de Jakob Freud e Amalie Freud, judeus ortodoxos. Ainda jovem, Freud declarou que a leitura da Bíblia o havia fortemente influenciado e o inspirara a compreender inúmeros casos clínicos. Aprendeu a ler a Bíblia[244] em hebraico com o Prof.

---

243 Freud, 2014, vol. 17, p. 231.
244 É bom lembrar que sua formação bíblica era do século XIX. Uma leitura literal dos textos bíblicos, ou seja, "ao pé da letra". Hoje, os modernos biblistas discordam radicalmente desse tipo de interpretação e da fundamentação teórica que a sustenta.

Hammerschly. Na fase de sua produção científica, como psicanalista, declarou-se ateu. Mas, nunca ignorou a aplicação da psicanálise a "cura das almas", como confirma, em correspondência[245] a seu amigo, o Pastor Pfister: "[...] A resposta teria sido: se esses senhores religiosos querem aplicar a análise, não temos nada a interferir; eles que busquem a aprovação do Bispo".

Jacques Lacan[246], em 1960, em Bruxelas, perguntado se a religião triunfará sobre a psicanálise, diz: "Sim. Não triunfará apenas sobre a psicanálise, triunfará sobre muitas outras coisas também. É inclusive impossível imaginar quão poderosa é a religião".

Passaram-se os tempos. Tudo leva a crer que, no momento contemporâneo, há um diálogo próximo entre a religião católica e a psicanálise[247].

Assim disse Lacan[248], na Universidade Católica de Saint-Louis, em Bruxelas:

> A ciência é novidade, e introduzirá um monte de coisas perturbadoras na vida de todos. Ora, a religião, sobretudo a verdadeira, tem recursos de que sequer se suspeita. Por ora, basta ver como ela fervilha. É absolutamente fabuloso. Eles gastaram um tempo, mas

---

245 Freud & Meng, 1939, p. 23.

246 Lacan, 2005, p. 65.

247 O Círculo Psicanalítico de Minas Gerais foi fundado pelo Pe. Malomar Lund Edelweiss, em 17 de abril de 1963, juntamente com Igor Caruso, da Sociedade Vienense de Psicanálise. O primeiro presidente do Conselho Regional de Psicologia – 4ª Região foi o ex-Pe. Rui Flores. Tais episódios apontam uma provável aliança entre a religião e a ciência psicológica em Belo Horizonte. A paternidade autoriza a cada ser um ponto de referência simbólica, o que constitui o poder de nomeação do pai. O pai é um significante, um efeito discursivo. O mito fundador da ciência psicológica passa pela religião? Um dos maiores amigos de Freud era o pastor luterano Oskar Pfister. "Sou filho de padre", dizia Lacan. Educado pelos irmãos maristas, pensava que a verdadeira religião, a romana, no fim dos tempos arrastaria todo mundo, derramando carga máxima de sentido sobre o real cada vez mais insistente e insuportável que devemos à ciência. Afirma Jacques-Alain Miller (LACAN, 2005).

248 Lacan, 2005, p. 65-66.

de repente compreenderam qual era sua chance com a ciência. Vão precisar dar um sentido a todas as reviravoltas introduzidas pela ciência. E, no que se refere ao sentido, eles conhecem um bocado. São capazes de dar um sentido realmente a qualquer coisa. Um sentido à vida humana, por exemplo. São formados nisso. Em quais os segmentos da sociedade é produzida a demanda do confessionário e da clínica da psicanálise? Confesso que não conheço pesquisa sobre a questão. Podemos intuir através desse estudo algumas aproximações sobre o tema. Já consideramos, no início desse capítulo, que o público é diversificado. Avaliando que nenhuma demanda é espontânea, podemos sinalizar alguns aspectos do público que frequenta esses dois lugares.

O confessionário recebe obviamente católicos, sobretudo, de classe mais pobre e de setores da classe média. São pessoas que vivenciaram as tradições religiosas rurais, práticas devocionais de santos e preceitos morais determinantes sobre a concepção de pecado como ofensa a Deus.

Já o público da clínica psicanalítica é predominantemente de uma cultura urbana, científica, sobretudo, de familiares próximos das profissões filosóficas, ciências humanas e da saúde. A grande clientela do pensamento psicanalítico é produzida entre meios dos futuros profissionais e seus familiares: psiquiatras, filósofos, psicólogos, enfermeiros, assistente sociais, artistas e áreas afins.

Em outra formulação: quando um determinado agrupamento social vive momentos de crise, acaba demandando de outrem alguma oferta que responda aos seus anseios. Por sua vez, alguma agência de serviço alheia à organização, paralelamente, produz a necessidade do serviço, oferecendo o seu produto.

Há também a demanda implícita, ou seja, *o não dito*. Tudo aquilo que a pessoa ou o grupo solicitante não consegue enxergar, seja por uma questão de recalcamento, por repressão, por desconhecimento, ou até por uma questão perversa. Desse modo, a demanda implícita só será conhecida, apurada e coletada nos espaços intersticiais, principalmente nos processos de experiência dos dispositivos ofertados

Esse trabalho de consciência do material da demanda implícita, do inconsciente, das potencialidades latentes é semelhante ao ofício do garimpeiro. Caprichosa e pacientemente, o garimpeiro seleciona as primeiras pedras, muitas vezes sem nenhum valor, até encontrar, bem no fundo, as pedras preciosas. As demandas implícitas são as pedras valiosas, as manifestações e desejos inconscientes que num determinado momento estão adormecidos, recalcados, à espera de uma linguagem que as faça escoar através da palavra. O que desejo? Qual a demanda que tenho para o confessionário ou para o consultório psicanalítico?

8.4 Diálogos intermináveis sobre o confessionário e o consultório psicanalítico

O pecado associado ou não ao confessionário, sempre existiu. Ora revestido no *totem* em forma de *tabu*, na cena mítica do assassinato do pai pelos filhos da horda primitiva, na figura do mal, do demônio, de mancha, desordem, desrazão, transgressão, ora como traço de sentimento neurótico de culpa. Essa presença, contudo, se reveste de tonalidades diferentes, de acordo com as respectivas religiosidades e tempos socioeconômicos. Há períodos e contextos culturais em que o pecado se apresenta como realidade premente e atemorizadora.

Durante boa parte da Idade Média e da Modernidade, a obsessão pela confissão "exata" foi certamente uma das grandes causas que levaram a Igreja Católica à utilização de uma pastoral do medo e do castigo do inferno. A gravidade do silêncio, o esquecimento das listas de pecados e as meias confissões representavam verdadeiro sacrilégio, que ameaçavam conduzir o pecador aos tribunais da penitência e ao abandono de Deus.

A Igreja fragilizou-se gradativamente com o avanço da Modernidade. Como instituição milenar, recusava-se a aceitar a possibilidade de mudança. A Igreja era experimentada como algo já definido, passível de ser levado adiante naquela mesma formulação histórica encontrada nos primeiros séculos. O cotidiano dos cristãos praticamente não sofreu alterações entre os séculos XIV e XX, de modo que a Igreja e suas organizações deixaram de participar do pensamento filosófico, político, científico e da Revolução Industrial. O dispositivo do Concílio de Trento[249] acabou criando um mundo superprotetor para o catolicismo, como um útero fóbico. Segundo Ney de Souza[250]:

> A atitude defensiva de Trento pode ser constatada em duas frentes: a uniformização da liturgia, na língua e nos ritos; e a uniformização da formação do clero, centrada de maneira predominante no pensamento medieval e realizada em língua latina. A dinâmica realizada de maneira homogênea procurava garantir, ilusoriamente, a unidade universal.

Gradativamente, a população cristã viu-se seduzida pelos ideais da modernidade liberal. Sua fé foi posta à prova, tanto pela falta de comunicação entre o clero e o laicato, consolidando-se a ideia de que a Igreja é o clero, quanto pela entrada em cena de outros sistemas filosóficos nascidos do Iluminismo, que pretendiam substituir a religião pelo culto da razão, pela ideia de progresso individual e pela

---

249 Importante congresso dos bispos que ocorreu na cidade do mesmo nome, Trento, no norte da Itália, entre 1545-1563. Do Concílio de Trento (1545-1563) ao Vaticano II (1962-1965) a Igreja viveu praticamente quatro séculos sob a inspiração de uma eclesiologia de forte matriz defensiva e apologética, que alcançou, no Concílio Vaticano I (1869-1870), um dos momentos mais emblemáticos, com a declaração da infalibilidade papal.

250 Souza, 2003, p. 108.

secularização ou o laicismo[251]. Declinam, então, as ideias de pecado e do espaço do confessionário.

Se outrora se dava importância demasiada ao pecado, hoje acontece, com maior ênfase, o extremo. Contemporaneamente, tendemos a pensar que a ideia de pecado se faz despercebida. No entanto, pode-se afirmar com certeza que o sentido de pecado nunca esteve tão presente como em nossos dias, na forma da cultura de desculpabilização. É a razão cínica ou a desresponsabilização ética: "nada podemos fazer, as coisas funcionam por si mesmas, não somos culpados de nada", "pratique os sete pecados capitais e seja uma pessoa melhor". O mecanismo de defesa da negação é o mais eficaz na produção de sintomas no sujeito humano. A cultura neoliberal produz a formação de defesa da desculpabilização, que é o maior obstáculo a ser superado pelo sujeito para lidar com a lei e o desejo.

Podemos arriscar alguns traços que caracterizam o tempo neoliberal, mesmo que corramos o risco de nos perdermos no abrangente e profundo momento que vivemos. O primeiro a ser destacado caracteriza-se basicamente pela penetração extensiva da tecnociência na sociedade, pela economia de mercado e de consumo de massa; o segundo, por sua vez, está relacionado ao resultado da exacerbação do narcisismo como forma hegemônica de subjetividade, e, por consequência, ao processo de desculpabilização do sujeito. Ora, o processo de desculpabilização da pessoa é incompatível com a ética religiosa e a ética do desejo para a psicanálise.

Para concluir este trabalho, solicitei a participação de vários profissionais[252] que, de forma espontânea e gratuita, juntaram-se em

---

251 Pe. Libânio comenta que "enquanto o laicismo significasse a independência do Estado diante da Igreja, não teria sido funesto. Mas o poder civil teve a pretensão de impor limite à religião, para fazer unicamente de seus interesses temporais a última norma de sua ação" (LIBÂNIO, 1971, p. 47).

252 Dr. Amauri Carlos Ferreira. Filósofo, professor da PUC-Minas. • Dr. Carlos Dominguez Morano. Padre e psicanalista, professor da Faculdade de Teologia dos Jesuítas em Granada, Espanha. • Eliana Andrade. Mestre, psicanalista, analista didata

torno do tema abordado, contribuindo com seus saberes próprios e suas experiências pastoral, na clínica psicanalítica ou como educadores. A experiência interprofissional em muito nos enriqueceu e, sem dúvida, poderíamos dizer que se tornou um método de trabalho imprescindível para nos aproximarmos do objeto de estudo: a lei e o desejo – os sete pecados capitais.

Por isso, nesta última parte, resolvi fazer perguntas a amigos e amigas. A ciência precisa muito mais de perguntas do que simples respostas. Como diz José Tolentino: "As perguntas nos deixam mais perto do sentido, da abertura do sentido, do que as respostas". A opção por esses profissionais baseou-se em dois critérios: o primeiro foi o afeto. Há muito tempo estamos unidos por laços de amizade. O segundo critério foi a visão de Igreja e o espectro Político. Todos eles têm uma paixão pela população que mais sofre neste país. Observemos, agora, a posição de cada profissional a respeito do tema transversal: os sete pecados capitais à luz da psicanálise.

O pecado

O pecado pode ser compreendido a partir de duas abordagens: a dos que creem e dos que não creem.

Para aqueles que acreditam na divindade, está relacionado a falta e a culpa. O indivíduo já é culpado pela sua condição humana. É o deixar de fazer ao outro um bem, uma ação que o retire da condição

---

da Sociedade Brasileira de Psicanálise de Minas Gerais e da Sociedade Psicanalítica do Rio de Janeiro, da International Psychoanalytical Association (IPA), professora emérita da PUC-Minas. • Dr. Francys Silvestrini Adão. Padre, teólogo e professor da Faje. • Dr. Jaldemir Vitório. Padre, teólogo e professor da Faje. • Dr. Jeferson Machado Pinto. Psicanalista, professor emérito da UFMG. • João Bosco de Castro Teixeira. Educador, professor emérito da Funrei. • Júlio Cesar Gonçalves Amaral. Padre, mestre em Teologia pela Faje. • Maruzânia Soares Dias, IENS. Religiosa, psicanalista, mestre em Ciências da Religião – PUC-São Paulo, membro da IF-EPFCL e do ITA. • Mauro Passos. Doutor, professor emérito da UFMG e PUC-Minas. • Suzana Márcia Dumont Braga. Psicanalista, professora emérita da PUC-Minas.

na qual se encontra. Tal atitude é geradora de arrependimento de não ter realizado essa ação solicitada. Pode ser compreendido de forma individual, social ou ecológica.

Para os que não acreditam, o pecado é um modo que as religiões do livro sagrado encontraram para controlar os indivíduos deixando-os em estado de servidão. Ele não existe. A relação com o outro é essencialmente de respeito e responsabilidade. Uma perspectiva ética que tem no outro uma origem e extensão (Dr. Amauri).

*Pecado, a primeira questão que me vem em relação a isso é justamente "**não bem-dizer o desejo**". O humano foge o tempo todo do próprio desejo e, ao fugir disso, acaba caindo em um engodo, prende-se ao gozo. Costumamos fazer semblantes, ou seja, aparências que podem nos deixam distantes de nossos desejos. Mas, à medida que permitimos reconhecer nossos desejos – o que não significa necessariamente a realização dos mesmos, mas uma espécie de deixar "cair a ficha" – "conectar-se" –, podemos nos dar conta do que realmente queremos e ver o que é ou não possível realizar, levando em consideração aspectos éticos e morais, que norteiam a prática da liberdade e da democracia e rechaçam o fascismo, o hedonismo, os atos perversos etc. Quando o bem é dito, ou seja, quando se diz bem o desejo, possibilita-se o distanciamento do "mal-dito". Ao maldito as religiões podem chamar de "pecado", ou seja o afastamento daquilo que Deus planejou para os seres humanos, criados à sua imagem e semelhança.*

Mas é com o pecado original que perdemos o paraíso, lugar sem falta, e entramos na humanidade, ou seja no mundo da linguagem. A psicanálise considera justamente a linguagem como ponto fundamental para nos tornarmos pessoas que estão aí lançadas neste mundo, e que têm que se virar com a falta, com a incompletude. E a linguagem é falha, ela não pode dizer tudo, então temos que nos esforçar o tempo inteiro para podermos dizer um pouco mais, nessa tentativa de lidarmos com essa questão. Mas, muitas vezes não queremos lidar com a falta e acabamos tamponando-a, o que pode nos fechar na bolha do narcisismo exacerbado, pode nos fazer cair em um abismo criado por nós mesmos. Essa "falta a ser", que é constitutiva do humano, nos diz justamente que não somos completos e nem nunca seremos. É difícil suportar essa falta, por isso se tenta o tempo inteiro construir uma unidade com o outro, uma unidade impossível. Lacan vai dizer que o amor entra como uma criação possível para podermos lidar com a falta. Se não formos criativos, se ficarmos só na falta o tempo todo, podemos cair em outro extremo de sofrimento muito intenso.

No cristianismo, a falta é também considerada e por isso mesmo tem em seus fundamentos a encarnação do divino, "o Verbo se fez carne e habitou entre nós" (Jo 1,14). O Verbo, a palavra, a linguagem... Em Jesus não temos um retorno ao paraíso, mas a confirmação da falta e de como, pelo amor a Deus e ao próximo, os seres humanos podem lidar com sua incompletude (Ir. Maruzania).

Aquilo que está por detrás – pecado ou insegurança?
*"Deus é poderoso e justo, por isso **tenho medo** das coisas erradas que faço ou penso. Quando vejo um homem bonito, tenho desejo". "Saio com outras mulheres, mas não deixo faltar nada em casa". "Será que Deus vai me **castigar** por que na hora do aperto, prometo muita coisa e, depois, não cumpro?" "Tudo que acontece, é vontade de Deus, mas sinto muita **culpa** porque não aceito os sofrimentos que Ele manda". "Jesus não fazia nada contra seus inimigos, mas eu não sei perdoar. Tenho **dúvida**, isso é pecado?" Retalhos de situações/ problemas das pessoas em orientações, direções e conversas* (Prof.-Dr. Mauro Passos).

A palavra "pecado", no meu entender de teólogo e pastor, está desgastada. Por isso, o quanto possível, evito-a. O primeiro equívoco consiste em pensá-lo enquanto atitude humana ofensiva a Deus, como se a Divindade fosse um ser hipersensível, capaz de se irritar ou se sentir ofendido por ações humanas, até mesmo as mais irrelevantes (distrair-se na oração!). Daí a necessidade constante de pedir perdão e se confessar (no caso dos católicos), como se os ministros religiosos representassem Deus na terra, com uma "procuração" para perdoar os delitos humanos e, assim, acalmar Deus e reconciliá-lo com os pecadores que lhe pedem perdão, pois os impenitentes estão irremediavelmente condenados ao fogo do inferno.

O segundo equívoco consiste em restringir o pecado à relação Deus-ser-humano, de forma a identificá-lo como faltas no campo da religiosidade (faltar à missa aos domingos, não fazer o jejum quando a igreja obriga, dormir ou levantar-se sem rezar...).

O terceiro equívoco consiste em criar uma verdadeira obsessão em relação aos pecados sexuais e pensar que afastam as pessoas de Deus, que teria um rígido padrão sexual a ser respeitado pelos seres humanos, sob pena de serem lançados no inferno por toda a eternidade, caso não se esforcem para se adequar a ele, e, caso cometam alguma falta sexual, não busquem o sacramento da confissão para ficar em dia com Deus (Pe. Vitório).

A compreensão de pecado no campo da experiência pessoal tem muito a ver com a história e a experiência de fé das pessoas (Pe. Júlio).

A noção de pecado veiculada pela religião seria um dos meios de coerção a que a civilização recorre, a fim de normatizar as condutas dos seres humanos. Para que eles não se destruam mutuamente e preservem a cultura cada um precisa dar uma libra de carne. Assim, o pecado pode ser visto como uma tentativa de regular o gozo, prescrevendo proibições e normas de satisfação pulsional.

Para Freud, a vida se encontra ameaçada diante das forças da natureza, dos ataques dos outros humanos e da fragilidade do corpo, ameaças que levam à morte. Se o desamparo é condição da nossa existência, buscamos um Pai poderoso capaz de nos proteger diante da nossa condição de mortais. A crença religiosa afirma que Deus nos protege e nos presenteia com a imortalidade, mas para isso precisamos seguir sua Lei. Quem não obedecer ao Pai, perderá seu amor e será punido. Na religião monoteísta judaico-cristã, essas prescrições foram ditadas por Deus e escritas nas tábuas da lei entregues a Moisés.

No embate entre o sujeito e a cultura, submeter-se inteiramente ao Outro é tão mortífero quanto recusar o que vem do Outro. Visto por esse prisma, o pecado tem algo de revolucionário. Veicula ao mesmo tempo a morte e a vida, uma vez que morte e vida são indissociáveis. Além disso, se a manutenção das regras significa oposição às mudanças, os movimentos também são necessários à sobrevivência da espécie.

Nessa vertente, está o rabino Nilton Bonder, em suas considerações sobre o pecado no livro Alma imoral. Ele mostra que o pecado é fundamental, faz parte da condição humana. Ele já está presente no Gênese, primeiro livro da Bíblia. Na metáfora da criação, Adão e Eva desobedeceram à proibição de Deus e foi a partir dela que a humanidade foi constituída. De acordo com a religião cristã, os humanos, herdeiros de Adão e Eva, já nascem com o pecado original inscrito. Este pecado marca nossa incompletude e nossa luta para sobrevivermos nessa tênue linha entre proibido e permitido, em que a nossa subjetividade se constitui levando em conta o desejo, causa da nossa insatisfação inevitável e nossa busca imprecisa, vestidas com demandas diversas, paradoxo que constitui o nosso viver (Dra. Suzana).

O prezado autor, deste já memorável livro, indaga se existe pecado em educação. Para responder, preciso fazer duas distinções. Primeira delas, entre "pecado" e "erro". Pecado comporta sempre a noção de ofensa a Deus e de culpa. Erro é abandonar, sem razão, um caminho escolhido, é perder o foco necessário nesse caminho.

No processo educativo, tanto é difícil "pecar", quanto é muito fácil "errar".

A segunda distinção é entre "educação" e "ensino"! Embora se completem, são conceitos distintos. A educação compete à família, à escola e à sociedade. O ensino compete ao professor que, sem dúvida, é também educador.

Pois bem. Educação é um processo cuja finalidade é ajudar o infante – aquele que não fala – a se tornar um falante, isto é, a ter a própria palavra. É um processo de libertação. Tal processo se dá na **relação.** Erra-se, pois, em educação, ou "peca-se", toda vez que se perde o foco na relação. O leitor saberá encontrar, na família, na escola e na sociedade, mil atitudes demonstrativas desse processo desvirtuado pela ausência da relação, única eficaz, a meu aviso, no aprendizado de construção da própria palavra, no processo de aquisição da liberdade.

Ensino é processo de transmissão do conhecimento. Processo que só se dá quando há aprendizado, pois ensino e aprendizado são termos relativos. Antes de mais nada, pois, erra-se, ou "peca-se". quando se perde a noção da relação desses termos. Erra-se, também, quando ensino aprendizado são prejudicados por deficiências essenciais ao processo: professor incapacitado em termos de psicologia do aprendizado, em termos de didática, em termos de conteúdo específico e quando ele é incapaz de estabelecer relações que levem seus alunos a se motivarem. Erra-se, igualmente, quando o aprendiz não é tomado em sua realidade objetiva, com suas características específicas, culturais, algumas definitivas, temporárias outras, ambas levando à motivação pessoal, sem a qual não acontece o aprendizado.

Educação e ensino: muitas ocasiões de "erro". De "pecado"? Muito difícil. Não significa, porém, que algum "pecado capital" não possa ocorrer por parte daqueles que cuidam de levar as pessoas a se libertarem, também pela aquisição do conhecimento (Prof. Joao Bosco).

Qual a demanda de um católico ao confessionário?

Em minha experiência pastoral, noto nas pessoas que buscam a confissão motivações muito diversas. Assumindo o risco de traçar caricaturas, creio que podemos reconhecer três grandes grupos principais.

Um primeiro grupo – mais ligado à tradição – busca cumprir um preceito (ao menos uma vez ao ano, para muitos, ou com maior frequência, para os que participam de alguns novos movimentos eclesiais). Um segundo grupo – mais atento às disposições existenciais pessoais – busca um apoio espiritual para resolver conflitos internos (angústias, dúvidas e sentimentos de culpa) ou externos (situações de conflito com outros). Por fim, um terceiro grupo – mais "iniciado" a um caminho espiritual pessoal de seguimento de Jesus – busca uma correção de rota e maiores forças para seguir adiante a vivência do Evangelho.

A (quase) ausência de uma narrativa pessoal é o que mais diferencia o primeiro grupo dos outros dois. O teor da confissão é mais "normativo", com maior ou menor nível de angústia, segundo a imagem que a pessoa faz de Deus (misericordioso ou castigador) e de si mesma (boa ou baixa autoestima). Nos outros dois grupos, devido a um maior investimento numa narrativa pessoal, a confissão tende a ser mais longa. Chama-me a atenção o fato de muitas pessoas se darem conta de dimensões mais profundas durante seu próprio relato, passando de sentimentos vagos a uma maior consciência de si e das possíveis causas de seu desconforto existencial e espiritual. O processo de cura e reconciliação se faz mais visível nesses casos. Não tenho dúvida: como a confissão não é um ato mágico – mas humano e espiritual –, a qualidade da experiência de reconciliação está profundamente ligada à qualidade do engajamento pessoal de cada um. Este engajamento é mediatizado por uma tomada de palavra pessoal, que abre a pessoa a uma escuta mais atenta da palavra do ministro da Igreja (Pe. Francys).

Nas confissões, aparece a noção de pecado como uma falta, um erro, algo mau que compromete as relações com Deus, com os outros e consigo mesmo e, portanto, necessita de uma reparação que passa pela confissão. Em muitos casos, falta mais clareza do que seja pecado. Em geral, os penitentes costumam trazer aquilo que ouviram sobre pecado. Em várias confissões, já me perguntaram: "O senhor poderia me explicar o que é pecado?" Na maioria das vezes, há uma mistura entre o pecado, objetivamente falando, e o sentimento de culpa. As pessoas, muitas vezes, relatam como pecado coisas que objetivamente não o são, como sentimentos, desejos, limitações. Por exemplo, uma das coisas que mais aparece como pecado é o sentimento de raiva. Também situações de desejo, mas sem concretização (Pe. Júlio).

A demanda de pecado pessoal se sobrepõe ao pecado coletivo ou social?

Um outro elemento que me chama a atenção é a noção de pecado concentrada no campo pessoal em detrimento do social, ou seja, a noção de pecado pessoal aparece bem mais do que a de pecado social, o que pode ser resultado do processo da catequese ou outras questões. Há uma concentração nas ações individuais, dando-se menos importância ou valor às ações de impacto social, como a omissão e o desinteresse na esfera da política, do bem comum, das injustiças, dos preconceitos, do racismo e do cuidado para com o meio ambiente. O penitente, de modo geral, salvo algumas exceções, tende a trazer a visão e a incidência do pecado para o campo pessoal, individual (Pe. Júlio).

Uso a palavra desumanização, ao invés de pecado, porque:
Chama a atenção para as atitudes contrárias àquilo que toca o cerne de cada pessoa: deixar transparecer a "imagem e semelhança de Deus" que está no seu mais íntimo, em torno das quais deve se construir como ser humano.

Pensa o ser humano para além dos limites de sua individualidade, que sempre corre o risco de descambar para o individualismo e o narcisismo, pois a humanização se constrói necessariamente nas relações interpessoais. O egoísmo e o narcisismo são tremendamente desumanizadores!

Rompe com a tirania das religiões e das igrejas que se sentem no direito de se apropriar das pessoas e determinar o que podem/devem ou não fazer, o que é permitido/o que é proibido. A liberdade em face de Deus e do semelhante exige do indivíduo se responsabilizar por sua caminhada, com a exigência de discernimento em torno do que o humaniza ou o desumaniza, para rejeitar os elementos desumanizadores e potencializar os humanizadores. Nesse caso, a figura do confessor ou do guru deve ser substituída pela do companheiro de caminhada, do interlocutor espiritual ou do "mestre" (no sentido da tradição espiritual cristã, desde que não signifique "proprietário" do discípulo). As confissões obsessivas para se acusar de pecados sexuais insuperáveis darão lugar a um processo continuado de discernimento, como esforço de percepção do rumo a ser dado à própria história, à luz da fé, da esperança e da caridade, e com a assistência do Espírito Santo, não bastando "três Pai-nossos e três Ave-Marias" dados como penitência pelo confessor.

A abertura do crente para além de si mesmo confronta-o com o próximo a quem desumaniza (com o egoísmo narcísico e a incapaci-

dade de se solidarizar), a quem se vê na obrigação de humanizar (os oprimidos, os marginalizados, os que são aviltados em sua dignidade, as vítimas das injustiças etc.), mas, também, com os desumanizadores, agentes da injustiça, da violência e da morte.

A palavra desumanização, substituta de pecado, apela para a tarefa de cada um no sentido de construir a Sociedade querida por Deus, mais justa e fraterna, mais humana, onde o imperativo das relações interpessoais seja a misericórdia e o cuidado com os irmãos e as irmãs (Mt 25,31-46) e, também, com a Casa Comum, como insiste o Papa Francisco.

Ao falar de pecado como desumanização, relativizo ao máximo o papel das Igrejas enquanto instituições preocupadas em defender tradições anacrônicas (dimensão eclesiástica) e valorizo a Igreja pensada enquanto Povo de Deus que abraça a causa do Reino e se empenha por construir o mundo querido por Deus, onde todos sejam irmãos e irmãs, movidos pelo imenso desejo de construir fraternidade (dimensão eclesial).

Meu esforço como teólogo e pastor tem sido o de ajudar quem deseja voltar às fontes da fé cristã e descobrir Jesus de Nazaré como modelo de humanidade, que não se deixou desumanizar, embora condenado à morte de cruz. Vítima da desumanização, não se deixou desumanizar! Antes manteve-se fiel a seu projeto de vida humanizada e humanizadora/humanizante, no qual "a imagem e semelhança de Deus" transpareceu em grau exímio, de modo a associar humanidade e divindade de maneira inextrincável, como as faces de uma moeda. Esse projeto de vida foi proposto a seus discípulos e discípulas de todos os tempos. Assim, na perspectiva cristã, o pecado consiste em caminhar na contramão do projeto humanizador-divinizador de Jesus de Nazaré, com atenção aos irmãos e às irmãs e à humanidade nova que daí surgirá, como tão bem se narra nos evangelhos. As igrejas ditas cristãs e seus líderes só terão relevância evangélica na medida em que ajudarem *cada batizado e cada batizada a crescer, com responsabilidade e consciência, em tal caminho de vida. Caso ousem se impor e atropelar as consciências dos discípulos e das discípulas e não os ajudem a abraçar com garra o projeto humanizador-divinizador do Mestre de Nazaré, deverão ser olimpicamente ignoradas!* (Pe. Vitório).

Qual a demanda de um sujeito ao consultório de psicanalise?

• *Falar do real da existência*

É uma discussão que vai puxando muitas questões que envolvem os tempos atuais, inclusive quanto ao desempenho, pela ciência, de papéis que antes cabiam à religião. Em seu "O Futuro de uma Ilusão", Freud já falava que talvez a religião pudesse um dia ser substituída pela psicanálise, porque ele era ateu convicto e tinha a teoria de que o desamparo cria a necessidade desse pai todo poderoso. Pensava que, talvez, depois que esse homem superasse essa posição infantil, ele não precisaria mais de Deus.

Aliás, seria uma posição ateísta? Nem sei se assim pode ser definida, porque ateísmo, etimologicamente falando, já tem teos e, aí, a negação do teos supõe primeiro sua afirmação, de modo que um dia existiu para depois ser negado. Então, é uma posição que não se pode definir com tanta precisão. Freud até chegou a redigir algumas análises de pessoas as quais pensavam que a crença em Deus se tratava de processo infantilizado, o processo terapêutico sendo necessário até que amadurecessem. Esse tipo de equívoco foi posteriormente ressituado por Lacan, que passou a abordar a religião como parte do sintoma, tratando-a, portanto, numa dimensão sintomática como outra qualquer, sem escala de importância em relação a outros recursos que o sujeito usa, que seu inconsciente usa para criar uma solução para a angústia que o toma. Tem-se, então, uma relação entre o real da existência e o peso da angústia (Dr. Jeferson).

• *Falar da incompletude*

Voltando aos ensinamentos freudianos, podemos ver que no processo de constituição das subjetividades, a criança, a partir da relação com o Outro – representante da cultura que cuida dela, precisa sair do domínio exclusivo do princípio do prazer para se inserir no mundo civilizado. A satisfação da pulsão se faz no campo do Outro, mas nunca será completa. O gozo, nossa condição de fruição de prazer, jamais será absoluto. O desejo é resto subtraído da satisfação alcançada e refaz o circuito da nossa busca constante. Somos seres incompletos, mas aspiramos pela completude. Há um antagonismo entre o prazer dos homens e a sobrevivência da cultura. A civilização se faz à custa de certa renúncia à satisfação pulsional (Dra. Suzana).

• *Falar do sentimento de culpa*

Para lançarmos luz nessa questão, é preciso olhar para o super-eu, *instância censora, herdeira da relação com o pai que, a princípio, tem o papel de internalizar a Lei, em prol da vida civilizada. Mas Freud alerta que o* super-eu, *ao visar o ideal, costuma se tornar mais exigente e tirânico do que as regras que visam à proteção da cultura. O sentimento de culpa é decorrente dessa instância. Daí a noção de pecado, por ser vivida de maneira subjetiva, pode tornar-se fonte de grande parte do sofrimento neurótico, uma vez que leva o eu a sentir-se constantemente culpado e merecedor de castigo. Diante desse conflito, a própria renúncia ao pecado, decorrente da satisfação das pulsões, pode, no lugar de apaziguar, aumentar a severidade e a intolerância do* super-eu. *Cria-se um circuito de repetição em que o* super-eu *castiga o eu com inclemência, mistura virtude e pecado e torna o próprio sofrimento uma forma de gozo. O masoquismo é uma evidência disso* (Dra. Suzana).

Mas na minha experiência profissional, todos que me procuram têm essa marca da educação judaico-cristã, do mundo ocidental. Poucos, entretanto, relatam a ida ao confessionário. Poucos disseram ter procurado um padre para confessar pecados nesses meus anos de psicanalista.

Intuo que há diferenças que costumam acompanhar os clientes que são muito aderidos à posição cristã e que procuram uma análise. Com frequência, sem perceber que estão sofrendo de apegos a valores cristãos muito rígidos, os quais temem perder, esses clientes terminam bloqueando desejos, por moralismo, por considerarem pecado e até por medo de dar um mal exemplo. Isso se passa, ilustrativamente, em relação a manifestações de ódio, de raiva, que as pessoas sentem como não sendo sentimentos cristãos, culpando-se por não terem oferecido a outra face ou tentado compreender o que se passa. Afinal, toda a raiva sentida contraria valores cristãos, da igreja, especialmente o "ama o outro como a si mesmo". Não percebem a dificuldade ou, mesmo, a impossibilidade desse mandamento. Então, muitas vezes, quando envolve esses aspectos, a demanda e busca por análise diz exatamente de como o corpo está sendo convocado a realizar uma coisa que o sujeito, em sua condição moral, considera como pecado ou como uma coisa pouco cristã.

Alguns clientes até brincam, perguntam-se se não estão querendo se tornar uma Madre Tereza de Calcutá, enfim se não querem se tornar santos. Fazem-no na tentativa de racionalizar um pouco, diminuir sua culpa, na medida em que uma tal pureza seria privilégio de alguns santos. A aceitação de uma humanidade concreta mostra-se, portanto, uma tarefa difícil, justamente porque implica necessariamente o pecado. Alguns inclusive brincam e, fazendo referência a filmes, como "Os sete pecados capitais", dizem que o pior pecado é o da preguiça, que impede de cometer todos os outros (Dr. Jeferson).

O inconsciente não dá "ponto sem nó"

Contudo, embora tentem racionalizar, esses clientes têm dificuldades em assumir alguns pecados, como o adultério, por exemplo. Com relação a práticas criminosas, como homicídio e roubo, percebe-se que as pessoas aceitam mais facilmente a imposição religiosa que as afirma como pecado. Ainda que estabeleçam essa escala de gravidade, as pessoas se culpam por "pequenos delitos", por mentirinhas ou mentiras úteis, ilustrativamente. Não percebem, todavia, que, com a ideia de inconsciente, tudo o que se fala é mentira, na medida em que sempre há coisas subentendidas a qualquer fala (Dr. Jeferson).

O pecado enquanto gozo

Com o tempo de análise, as pessoas vão tentando entrar na problemática que envolve esse tipo de julgamento cristão. Passam, então, a perceber que a presença de um gozo é parte constitutiva da humanidade. Como dizia Lacan, a vida é vã se não tem o gozo, o que não afasta o desafio de dissolver os pontos de gozo que impedem a pessoa de criar desejos, um desafio que é pesado para todo mundo, seja a pessoa cristã ou não – embora a minha experiência com não cristãos seja pouca por causa da nossa cultura, em que muitos se afirmam cristãos mesmo sem professar qualquer religião, como é o caso dos espíritas.

Mas, a demanda, eu acho, para aqueles que se confessam, que usam o confessionário, e ainda vêm à analise (na minha experiência são poucos), parece estar relacionada à absolvição do pecado, justo ali onde aquelas penitências ou promessas que o sujeito tem que fazer não se mostram suficientes para aliviar o peso desse gozo, que traz sofrimento para o sujeito. A demanda então dirigida ao analista refere-se muito mais a esses impasses diante das escolhas que as pessoas têm que fazer, os quais a prendem numa espécie de gozo autístico, sem deslocamento ou transformação em energia libidinal que possa se converter em desejo, fonte de desejo, força motriz do desejo – considerando que gozo e desejo compartilham a mesma fonte pulsional (Dr. Jeferson).

Confissão, segredo e remoção dos sintomas

Então, é esse o desafio maior que eu vejo para quem procura uma análise e nela prossegue. Porque, muitas vezes, o processo é interrom-

pido após uma confissão de efeito catártico feita ao analista, pela qual se traz à tona e se expõe algo muito íntimo, escondido, que não poderia circular dentro de uma família, por exemplo; segredos familiares que bloqueiam passagens de afeto em uma família, que bloqueiam a passagem de desejos. Alguns chegam a esse ponto, falam e ficam felizes e podem sair da análise. Não vão mais a fundo no processo analítico, com o que não chegam a dissolver pontos coagulados de gozo que todo mundo pode carregar. Quem vai ser analista acaba se dedicando muito à dissolução desses pontos coagulados de gozo.

Por outro lado, há muitas pessoas que procuram a análise porque têm uma retificação subjetiva a fazer em relação a um desejo secreto, ou a um crime secreto que julgam ter cometido e que fica como uma coisa escondida que, às vezes, as impede de ter uma vida melhor. Muitos, só de chegarem a esse ponto, de abrirem isso para o analista, já fazem uma retificação e se implicam mais nos seus problemas, com o que conseguem ir vivendo uma vida melhor (Dr. Jeferson).

Do sintoma à invenção

Há, também, aqueles que se dedicam a trabalhar mais profundamente essa demanda, ultrapassando a simples confissão de um desejo ou um segredo escondido. Vão mais a fundo na análise para trabalhar as raízes da questão emergente, perguntando-se de onde vem isso, como vem isso e que conexões isso pode ter com outros aspectos da vida, ou, ainda, como isso pode ajudá-las a viver melhor. Inclusive, dentre os que se aprofundam no processo, existem os que conseguem se perceber como resultado sintomático do confronto entre forças pulsionais e exigências culturais.

É esse confronto justamente o gerador dos sintomas que nos constituem, tanto o que deles pode ser dissolvido, quanto o que resiste como um osso, mesmo dentro de uma análise, e que, assim, se torna um núcleo subjetivo da pessoa, com o qual ela terá de conviver e sobre o qual ela terá de trabalhar para sobreviver melhor. Tem-se, então, que o sintoma continua sendo o foco daquela pessoa, até mesmo porque se trata de uma solução que seu inconsciente arrumou e, sem que ela soubesse, lhe conferiu características singulares, independentemente de sua vontade. Ou seja, no fim das contas, o sintoma é o que rege a pessoa, seu jeito de ser, suas contingências, os encontros fortuitos que a dirigem em certo sentido e que vão construindo sua história, desempenhando funções que se consolidam como necessárias para que viva sua vida como ela é. Resta à pessoa fazer o melhor uso desse seu sintoma, o que alguns alcançam ao se aprofundarem no processo analítico, reconhecerem sua participação na produção desse seu sintoma e se implicarem nisso.

Muitas vezes essa implicação é suficiente para que a pessoa tome grandes decisões. Às vezes, com poucas sessões, uma retificação muda o modo como o sujeito encara sua vida e, com isso, comece a tomar decisões que a melhoram. Em outros casos, isso fica muito mais aderido ao corpo do sujeito e o trabalho com a palavra tem que ser maior, quebrar um pouco, deixar que os significantes exerçam efeito no corpo, os significantes que a pessoa produz, de modo a permitir uma nova escrita e uma nova leitura, com a criação de coisas diferentes a partir daí (Dr. Jeferson).

O dilema entre a religião e a ciência

Curioso perceber como a demanda de confissão antes dirigida ao padre, à religião, passou a ser dirigida à ciência. O saber científico promoveu esse deslocamento e, como podemos ver nesta pandemia, passou a preponderar, ou ao menos a pretender preponderar, sobre o discurso religioso.

Embora não estejam se confessando, penso que muitos procuram a análise com a atitude de um penitente que procura por um padre, em busca de um conselho, uma sabedoria, que ele pode saber que não é pessoal, mas que pode ser científica, alguém que é abalizado cientifi-camente. *Parece-me que esse deslocamento da religião pela ciência se processou na cultura e se associa ao discurso do capitalismo, revelan-do-nos, inclusive, algumas situações complicadas. Afinal, especialmente num contexto de pandemia, devemos aplaudir o discurso científico, reconhecendo, também, que ele se aplica a todos, cada um tendo que abrir mão de um pouco de gozo em nome da coletividade, como muito bem fazem os orientais, muito mais atentos à saúde coletiva que nós, ocidentais. Isso não é tarefa simples em nossa cultura ocidental.*

Cabe, então, ao analista, deslocar esses dados todos, o discurso religioso, o discurso científico, justamente porque o que ele quer, o que se busca, é o singular de cada sujeito, o desejo dele, o arranjo sintomático que ele tem, e como é que dali ele escolhe desejos, ele vai viver desejos, os quais pode inclusive escolher não realizar, sem, contudo, deixar de ser por eles pressionado como todos somos. A questão é que ele pode passar a ser pressionado por escolhas, e não pela imposição e temor do pecado, ou por simples convenções, como são aquelas que compelem o sujeito a ter uma alta performance *para ser um* winner, *um vencedor.*

Ou seja, pela análise é possível que a pessoa saia desse discurso que tem essa mestria sobre a subjetividade, criando seu próprio discurso e caminhos. Esse é o desafio da psicanálise, que vai buscar mesmo o parti-cular daquele que está falando ali, escapando à demanda por conselhos, por redenção, ou pela autoridade do saber científico, de modo a fazer criar um saber ali construído por aquele sujeito singular (Dr. Jeferson).

Semelhanças e diferenças

Estudei em escolas católicas, dei aula numa Universidade Católica, fui catequista, e tenho a missa inteira de cor!

Mas descri. Não em Deus, pois este antecede o homem e é a raiz de tudo! Hoje o chamo Eros, ou Pulsão de Vida. Mas descri no homem.

Então uso a imagem do "padre, perdoa-me porque pequei", da chegada do cristão ao confessionário, e a do "doutora, não sei o que faço da minha vida", do consultório de psicanálise.

O que os diferencia? Quase nada!!!

Herege, dirão uns. Herege, replicarão os outros.

Porque a ciência também se transforma em religião...

Mas ambos cristãos (ou o mesmo) querem uma coisa: que outro ser humano o escute! Que o escute e que ele, diante do sentimento de ser alguém vil, volte a se sentir humano ou pela penitência, ou pelo perdão, ou pela possibilidade de compreender-se a si mesmo.

Falar, ahhh, falar... como o ser humano necessita falar! Falando se reinicia, falando se sente recriado aos olhos do Criador, ou da Mãe. Falando se ouve. Falando, enumera seu rol de angústias e sofrimentos atrozes que lhe fizeram ser o que é.

Não me estenderei a quem é que perdoa. Mas afirmo: falar de si, a outro que escuta atentamente, traz o apaziguamento (Dra. Eliana).

A ninguém escapa as semelhanças que podemos encontrar entre a experiência do confessionário e o processo psicanalítico. Ambos se desenvolvem com uma patente assimetria na relação interpessoal: em ambos os casos, um sujeito procura o outro com uma demanda, dirigida a quem pressupõe um saber e uma experiência privilegiada.

Esta assimetria também se torna visível por um enquadramento e arranjo espacial dos interlocutores, muito diferentes entre si, confessionário ou divã, mas os dois distintos ao que é habitual nas comunicações interpessoais. Em ambas as situações se estabelece uma comunicação que diz respeito à sua vida mais íntima, mas apenas por parte do sujeito demandante. Tudo isso favorece os vínculos transferenciais, geralmente inconscientes, na ordem parental.

Nos dois casos, todavia, é necessário supor uma angústia de base que mobiliza a demanda.

Mas, essa demanda e a angústia que a mobiliza, embora nem sempre sejam facilmente delimitáveis, possuem características que podem, sim, se diferenciar de alguma maneira. O penitente (pelo menos no seu consciente) procura o confessor para resolver uma dificuldade que experimenta na sua relação com um Outro, Deus, com quem se sente vinculado e comprometido. O paciente que procura o psicanalista não se sente tanto comprometido em uma dificuldade de relacionamento com um Outro, mas em um conflito que experimenta na relação consigo mesmo (por mais que isso não deixe de ter impacto em seus relacionamentos com os outros). Ele vem procurando verdade, coerência interna, integração intrapessoal, mais que reconciliação em um vínculo interpessoal com Deus ou com a Igreja.

*Em termos psicanalíticos, uma diferença significativa também pode ser apontada entre os dois tipos de demanda. No caso do penitente, seria preciso pensar que o conflito está fundamentalmente causado por uma angústia derivada de sua relação com o **Super-eu**. Pelo menos, ele o experimenta com esse tipo particular específico de angústia que é o sentimento de culpabilidade. Culpa que, obviamente, pode ser saudável e propulsora do crescimento (conversão) ou pode derivar de um conflito psicológico não resolvido, como seria no caso patológico dos escrúpulos. No caso do paciente que procura o psicanalista, o conflito poderia ser considerado mais na gestão de suas relações com o **ID**, com sua dimensão mais pulsional, mesmo que seja sempre sob vigilância e em uma relação dialética com seus ideais e seus valores. Sua angústia não está tão diretamente ligada ao **Super-eu** (embora possa acontecer em casos como o da neurose obsessiva), mas sim na sua dificuldade em gerenciar seus amores e ódios mais profundos.*

Em ambas as demandas, o Eu sofre, se angustia e essa angústia mobiliza a demanda.

Mas, no caso do penitente, a angústia carrega essencialmente o caráter da culpa em relação a Deus, e no paciente a angústia não ne-

cessariamente está ligada à culpa, mas às relações consigo mesmo, a seu conflito intrapsíquico. E em ambos os casos, podemos supor, pode estar errada a direção da demanda. Procurar o confessor quando deveria procurar o psicanalista e também, em algum que outro caso, procurar o psicanalista quando talvez deveria procurar o confessor... (Carlos Dominguez Morano).

Concluindo a escrita deste livro, *Os sete pecados capitais à luz da psicanálise*, eu diria: o pecado existe. Mais que isso: o pecado arrasta ao pecado. Busca o mais além do prazer – o Gozo. Todavia, esbarra na incompletude e na impossibilidade.

A felicidade, esta que almejamos todos, o que mais queremos – prazer fascinante e absoluto –, é impossível. Mas, é também o que mais tememos. Daí a angústia da existência.

A busca do pecado é a aventura da felicidade impossível: falta palavra para compreendê-la. Não é possível ser dita, é impensável. Os psicanalistas diriam que é o Real. Os teólogos nomeiam-na como Mistério. O confessionário e o consultório psicanalítico constituem-se como "lugar" para a escuta do que é impossível dizer: os pecados capitais.

Referências

ABDELMASSIH, R. *Guia da fertilidade* – Tudo O que você precisa saber sobre reprodução. 2. ed. São Paulo: Spring, 2008.

ADÈS, J. *Le pédhé e la folie* – Psychopathologie des 7 péché capitaux. Paris: Odile Jacob, 2014.

AGAMBEN, G. *O mistério do mal* – Bento XVI e o fim dos tempos. São Paulo/Florianópolis: Boitempo/UFSC, 2015.

ALMADA R. *O cansaço dos bons.* São Paulo: Cidade Nova, 2013.

ANDRADE, M. *Macunaíma.* São Paulo: Abril, 1976.

ANDRADE, O. *O manifesto antropofágico.* São Paulo: Globo/Secretaria da Cultura do Estado de São Paulo, 1990 [Disponível em www.ufrgs.br/cdrom/oandrade/oandrade.pdf].

BARBOSA, H. & REIS, L. *Notícia de Jornal.* Rio de Janeiro, 1960 [Disponível em http://dicionariompb.com.br/haroldo-barbosa/obra – Acesso em 02/08/2020].

BARCELOS, G. *O banquete de Psique.* Petrópolis: Vozes, 2017.

BARRETO, F.P. *Psicanálise e psiquiatria: aproximações* – Uma introdução aos fundamentos da clínica. Curitiba: CRV, 2017.

_____. *Reforma Psiquiátrica e Movimento Lacaniano.* Belo Horizonte: Itatiaia, 1999.

BAUDELAIRE, C. *Pequenos poemas em prosa* – Os olhos dos pobres [Disponível em http://pequenospoemasemprosa.blogspot.com/2011/01/os-olhos-dos-pobres.html – Acesso em 04/04/2013].

BERCHERIE, P. *Clinique psychiatrique, clinique psychanalytique*. Paris: L'Harmatan, 2005.

_____. *Histoire et structure du savoir psychiatrique* – Les fondements de la clinique 1. Paris: L'Harmattan, 2004.

BERTONI, G. *Acídia*: vírus que mata o amor. Goiânia: UCG, 2006.

BETTLHEIM, B. *A psicanálise dos contos de fadas*. 24. reimpr. São Paulo: Paz e Terra, 2007.

Bíblia Sagrada – Tradução Oficial da Conferência Nacional dos Bispos do Brasil. Brasília: CNBB, 2018.

BINGEMER, M.C. "A sedução do sagrado". In: CALIMAN, C. (org.). *A sedução do sagrado* – O fenômeno religioso na virada do milênio. Petrópolis: Vozes, 1998.

BIRMAN, J. *O sujeito e a contemporaneidade*: espaço, dor e desalento na atualidade. Rio de Janeiro: Civilização Brasileira, 2012.

BLACKBURN, S. *Luxúria*. São Paulo: Arx, 2005 [Col. Sete Pecados Capitais, vol. 3].

BRANDÃO, J.S. *Mitologia grega*. Vol. II. Petrópolis: Vozes, 1986.

CALDAS, K. & CAVALCANTE, A. *Sua Majestade, o neném*, 1960 [Disponível em https://www.letras.mus.br/trio-nago/1880164/ – Acesso em 14/02/2020].

CAMPOS, S. *Obesidade em jovens* – A lógica da psicanálise do ganho de peso. Belo Horizonte: Escola Brasileira de Psicanálise, 2016.

CANGUILHEM G. *O normal e o patológico*. 5.ed. rev. e aum. Rio de Janeiro: Forense Universitária, 2002.

CARNEIRO, M.C. & PEREIRA, M.F. (orgs.). *Os sete pecados capitais na obra de Machado de Assis*. São Paulo: Hunder Books, 2011.

CASTILHO, P. & LISBOA, L. "O mal selvagem – A apropriação do mito freudiano de *totem* e *tabu* por Oswald de Andrade". *Revista Em Tese*, vol. 23, n. 1, 2017, p. 119-132. Belo Horizonte: Fale/UFMG.

CASTILLO, J.M. *Víctimas del pecado*. Madri: Trotta, 2004 [Col. Estructuras y Procesos – Serie Religión].

Catecismo da Igreja Católica. 3. ed. São Paulo/Petrópolis: Paulinas/Loyola/ Ave-Maria/Vozes, 1993.

CELANO, T. "Segunda vida de São Francisco". In: SILVEIRA. I. (org.). *São Francisco de Assis: escritos e biografia de Assis* – Crônicas e outros testemunhos do primeiro século franciscano. 4. ed. Petrópolis: Vozes, 2000, p. 286-446.

CHERNIN, K. *A obsessão* – Reflexos sobre a tirania da magreza. Rio de Janeiro: Imago, 1988 [Série Diversos].

COZZENS, D.B. *A fase mutante do sacerdócio*. São Paulo: Loyola, 2001.

CUCCI, G. *La fuerza que nace de la debilidad*. Santander: Sal Terrae, 2014.

_____. *Il fascino del male* – I vizi capitali. Roma: AdP, 2008.

CUCCI, G. & ZOLLNER, H. *Igreja e pedofilia, uma ferida aberta* – Uma abordagem psicológico-pastoral. São Paulo: Loyola, 2011.

Culpa, neurose e pecado. São Paulo: Paulinas, 1982 [Iniciação à Teologia – Segunda série, vol. 13].

DARDOT, P. & LAVAL, C. *A nova razão do mundo*. São Paulo: Boitempo, 2016.

DELEUZE, G. *"Post-scriptum*: sobre as sociedades de controle". In: *Conversações*. Rio de Janeiro: Ed. 34, 1992.

DELUMEAU, J. *O pecado e o medo* – A culpabilização no Ocidente (séculos 13-18). Vol. I e II. Bauru: Edusc, 2003.

DÍAZ-PLAJA, F. *El italiano y los siete pecados capitales*. 2. ed. Madri: Alianza, 1970.

DOLTO, F.O. *Evangelho à luz da psicanálise*. Rio de Janeiro: Imago, 1979.

DUNKER, C.I.L. *Reinvenção da intimidade* – Políticas do sofrimento cotidiano. São Paulo: Ubu, 2017.

_____. *Mal-estar, sofrimento e sintonia* – Uma psicopatologia do Brasil entre muros. São Paulo: Boitempo, 2015 [Coleção Estado de Sítio].

_____. *A cultura da indiferença*. São Paulo: Segmento, 2014.

DYSON, M.E. *Orgulho*. São Paulo: Arx, 2008 [col. Sete Pecados Capitais].

EPSTEIN, J. *Inveja*. São Paulo: Arx, 2004 [Coleção Sete Pecados Capitais].

ESOPO. *As fábulas de Esopo* – O sapo e o escorpião [Disponível em https://www.recantodasletras.com.br/fabulas/537750 – Acesso em 18/11/2019].

FANON, F. *Os condenados da Terra*. Juiz de Fora: UFJF, 2010 [Trad. Enilce Albergaria Rocha e Lucy Magalhães].

FERREIRA, A.B.H. *Novo Aurélio Século XXI* – Dicionário da língua portuguesa. 3. ed. Rio de Janeiro: Nova fronteira, 1990.

FOUCAULT, M. *Vigiar e punir* – Nascimento da prisão. Petrópolis: Vozes, 1997.

_____. *Microfísica do poder*. 9. ed. Rio de Janeiro: Graal, 1990.

_____. *História da sexualidade* – 2: o uso dos prazeres. Rio de Janeiro: Graal, 1984 [Trad. M. Albuquerque e J. Albuquerque].

_____. *História da loucura*. São Paulo: Perspectiva, 1978.

FOUCAULT, M. & SENNETT. "Sexuality and solitude". In: *London Reciew of Books*, mai.-jun./1981, p. 4-7 [Disponível em: https://historiacultural.mpbnet.com.br/pos-modernismo/Sennett-Foucault-Sexualidade_e_Solidao.pdf – Acesso em 07/01/2018].

FOWLER, J. *Teologia e psicologia no estudo do desenvolvimento humano e a busca dos sentidos*. São Leopoldo: Sinodal, 1994.

FREUD, E.L. & MENG, H. *Cartas entre Freud & Pfister (1909-1939)* – Um diálogo entre a psicanálise e a fé cristã. Viçosa: Ultimato, 1998.

FREUD, S. *Moisés e o monoteísmo, compêndio de psicanálise e outros textos* (1937-1939). São Paulo: Companhia das Letras, 2018 [Obras Completas, vol. 19] [Trad. P.C. Souza].

_____. *Estudos sobre a histeria* (1893-1895). São Paulo: Companhia das Letras, 2016 [Obras Completas, vol. 2] [Trad. P.C. Souza].

_____. *O delírio e os sonhos na Gradiva* – Análise da fobia de um garoto de cinco anos e outros textos (1906-1909). São Paulo: Companhia das Letras, 2015 [Obras Completas, vol. 8] [Trad. P.C. Souza].

_____. *O futuro de uma ilusão* (1926-1929). São Paulo: Companhia das Letras, 2014 [Obras Completas, vol. 17] [Trad. P.C. Souza].

_____. *A moral sexual civilizada e doenças modernas*. Rio de Janeiro: Imago, 2013 [Edição Standard das Obras Completas, vol. 9].

_____. *Observações sobre um caso de neurose obsessiva* [O homem dos ratos] – Uma recordação de infância de Leonardo da Vinci e outros textos (1909-1910). São Paulo: Companhia das Letras, 2013 [Obras Completas, vol. 9] [Trad. de P.C. Souza].

_____. *Introdução ao narcisismo, ensaios de metapsicologia e outros textos [Luto e melancolia]* (1914-1916). São Paulo: Companhia das Letras, 2013 [Obras Completas, vol. 12] [Trad. P.C. Souza].

_____. *Totem e tabu* – Contribuição à história do movimento psicanalítico e outros textos (1912-1914). São Paulo: Companhia das Letras, 2012 [Obras Completas, vol. 11] [Trad. P.C. Souza].

_____. *Psicologia das massas, análise do eu e outros textos* (1920-1923). São Paulo: Companhia das Letras, 2011 [Obras Completas, vol. 15] [Trad. P.C. Souza].

_____. *O eu e o Id, "autobiografia" e outros textos* (1923-1925). São Paulo: Companhia das Letras, 2011 [Obras Completas, vol. 16] [Trad. P.C. Souza].

_____. *História de uma neurose infantil (O homem dos lobos), além do princípio do prazer e outros textos* (1917-1920). São Paulo: Companhia das Letras, 2010 [Obras Completas, vol. 14] [Trad. P.C. Souza].

_____. *O mal-estar na civilização, novas conferências introdutórias à psicanálise e outros textos* (1930-1936). São Paulo: Companhia das Letras, 2010 [Obras Completas, vol. 18] [Trad. P.C. Souza].

_____. *Correspondência de amor e outras cartas* (1873-1939). Rio de Janeiro: Nova Fronteira, 1982 [Trad. Agenor Soares Santos].

GABBARD, G. *Psichiatria psicodinamica*. Milão: Cortina, 1995.

GALIMBERTI, U. "I vizi capitali e nuovi vizi". In: CUCCI, G. *Il fascino del male*: i vizi capitali. Roma: AdP/Pontificia Università Gregoriana, 2008.

GIL-MONTE, P.R. *El síndrome de quemarse por el trabajo (burnout)*. Madri: Piramide, 2006.

GIRARD, R. *Anorexia e desejo mimético*. São Paulo: Texto e Gráfica, 2009.

_____. *O bode expiatório*. São Paulo: Paulus, 2004.

_____. *A violência e o sagrado*. São Paulo: Unesp, 1990.

GRAMSCI, A. *Cartas do cárcere*. 2. ed. Rio de Janeiro: Civilização Brasileira, 1978.

GUATTARI, F. *As três ecologias*. Campinas: Papirus, 1990.

GUICHARD, J. Église, luttes de classes et stratégies politiques. Paris: Du Cerf, 1972, p. 163.

GUILHON DE ALBUQUERQUE, J.C. In: BAREMBLITT, G. *Compêndio, analise institucional e outras correntes:* teoria e prática. Rio de Janeiro: Ibrapsi, 1992.

GUIMARÃES ROSA, J. *Grande sertão:* veredas. Rio de Janeiro: José Olympio, 1972.

GUZMÁN. P. (dir.). *Nostalgia da luz*. Chile: Atacama, 2010 [Documentário].

HAN, B.-C. *Bom entretenimento* – Uma desconstrução da história da paixão ocidental. Petrópolis: Vozes, 2019.

_____. *Sociedade do cansaço*. 2. ed. ampl. Petrópolis: Vozes, 2017.

_____. *Topologia da violência*. Petrópolis: Vozes, 2017.

HOBBES, T. *Leviatã*. São Paulo: Martins Fontes, p. 253 [Trad. João Paulo Monteiro e Maria Beatriz N. da Silva].

HOLANDA, C.B. *O que será?* à flor da pele. Rio de Janeiro, 1976 [Disponível em https://www.letras.com.br/chico-buarque – Acesso em 15/03/2020].

HOLANDA, C.B. & PONTES, P. *Gota d'água*. Rio de Janeiro, 1975 [Disponível em https://www.letras.com.br/chico-buarque – Acesso em 20/01/2020].

HOUAISS, A. *Dicionário Houaiss da Língua Portuguesa*. Rio de Janeiro: Objetiva, 2001.

HUBERMAN, L. *História da riqueza do homem*. Rio de Janeiro: Zahar, 1971.

KAUFMANN, J.-C. *A entrevista compreensiva*. Paris: Nathan, 1996.

KEHL, M.R. *Deslocamentos do feminino* – A mulher freudiana na passagem para a Modernidade. 2. ed. São Paulo: Boitempo, 2016.

_____. *Corpos estreitamente vigiados*. Rio de Janeiro, 2011 [Disponível em http://www.mariaritakehl.psc.br/resultado.php?id=138 – Acesso em 30/02/2018].

_____. *A publicidade e o mestre do gozo*. São Paulo: CMC/ESPM, 2004 [Disponível em http://revistacmc.espm.br/index.php/revistacmc/article/view/14 – Acesso em 27/02/2018].

KOSNIK, A. (coord.) *A sexualidade humana* – Novos rumos do pensamento católico americano. Petrópolis: Vozes, 1982.

LACAN, J. *Triunfo da religião*. Rio de Janeiro: Zahar, 2005.

_____. *Escritos*. Rio de Janeiro: Zahar, 1995.

LAFARGUE, P. *O direito à preguiça*. São Paulo: Edipro, 2016.

LAGO, K. & CODO, W. *Fadiga por compaixão*: sofrimento dos profissionais de saúde. Petrópolis: Vozes, 2010.

LEAL, G. "Epidemia silenciosa". In: *Mente e cérebro* – Doenças do cérebro. Vol. 6. São Paulo: Duetto, 2010.

LEERS, B. *Homossexuais e ética cristã*. Campinas: Átomo, 2002.

LELOUP, J.-Y. & BOFF, L. (orgs.). *Terapeutas do deserto* – De Fílon de Alexandria, Francisco de Assis a Graf Dürckeim. 3. ed. Petrópolis: Vozes, 1977.

LUFT, L. *O lado fatal*. São Paulo: Rocco/Siciliano, 1991.

MACARHUR, J. *Sociedade sem pecado*. 3. ed. São Paulo: Cultura Cristã, 2006.

MALDAMÉ, J.-M. *O pecado original* – Fé cristã, mito e metafísica. São Paulo: Loyola, 2003.

MARQUES, L. *Os sete pecados do mundo corporativo* – Etiqueta, comportamento e *marketing* pessoal. Petrópolis: Vozes, 2011.

MARX, K. *Manuscrito econômico-filosófico de 1844*. 4. reimpr. São Paulo: Boitempo, 2010 [Trad. Jesus Raniere].

_____. *Textos filosóficos*. Lisboa: Estampa, 1975.

MENNINGER, K. *O pecado de nossa época*. Rio de Janeiro: José Olympio, 1975.

MESSIAS, T. "Evágrio Pôntico: introdução à vida, obra e teologia espiritual". In: *Revista do Departamento de Teologia da PUC-Rio* – Atualidade teológica, ano XVII, n. 44, mai.-ago./2013.

MOHN, W. *Religião popular e vida religiosa inserida*. Petrópolis: Vozes, 1986.

MOLIERE, J.-B. *O avarento*. Porto Alegre: L&PM, 2017 [Trad. Dorothée de Bruchard].

MORANO, C.D. *Crer depois de Freud*. São Paulo: Loyola, 2003.

MOSER, A. *Biotecnologia e bioética* – Para onde vamos? Petrópolis: Vozes, 2004.

_____. *O enigma da esfinge* – A sexualidade. Petrópolis: Vozes, 2001.

NERY, P. "A fecundidade da solidão". In: *Revista Convergência*, n. 306, 1997, p. 475-484. Rio de Janeiro: CRB [Disponível em http://crbnacional.org. br/wp-content/uploads/1997/10/CONVERGENCIA_306.pdf – Acesso em 04/02/2019].

NETO, J.L.F. "Artes da existência: Foucault, a psicanálise e as práticas clínicas". In: *Psicologia*: Teorias e Pesquisas, vol. 23, n. 2, abr.-jun./2007, p. 177-184.

OMS (coord). *Classificação de Transtornos Mentais e de Comportamento da CID-10* – Descrições Clínicas e Diretrizes Diagnósticas. Porto Alegre: Artes Médicas, 1993 [Trad. Dorgival Caetano].

PAPA BENTO XVI. Carta encíclica *Deus Caritas Est* (Deus é amor). São Paulo: Paulus/Loyola, 2006 [Documento do Magistério].

PAPA FRANCISCO. Exortação apostólica *Gaudete et Exsultate* – Sobre a chamada à santidade no mundo atual. Brasília: CNBB, 2018.

_____. *A Cúria Romana e o corpo de Cristo* – Os 15 pecados da cúria. Vaticano, 22/12/2014 [Discurso do papa no encontro com cardeais e colaboradores no Natal] [Disponível em http://www.vatican.va/content/

francesco/pt/speeches/2014/december/documents/papa-francesco_ 20141222_curia-romana.html – Acesso em 26/12/2014].

_____. *Evangelii Gaudium* – A alegria do Evangelho. Brasilia: CNBB, 2013 [Documentos Pontifícios, 17].

PASCAL, B. *Pensamentos*. São Paulo: Abril Cultural, 1984 [Coleção Os Pensadores].

PEREIRA, W.C. *Sofrimento psíquico dos presbíteros* – Dor institucional. Petrópolis: Vozes, 2013.

_____. *Sofrimento psíquico do subproletariado*. Rio de Janeiro: Imago, 2004.

PICHOT, P. *Un siècle de psychiatrie*. Paris, Roche, 1983.

PLATÃO. *O banquete*. Petrópolis: Vozes, 2017 [Trad., intr. e notas de Anderson de Paula Borges] [Coleção Vozes de Bolso].

_____. *A república*. 3. ed. Belém: Edufpa, 2000 [Trad. Carlos A. Nunes] [Disponível em http://www.aedmoodle.ufpa.br/pluginfile.php/213190/mod_ resource/content/1/PLATAO.%20-A%20Republica-EDUFPA.pdf – Acesso em 08/10/2019].

PROSE, F. *Gula*. São Paulo: Arx, 2004 [Coleção Sete Pecados Capitais].

RAWLS, J. *Una teoria dela giustizia*. Milão: Feltrinelli, 1984.

Retratos do Brasil – Dossiê: da batalha em torno do gênero; educação básica contra ataca. Rio de Janeiro: Civilização Brasileira, 1963.

RICOEUR, Paul. *A simbólica do mal*. Lisboa: Ed. 70, 2015.

RONZONI, G. *Adere, nom Bruciarsi*. Pádova: Messaggero, 2008.

SAFATLE, V. *O circuito dos afetos* – Corpos políticos, desamparo e o fim do indivíduo. 2. ed. rev. Belo Horizonte: Autêntica, 2016.

SANTO AGOSTINHO. *Comentário aos salmos* (Enarrationes in psalmos): Salmos 1–50. São Paulo: Paulus, 1997.

SANTO TOMÁS DE AQUINO. *Sobre o ensino (De magistério)* – Os sete pecados capitais. 2. ed. São Paulo: Martins Fontes, 2004 [Trad. e estudos introd., Luiz Jean Lauand].

_____. *Suma teológica*. 2. ed. Porto Alegre/Caxias do Sul: Escola Superior de Teologia São Lourenço de Brindes/Universidade de Caxias do Sul, 1980 [Trad. Alexandre Corrêa] [Org. Rovídio Costa e Luis A. de Boni].

SANTOS, B. *Pela mão de Alice*. São Paulo: Cortez, 1996.

SANTOS, R.A.N. *A história da psicanálise em Minas Gerais*: dos primeiros tempos à institucionalização (1925-1963). São João del-Rei: Universidade Federal de São João Del-Rei, 2016.

SÃO JOÃO DA CRUZ. *Obras completas*. Petrópolis: Vozes, 2002.

SAVATER, F. *Los siete pecados capitales*. Buenos Aires: Debolsillo, 2012.

SEIXAS, R. *Mosca na sopa*, 1973 [Disponível em https://www.letras.com. br/raul-seixas – Acesso em 09/12/2019].

SILVA, J.R. 'Baudelaire e os pobres no Brasil: poética e política da pobreza'. In: *Revista Philipeia Wordpress*, set./2013. João Pessoa [Disponível em https://revistaphilipeia.files.wordpress.com./2013/09/pobreza.png – Acesso em 12/04/2018].

SLOTERDIJK, P. *Ira e tempo* – Ensaio político-psicológico. São Paulo: Estação Liberdade, 2012.

SNOEK, J. *Ensaio da ética sexual*. São Paulo: Paulinas, 1981.

SOUZA, N. "Evolução histórica para uma análise da Pós-modernidade". In: TRANSFERETTI, J.G. & LOPES, P.S. (orgs.). *Teologia da Pós-modernidade*: abordagens epistemológica, sistemática e teórico-prática. São Paulo: Paulinas, 2003, p. 108.

STOLLER, R.J. *Perversão*: a forma erótica do ódio. São Paulo: Hedra, 2015.

TAPKEN, A. *Abuso sexual*: consequências, perspectivas, questões em aberto [Conferência sobre abuso sexual, 14/06/2010. Münster. Pesquisas da Diocese de Münster] [Trad. Rogério de Almeida Cunha].

TENENBAUM, S. *Perdoar*: tirania ou libertação? São Paulo: Loyola, 2012.

THURMAN, R.A.F. *Ira*. São Paulo: Arx, 2005 [Coleção Sete Pecados Capitais].

TICKLE, P.A. *Avareza*. São Paulo: Arx, 2005 [Coleção Sete Pecados Capitais].

TOMLIN, G. *Os sete pecados capitais* – Você pode vencê-los! Rio de Janeiro: Thomas Nelson Brasil, 2008.

TRANCOSO, A. et al. *Os sete pecados capitais.* Belo Horizonte: Autêntica, 2001 [Coleção Convite ao Pensar].

VELOSO, C. *Sampa* [Disponível em http://letras.terra.com.br/caetanoveloso/41670 – Acesso em 09/05/2012].

VERGOTE, A. *Psicologia religiosa.* Madri: Taurus, 1969.

WASSERSTEIN, W. *Preguiça.* São Paulo: Arx, 2005 [Coleção Sete Pecados Capitais].

WEBER, M. *A ética protestante e o espírito do capitalismo.* Petrópolis: Vozes, 2010.

WINNICOTT, D.W. *Natureza humana.* Rio de Janeiro: Imago, 1990.

_____. *O brincar & a realidade.* Rio de Janeiro: Imago, 1975.

Índice

Sumário, 9

Prefácio – Psicanálise e pecado, 11

Introdução, 15

1 Pecado e sofrimento psíquico, 21

1ª parte, 21

  1 Introdução, 21

  2 Os sete pecados capitais: breve histórico, 24

  3 Pecado e hermenêutica do mal, 27

  4 Os sete pecados capitais: fascinante necessidade de gozar, 32

  5 Pecado em tempo neoliberal, 35

  6 A sociedade dos isolados, 36

2ª parte – *Uma breve introdução ao conceito de doença mental*, 39

  1 Partiremos, então, dos primórdios da medicina..., 40

  2 Idade Média, 42

  3 Período renascentista, 43

  4 Período iluminista, 44

  5 Razão e desrazão, 49

  6 Doença mental/transtorno mental, 52

3ª parte – *Modos de sofrimento*, 53

  1 Introdução, 53

  2 O sofrimento psíquico e a civilização, 53

3 Modos de sofrimento psíquico: o enfraquecimento do sujeito, 58

4 As vicissitudes do sofrimento: amarguras sociais, sofrimentos pessoais, 60

5 À maneira de conclusão: arder, mas não queimar, 64

2 Vaidade, 67

1 Introdução, 67

2 Vaidade/soberba, 69

3 Vaidade como gozo narcisista, 72

    3.1 O filhote humano, 72

    3.2 O corpo fragmentado, 74

    3.3 Da fome de pão à fome de desejo, 75

    3.4 O narcisismo como experiência de vaidade, 78

    3.5 O narcisismo e a experiência do sagrado, 79

4 A vaidade como luxúria do espírito, 81

5 Vaidade como narcisismo das pequenas diferenças, 85

6 Megalomania, mitomania e autoestima, 88

7 O narcisismo (vaidade) e os modos de sofrimento psíquico, 92

    7.1 Mundo globalizado e midiatizado, 92

    7.2 As ambivalências das intersecções, 93

    7.3 Vaidade, narcisismo e novos consumidores, 95

3 Luxúria, 98

1 Introdução, 98

2 A sexualidade humana não é nada natural, 100

3 A sexualidade humana é um enigma, 104

4 A angústia das autoridades, 107

5 O maniqueísmo entre o afetivo/sexual e a luxúria, 109

6 A luxúria enquanto excesso, 111

7 Luxúria: amores paralelos, 114

    7.1 A subjetividade dos perversos, 116

    7.2 O que se passa com pedófilos e efebófilos?, 120

    7.3 Atos de pedofilia em diferentes culturas, 122

    7.4 Efebofilia, 125

8 Ódio erotizado: questões de gênero, 127

9 A pornografia e a arte da nudez, 129

10 À maneira de conclusão: luxúria enquanto soberba do corpo, 132

4 Avareza, 133

1 Introdução, 133

2 A avareza enquanto medo do afeto, 134

3 Fragmentos da história econômica, 136

    3.1 Sociedade primitiva, 137

    3.2 Sociedade medieval, 138

    3.3 O capitalismo mercantilista, 140

    3.4 A Modernidade, 142

    3.5 Momento contemporâneo, 144

4 O fetiche do avaro: fragmentos de textos de Moisés, Molière, Marx e Freud, 147

5 A qualidade do eu, 153

6 À maneira de conclusão: do fetiche do bezerro de ouro ao fetiche da mercadoria, 154

5 Ira, 157

1 Introdução, 157

2 Manifestações de ira, 158

3 A ira na história, 159

4 Por que nos iramos?, 164

5 Ira e agressividade, 170

6 À maneira de conclusão: indignação das minorias, 175

6 Inveja, 178

1 Introdução, 178

2 A inveja enquanto sofrimento do olhar, 179

3 Amigos íntimos, rivais perigosos, 181

4 A inveja nos contos de fada, 184

5 A inveja para a psicanálise, 186

6 Subjetividade do invejoso, 189

7 À maneira de conclusão: onde termina a sensação de injustiça e começa a inveja?, 192

7 Gula, 196

1 Introdução, 196

2 Fragmentos da história da comida, 198

3 A gula: da ascese sacrificante à ascese compulsiva do desempenho, 203

4 O alimentar: aspectos psicossociais, 208

5 À maneira de conclusão: o banquete pós-moderno, 212

8 Preguiça, 215

1 Introdução, 215

2 A preguiça é um sintoma de monges?, 217

3 Ambivalências: ânimo e desânimo, 218

4 Moisés: o bom samaritano desiludido por compaixão, 219

5 Síndrome de *burnout*, 224

6 Os deprimidos são preguiçosos?, 227

7 A dor da gente não sai no jornal, 229

8 À maneira de conclusão: o bicho-preguiça e o preguiçoso Macunaíma, 233

9 Confessionário e consultório, 236

1 Introdução, 236

2 A origem do totemismo e da religião do Pai, 238

3 O nascimento da religião do Filho, 241

4 A religião como amparo, 243

5 Desamparo como emancipação social, 245

6 Abandono como dominação social, 247

7 A religião: consolo ou alienação?, 249

8 Confessionário e consultório psicanalítico, 255

8.1 Considerações preliminares, 255

8.2 Demandas e encomendas, 256

8.3 De onde vêm as demandas?, 257

8.4 Diálogos intermináveis sobre o confessionário e o consultório psicanalítico, 261

Referências, 285

CULTURAL

Administração
Antropologia
Biografias
Comunicação
Dinâmicas e Jogos
Ecologia e Meio Ambiente
Educação e Pedagogia
Filosofia
História
Letras e Literatura
Obras de referência
Política
Psicologia
Saúde e Nutrição
Serviço Social e Trabalho
Sociologia

CATEQUÉTICO PASTORAL

Catequese
Geral
Crisma
Primeira Eucaristia

Pastoral
Geral
Sacramental
Familiar
Social
Ensino Religioso Escolar

TEOLÓGICO ESPIRITUAL

Biografias
Devocionários
Espiritualidade e Mística
Espiritualidade Mariana
Franciscanismo
Autoconhecimento
Liturgia
Obras de referência
Sagrada Escritura e Livros Apócrifos

Teologia
Bíblica
Histórica
Prática
Sistemática

REVISTAS

Concilium
Estudos Bíblicos
Grande Sinal
REB (Revista Eclesiástica Brasileira)

VOZES NOBILIS

Uma linha editorial especial, com importantes autores, alto valor agregado e qualidade superior.

VOZES DE BOLSO

Obras clássicas de Ciências Humanas em formato de bolso.

PRODUTOS SAZONAIS

Folhinha do Sagrado Coração de Jesus
Calendário de mesa do Sagrado Coração de Jesus
Almanaque Santo Antônio
Agendinha
Diário Vozes
Meditações para o dia a dia
Encontro diário com Deus
Guia Litúrgico

CADASTRE-SE
www.vozes.com.br

EDITORA VOZES LTDA.
Rua Frei Luís, 100 – Centro – Cep 25689-900 – Petrópolis, RJ
Tel.: (24) 2233-9000 – Fax: (24) 2231-4676 – E-mail: vendas@vozes.com.br

UNIDADES NO BRASIL: Belo Horizonte, MG – Brasília, DF – Campinas, SP – Cuiabá, MT
Curitiba, PR – Fortaleza, CE – Juiz de Fora, MG – Petrópolis, RJ – Recife, PE – São Paulo, SP